KB138974

초등 적기독서

아이의 성장 속도에 맞는 학년별 독서법의 모든 것

초등 적기독서

장서영 지음

글담출판

　책을 읽는 아이를 보면 마음이 든든해집니다. 아이의 지식과 지혜가 자라고 공부머리가 커지는 것 같아 행복합니다. 그러다 만화책만 들고 있는 아이를 보면 조바심이 생깁니다. 독서의 중요성을 알면 알수록 걱정이 앞서고 책 읽으라는 잔소리를 하게 되지요. 그런데 무턱대고 책만 많이 읽으면 될까요? 책육아, 엄마표 독서교육에 있어서 정말 중요한 것이 무엇인지부터 알아야 합니다.

　독서교육 지침과 방법들이 넘쳐나는 세상입니다. 몰라서가 아니라, 너무 많아서 어떤 것을 선택해야 할지 고민이지요. 좋다고 권하는 책이라도 내 아이가 읽지 않는다면 좋은 책이라 할 수 있을까요? 독서교육으로 유명한 맘인플루언서들의 독후 활동을 따라해 보지만, 내 아이가 흥미로워하지 않는다면 이 또한 마땅한 교육법이라 할 수 없습니다.

어떤 변화에도 흔들림이 없는 교육이 있다면 바로 아이의 성장에 맞는 독서법입니다. 아이의 발달 단계를 교육 지침으로 삼는다면 거친 파도에도 흔들리지 않는 크고 단단한 바위처럼 뚝심 있게 교육할 수 있습니다. 이러한 교육을 할 수 있는 사람은 바로 부모지요.

'초등 적기독서'가 '아이의 성장 속도에 맞는 책 읽기'라는 교육 키워드를 내걸고 세상에 선보인지 8년이 되었습니다. 이후 '적기교육', '적기두뇌'와 같은 책들이 연이어 출간되었지요. 교육의 결정적 시기를 놓치지 말라는 교육 전문가들의 충고가 입증된 셈입니다.

어린이를 대상으로 한 독서교육에도 많은 변화가 있었습니다. 선행독서와 다독이 강조되고, 독서 후 활동을 강요하던 교육은 시들해졌습니다. 권위 있는 기관의 추천 도서 목록을 무조건 신뢰하기보다는 아이 개개인의 수준에 맞는 도서 목록이 가장 의미 있음을 알게 되었습니다. 즐거운 책 읽기 경험을 쌓는 것이 그 어떤 독후 활동보다 우선돼야 하며, 자녀의 양육에서 책 읽어 주기의 효용이 높다는 것쯤은 상식이 되었지요.

재능과 능력을 갖춘 부모들의 '엄마표 독서교육'은 이제 교육 시장의 한 자리를 차지하고 있습니다. 자녀의 책 읽기를 위해 무엇을 어떻게 하고 있는지 스스로 점검해 볼 때입니다. 부모 자녀 간 교육은 무엇보다도 손쉽게 이루어지지만, 실패할 확률도 높기 때문이지요. 욕심을 덜어내야 할지 계속 힘을 내야 할지 알아야 합니다.

혹시 책을 읽은 아이에게 책 내용을 얼마나 기억하고 있는지 묻다가

화를 낸 적이 있나요? 어휘력이 이렇게나 낮다니, 하며 실망하거나 아이에게 버럭 소리를 지른 적이 있는지요? 독후감 지도를 하다가 책 내용을 요약하지 못한다고 걱정한 적이 있나요? 이 모두 무엇이 문제였는지 확인해 봅시다.

『초등 적기독서』 개정판에는 '독서교육에 뛰어든 부모'를 위해 '엄마표 독서교육 되돌아보기'를 추가했습니다. 엄마표 독서교육을 하는 부모의 역할을 점검해 보고, 새로이 계획을 세워 볼 수 있도록 하였습니다. 자녀에게 책을 읽어 주고, 다양한 프로그램도 제공해 주고 있는데, 언제쯤 효과가 나타날지, 책은 잘 골라 주고 있는지, 4차 산업혁명 시대를 살아갈 아이들에게 디지털 리터러시 능력은 어떻게 길러 줘야 할지 그 해답을 정리해 보았습니다.

그리고 적기와 적서, 적자의 의미와 더불어 '적기독서'의 이로움에 대해 좀 더 강조하였습니다. 학부모들이 두려워하는 수포자(수학 포기자)는 독포자(독서 포기자)의 다음 단계입니다. 독포자로 전락하기 전에 가정에서 해주어야 할 것들은 무엇인지 살피고 지침을 안내하였습니다. 또 적기독서 성공 법칙을 통해 유능한 독서가가 되는 방법을 제안했습니다.

사고력이란 어떻게 길러지는 것일까요? 생각할 기회를 가져야 합니다. 특정 사건이나 현상을 이해하고 분석하고, 비판하고 판단하는 과정을 수없이 경험해야 길러지지요. 이 경험은 부모나 교사처럼 아이가 신뢰할 수 있는 어른과 질문하고 답을 나누면서 만들어집니다.

아이 수준에 맞는 책을 쉽게 구할 수 있다는 점에서 책은 경제적이고 효율적으로 사고력을 길러 줄 수 있는 최적의 도구입니다. 그리고 모든 아이들은 적서를 제공받을 권리가 있습니다. 아이의 수준과 흥미에 맞는 적서를 읽고 생각할 기회, 이야기 나눌 기회를 갖는다면 사고력이 높은 아이, 문제해결력이 높은 아이로 자랍니다.

개정판으로 다시 만나게 되어 반갑습니다.

장서영

차례

2장 | 적기독서가 아이의 미래를 좌우한다

3장 | 1학년, 이미지를 떠올리는 힘을 키워라

1장

독서교육에
뛰어든 부모

읽기능력은 학습능력의 바탕이 되며, 꾸준한 독서로 만들어진다는 것을 아는 부모는 자녀의 독서교육을 외면할 수 없습니다. 하지만 생각처럼 쉽지 않지요. 이런 분들을 위해 먼저 자녀의 독서교육법을 대하는 부모들의 유형을 보며 점검해 보는 시간을 가지고자 합니다. 우리 집의 독서법에는 문제가 없는지 확인해 보세요. 미처 몰라 하지 못했던 방법들을 알아 갈 기회가 될 것입니다.

1-1

지금 하고 있는 엄마표 독서교육,

괜찮은 걸까?

엄마표 독서교육 중인데
잘하고 있는 걸까 걱정스러운 부모

엄마표 독서교육을 하면서도 과연 잘하고 있는 건지 걱정하는 부모들이 있습니다. 이런 분들 중에는 책 읽기가 사교육을 이긴다는 신념을 가진 분들이 많은데요. 그래서 자녀에게 독서 모델로서 모범이 되고자 노력하며 가족 독서를 실천합니다. 아이에게 책을 읽어 주는 것은 기본이고, 좋다는 책은 서슴없이 구입하지요. 모두 책 읽는 습관을 심어 주어 학업 면에서 뛰어난 아이로 키우기 위해서입니다. 그런데 생각처럼 학업 성취도가 눈에 띄게 향상되지 않습니다. 그러다 보니 지금 하고 있는 방법에 문제가 있는 것은 아닌지 조바심을 내게 됩니다.

언제쯤 효과가 나타나는 걸까?

"아이한테 투자한 것에 비하면 성과는 10퍼센트도 안 되는 것 같아요. 좋다고 하는 책은 거의 다 사주었고, 목이 쉬도록 책도 많이 읽어 주었어요. 그런데 여전히 책 내용도 잘 기억하지 못해요."
1학년 예건이의 어머니는 아이가 3세 때부터 지금까지 매일 책을 읽어 주었습니다. 아이와 이야기를 나누거나 놀이를 할 때도 책을 활용하였지요. 아이 역시 엄마가 책을 읽어 주면 좋아했고, 관련 내용을 덧붙여 말해 주면 집중해서 들었습니다. 예건이 어머니는 책을 읽어 줄 때 중요한 부분에 밑줄을 긋거나 내용이 부족하다 싶으면 자료를 찾아 알려 주는 등 성공적인 엄마표 독서교육을 위해 정성을 쏟았습니다.
그러나 초등학교에 입학한 아이는 엄마의 기대에 미치지 못했습니다. 이에 어머니는 그동안 책을 읽어 주면서 무엇이 부족했는지 알고 싶어졌지요.

엄마표 독서교육의 효과란 과연 어떤 효과를 말하는 걸까요? 이 점이 가장 궁금했습니다. 예건이 어머니가 생각하는 독서교육의 효과는 교과서의 내용을 이해하는 것은 물론, 학교에서 요구하는 독서 감상문이나 글쓰기에 능숙해지는 것이었습니다. 그래서 예건이 어머니는 학교에서 발행하는 신문에 예건이의 글이 아닌 다른 아이의 시가 실린 것을 보고 속상해했지요. 독서교육에 최선을 다한 것 같은데, 최고의 평가를 받지 못한다는 생각이 든 것입니다.

'효과'는 기준에 따라 다릅니다. 사람에 따라 천차만별이라 같은 기준을 가진 사람이 이 세상에 있기나 할지 의문입니다. 하지만 엄마표 독서교육을 하는 부모들의 질문이 '아이가 언제쯤 스스로 읽을까요?' '언제쯤 글쓰기를 잘할까요?' '언제쯤 실수 없이 시험을 잘 볼까요?'에서 크게 벗어나지 않는 것을 보면 부모가 바라는 엄마표 독서교육의 효과는 대체로 비슷하다는 것을 알 수 있습니다.

자녀의 독서교육에 열정이 지나쳤던 예건이 어머니는 아이가 기대에 미치지 못하자 걱정을 했습니다. 그런데 초등학교 1학년 아이를 두고 효과를 말하는 것부터가 성급합니다. 또 아이에게서 어떤 효과도 나타나지 않는다고 생각될 때 그 해답을 책 읽기에서만 찾으려고 해서는 안 됩니다.

예건이네는 아이의 연령대에 필요한 다른 활동들은 거의 하지 않고 있었습니다. 주말이나 휴일에도 서점이나 도서관에 가는 일이 가장 많았고, 시간이 넉넉한 날에는 더 많은 책을 읽으며 시간을 보냈습니다. 바깥 활동을 좋아하지 않는 부모의 성향 때문이었습니다. 몸으로 직접 부딪치며 체험하는 일이 적어 안타까웠지요. 예건이네는 어린아이의 성장에 필요한 직접 경험의 중요성을 간과하였습니다.

물론 꾸준한 독서가 학습 성취도와 자기주도적 학습능력에 긍정적인 영향을 준다는 것은 여러 연구에 의해 드러난 바 있습니다. 하지만 이러한 독서 효과를 얻기 위해서는 1학년 아이가 어떤 특징을 가지고 있는지, 일반적으로 어떤 책을 좋아하는지, 어떠한 활동을 즐기는지를 우선 알아야 합니다. 다른 아이들과 비교하라는 말이 아니라, 일반적으로 어떠한 발달 단계를 거치는지 알고 있어야 여유가 생긴다는 뜻입니다. (자세한 내용은 3장부터 소개하는 학년별 특징과 교육 초점을 참고할 수 있습니다.)

혹 예건이 어머니와 비슷한 생각을 하고 있다면, 혹은 한 적이 있다면 심호흡 한번 크게 하고 목표를 수정하거나 재정비해야 합니다.

엄마표 독서교육이 실패하는 주된 이유

2018년에 버지니아 리 버튼 작가의 『작은 집 이야기』(홍연미 옮김, 시공주니어) 25주년 한국어 기념판이 출간되었습니다. 이 책은 1993년에 처음 한국에 소개된 그림책으로, 이 무렵부터 외국의 그림책들이 우리나라에서 번역, 출간되기 시작했습니다. 이전의 책은 세계문학 요약본이 대부분이었지요. 당시만 해도 몇 안 되는 어린이 책들은 빛을 보지 못했고, 부모들은 어린이를 대상으로 한 독서교육에 관심을 두지 않았습니다. 지금처럼 어린이 책이 대중화되고 독서교육이 이루어진 건 30년도 채 되지 않습니다. 그 사이 우리나라의 독서교육은 참으로 많은 변화와 발전을 겪었습니다.

가장 큰 변화는 가정 내 독서교육이 활발해지면서 '엄마표 독서교육'이라는 말이 자연스러워졌다는 것입니다. 마음만 먹으면 누구나 도전할 수 있고, 몇 가지만 주의하면 어느 가정이나 성공적인 독서교육을 할 수 있습니다. 엄마표 독서교육의 장점은 무엇보다 부모만이 해줄 수 있는 것들을 독서와 연관시켜 풍부한 성과를 낳을 수 있다는 점입니다. 집에서는 언제나 책을 읽을 수 있습니다. 서로가 읽어 줄 수도 있고, 함께 읽을 수도 있고, 읽고 난 뒤에 격식 없이 편안하게 이야기를 나눌 수도 있지요. 편안하고 안정적인 상태라서 더 깊은 이야기를 많이 나눌 수 있습니다.

하지만 쉽게 시작한 만큼 포기도 빠릅니다. 바로 과욕 때문인데요. 여기서 말하는 과욕이란 더 어려운 책을, 보다 많이 읽히고자 하는 마음, 글쓰기와 공부까지 잘하기를 바라는 마음입니다. 사실 아이가 책 읽기를 좋아하면 점점 더 많은 책을 읽게 됩니다. 또 읽는 양이 늘어나면서 좀 더 어려운 책을 읽기 마련이지요. 이렇게 지식과 생각이 내면에 차곡히 쌓인 아이는 글이나 말로 그것을 표현하고 싶은 욕구가 생깁니다. 부모가 억지로 시키지 않아도 아이 스스로 할 때까지 기다려 주면 이 과정을 밟게 되지요.

엄마표 독서교육의 핵심은 즐거운 책 읽기 경험입니다. 줄거리 묻기, 책의 내용 확인하기 등 기억력 테스트 수준의 질문은 가급적 피해야 합니다. 줄거리보다는 인상적인 장면을 묻고, 평가하는 질문을 하기보다는 차라리 아이에게 질문을 만들어 보게 하세요. 질문을 만들려면 꼼꼼하게 읽어야 합니다. 자연히 책을 읽을 때 더 집중하지요. 어려운 어휘를 묻는 것도 엄마표 독서교육이 실패하는 원인 중 하나입니다. 어려운 낱말보다 아이가 알 것 같은 어휘를 물어야 아이에게 자신감이 생깁니다.

독서 감상문 쓰기도 마찬가지입니다. 책을 읽고 독서 감상문을 꼭 써야 한다면 책 읽기 자체가 부담될 수 있습니다. 무엇보다 글쓰기는 생각보다 쉬운 일이 아닙니다. 독서 감상문을 쓰기 위해서는 단계가 필요합니다. 아이가 부담을 느끼지 않은 선에서 차근차근 단계를 밟아가야 합니다.

이처럼 몇 가지 유의점만 기억하고 지킨다면, 누구나 엄마표 독서교육에 성공할 수 있습니다.

교육 전문가마다 하는 말이 달라서
혼란스러운 부모

'도서관 투어족'이라는 말을 들어 본 적 있나요? 여러 도서관을 찾아다니며 좋은 프로그램에 참여하는 것을 의미합니다. 강좌에 참여한 사람들은 그곳에서 알게 된 이들과 친분을 맺으며 서로의 성장을 돕는 관계로 발전하는 경우가 많습니다. 좋은 강좌가 있으면 서로 정보를 알려주며 꾸준히 자녀 교육법을 공유하는데요. 무료이면서도 다양하고 질 높은 강좌를 들을 수 있다는 점이 도서관 투어족의 탄생 이유입니다.

초등생 자녀를 둔 부모는 독서와 학습에 관심이 많습니다. 그러다 보니 학부모들이 참여하는 강좌는 대개 자녀교육을 주제로 하는 강좌이지요. 그런데 교육 전문가마다 하는 말이 달라서 혼란스럽다는 분들이 많습니다. 독서만 해도 의견이 갈리는데요. 정독을 해야 진정한 독서다, 속독이 효율적인 독서법이다, 취학 전 1만 권의 책을 읽어야 한다, 매일

한 권의 그림책만 읽어 줘도 충분하다, 필사야말로 제대로 된 독서법이다 등등, 참으로 다양한 의견이 상충합니다.

　독서와 늘 붙어 다니는 글쓰기도 그렇습니다. 책을 읽으면 반드시 독서 감상문을 써야 한다는 의견이 있는가 하면 독서 감상문을 쓰게 하려다 책 읽기도 멀리하게 된다는 의견, 한 줄이라도 써야 의미 있는 독서를 할 수 있다는 의견, 책 읽기는 즐거운 경험 그 자체만으로도 충분하다는 의견 등 상반되는 의견들이 존재합니다. 그러니 부모 입장에서는 누구의 말을 따라야 할지 판단하기 어렵습니다. 게다가 도서관 투어족들은 교육 전문가들의 강좌를 샅샅이 찾아 수강하다 보니 더 헷갈립니다.

　사실 독서교육 강좌를 찾아다니며 수강하는 것은 새롭고 더 좋은 독서법을 배우고, 전문가가 권하는 책의 정보를 얻으며, 지금 내 아이에게 잘하고 있는지를 확인하기 위해서인데요. 엄마들은 전문가들의 말이 다 맞는 것 같아서 혼란스럽기 짝이 없습니다. 이 사람 말을 들어도 일리가 있고, 저 사람 말대로 해도 효과가 있을 것 같습니다.

　자, 그렇다면 교육 전문가가 전하는 내용은 어떻게 걸러서 들어야 할까요?

팔랑 귀가 문제일까?

5학년 지호 어머니는 속독의 장점에 관한 책을 읽고 저자 강연에 참석하였습니다. 저자의 말에 깊이 공감하여 아이를 1년간 속독학원에 보냈지요. 그런데 잘못된 선택이었던 것 같다고 합니다. 생각과 달리 아이는 학교에서 권하는 책을 읽지 못했고, 학습지를 척척 풀지도 못했습니다. 아이의 읽기 방법에 문제가 있는 게 분명하다는 생각에 다른 방법은 없는지 강좌들을 찾아 수강하다가 우연히 정독이 학습 향상을 가져온다는 내용을 듣고 고민에 빠졌습니다.

4학년 도윤이네 집에서는 온 가족이 필사를 시작하기로 했습니다. 강연을 통해 필사의 효과를 알게 된 엄마의 설득에 가족들이 모두 동참하기로 했지만 꾸준히 이루어지지 않았고, 가족들은 스트레스를 받았습니다. 남편은 며칠 만에 필사에서 손을 놓았고, 엄마의 강요에 못 이겨 한 달 동안 필사를 하던 아이는 좋아하던 책 읽기마저 멀리하였습니다.

미국인이 가장 존경하는 대통령으로 꼽는 존 F. 케네디는 매일 아침 신문을 속독하고, 잠자리에서 두 권의 책을 읽은 것으로 유명합니다. 어릴 적부터 토론하는 집안 분위기 덕에 독서가 생활화된 사람으로서 아주 뛰어난 독서가지요. 속독은 빠른 시간 안에 많은 양을 읽을 수 있다는 장점이 있는데요. 이미 두뇌 속에 저장된 스키마(기억 속에 저장된 지식, 정보, 심상을 비롯한 온갖 정보들을 총칭)가 풍부해야 효과를 볼 수 있는 독서법입니다. 그러니 속독은 지호에게 무리였을 것입니다. 속독을 배우면 짧은 시간 안에 다른 아이만큼 책을 읽을 수 있을 것이라는 생각이 잘못된 것이지요.

초등학생이 속독을 하려면 몇 가지 조건이 필요합니다. 먼저 꾸준히 독서를 하여 읽기 유창성을 갖춘 아이여야 합니다. 또 모르는 내용이 가득한 지식책이 아니라 이미 잘 알고 있는 주제의 지식책이나 안정적인 이야기 흐름을 가진 동화여야 합니다. 모든 책, 모든 아이가 가능한 방법이 아닌 것이지요.

도윤이네가 시도했던 필사는 "가슴으로도 쓰고 손끝으로도 쓴다"고 표현한 안도현 시인의 말처럼 몸으로 새기는 독서법입니다. 『태백산맥』(해냄), 『아리랑』(해냄), 『천년의 질문』(해냄) 등 수많은 작품으로 세계 곳곳에 독자층이 두터운 조정래 작가는 필사 예찬론자입니다. 그는 아들과 며느리에게 필사한 책에 대해서만 저작권을 물려주겠다고 했는데요. 1번의 필사가 100번 읽는 것보다 효과적이라고 말했습니다. 이처럼 많은 작가들이 필사의 효용을 주장하고 있으나, 도윤이네는 필사로 독서 효과를 보려는 계획에 실패하고 말았습니다.

한편 정독은 책의 내용을 충분히 이해하고 공감하며 읽는 방법입니다. 뜻을 새기며 읽기 위해 메모하며 읽거나 밑줄을 긋는 등 여러 가지 전략들을 동시에 사용합니다. 정독은 정보처리식 독서나 공부할 때 유용한 방법이다 보니 교과 과정에서도 중요한 내용에 밑줄을 긋거나 메모하며 읽기, 질문하며 읽기와 같은 전략들을 가르칩니다. 따라서 학습독서기인 고학년 이상의 아이들은 반드시 정독하는 법을 익혀야 합니다.

정독의 시작은 음독에서 비롯됩니다. 한글을 막 익혀서 글자 읽는 재미에 푹 빠진 7~8세 아이들은 자연스럽게 소리 내어 읽습니다. 음독이지요. 아이는 소리 내어 읽으며 스스로 몰입하여 읽는 경험을 합니다. 따라서 음독 기간이 길수록 정독의 효과를 맛볼 수 있는데요. 간혹 음독의 중요성을 모르고 뛰어넘는 경우를 봅니다. 그런 경우 대충 읽거나 건너뛰어 읽는 등의 나쁜 습관이 생길 수 있습니다. 아이가 아직 저학년이라면 소리 내어 읽기부터 시켜 보기를 바랍니다. 한글을 익혔다고 바로 묵독으로 들어가면 아이가 제대로 읽고 있는지 확인하기 어렵습니다. 최근 학교에서 실시하는 슬로 리딩도 정독의 한 가지 방법입니다.

정독 외에도 다독을 겸할 수 있는 발췌독이나 훑어 읽기, 통독 등의 방법이 있습니다. 훑어 읽기는 과제를 해결할 때 필요한 방법입니다. 만약 주인공의 생각을 깊이 공감하고 싶다면 소설책을 통독해야 하지요. 처음부터 끝까지 읽지 않으면 주인공의 심정을 느낄 수 없으니까요.

그러고 보니 독서법이란 한 가지만이 아니며, 또 하나의 방법만을 고집할 필요도 없어 보입니다. 어쩌면 독서가들은 이미 저마다의 방법을 가지고 있을지도 모릅니다. 그만큼 독서법은 다양하며 사람마다 적용하는 방법도 다르다고 할 수 있습니다.

아침 방송을 즐겨 보는 어르신들은 식사 때마다 말합니다. "방송 보니까 시금치가 그렇게 좋단다." 또 하루는 "토마토가 그렇게 좋단다. 토마토를 어떻게 먹는 게 좋냐면……." 하고 말합니다. 그렇게 방송에 등장한 각종 먹거리들이 종종 식탁의 주인공이 됩니다. 시금치에서 토마토로 메뉴가 바뀌고, 석류랑 홍삼이 섞이다가 갈치를 넣어 끓인 미역국까지 건강한 먹거리 이야기는 끝이 없습니다. 그렇다면 아침 방송을 즐겨 보는 어르신의 건강은 모두 청신호여야 하지 않을까요? 하지만 꼭 그렇지만은 않습니다. 토마토를 먹어야 할 사람이 있는가 하면 먹어서는 안 되는 사람도 있기 때문입니다. 몸 상태에 따라, 병증에 따라 음식도 달리 섭취해야 하지요.

독서법도 비슷합니다. 가정의 환경과 아이에 따라 효과적인 독서법이 다릅니다. 어떤 경우에는 두 가지 방법을 혼용해야 하고, 어떤 경우는 순차적으로 독서법을 쓸 수 있습니다. 무엇보다 자녀의 연령과 수준을 고려해야 하지요. 특히 엄마표 독서교육을 할 때는 과연 내가 해줄 수 있는 상황인가도 고려해야 합니다. 아이와 함께하는 것이 엄마표의 장점이지만, 부모에게 부담이 되는 방법들은 배제하는 게 맞습니다. 부모가 손쉬워야 아이에게 전달하기도 쉽지요. 어려운 방법으로 고민하며 시간을 보내느니 아이와 부모 모두가 할 수 있는 방법으로 즐거운 독서 경험을 쌓는 것이 좋습니다.

취할 것과 버릴 것을 구분해 읽는 것이 읽기능력입니다. 특히 지식책은 정보와, 정보가 아닌 것을 구분해 읽어야 합니다. 엄마표 독서교육도 마찬가지입니다. 전문가들의 의견을 수용할 때 자녀의 현재 수준을 고려하고, 지금 우리 아이에게 필요한 독서법은 무엇인지, 취할 것은 무엇이고 버릴 것은 무엇인지 잘 판단해야 합니다. 무엇이 됐든 자발적인 동기가 유발되어야 효과적입니다.

매뉴얼이 없는 독서교육

1학년 하윤이 어머니는 도서관에서 들은 강좌 중 '책 읽어 주기'에 대한 내용이 가장 마음에 와닿았다고 합니다. 당시 유치원에 다니던 하윤이에게 그림책을 읽어 주는 일은 매일 할 수 있을 것 같았기 때문입니다. 어렵지 않은데 효과도 좋다고 하니 얼마나 만족했는지 모른다며 당시의 심정을 이야기했습니다. 그래서 매일 책을 읽어 주었습니다. 읽어 주는 책은 가리지 않아도 된다는 말에 지식책, 이야기책, 글 없는 책, 글밥이 많은 책을 골고루 읽어 주었습니다. 어느 날 아이가 만화책을 읽어 달라고 했을 때 잠시 머뭇거렸지만, 만화책도 책이라는 생각에 선뜻 읽어 주었답니다. 그러자 아이는 매일 만화책을 읽어 달라고 하였지요. 결국 〈마법천자문〉만 해도 30여 편이나 읽어 주었습니다. 다른 만화책도 읽어 주었으니 하윤이 어머니가 읽어 준 만화책은 그 수를 헤아리기 어렵습니다. 이제는 지치는데 언제까지 읽어 주어야 하느냐는 질문을 받고 알게 된 사실입니다. 설마 만화책을 읽어 주는 부모가 있겠나 싶었는데, 실제로 있었습니다.

　엄마가 만화책을 읽어 줄 때 하율이는 어떤 마음이었을까요? 정서적인 안정감은 물론, 재미있는 내용과 기분 좋은 말투까지 몽땅 마음에 들었겠지요. 안 그래도 그림으로 가득한 만화책을 실감 나게 읽어 주니, 머릿속에 이미지가 얼마나 잘 그려졌겠어요? 엄마와 하는 책 읽기에 푹 빠져서 시간 가는 줄 몰랐을 것입니다. 하지만 엄마는 무척 애를 써야 했겠지요. 속도감 넘치고 흉내내는 말이 많은 만화책을 읽어 주는 일은 대단히 힘듭니다. 게다가 슬슬 만화책을 읽어도 되는지 의심스러워졌을 테고요.

　아이에게 만화책을 읽어 주는 것은 지나치긴 해도 틀렸다고 할 수 없습니다. 그러나 하율이네의 경우 매일 그림책을 읽어 주고 있었기 때문에 군이 만화책까지 읽어 줄 필요는 없었습니다. 만화책은 언제라도 좋아하게 될 가능성이 있기 때문입니다. 반대로 만화만 좋아하는 아이라면 자연스럽게 다른 책을 읽어 주면서 관심의 폭을 넓혀 주어야 하지요.

　책 읽어 주기의 효과는 널리 알려져 있어서 군이 강조할 필요가 없습니다. 책 읽어 주기가 부모 자녀 간의 애착 형성, 아이의 문해 발달과 학습에 효과가 있다는 연구는 너무나 많습니다. 읽기 장애를 가진 아이나 학교생활 부적응 아이들에게 효과가 있다는 연구도 있지요. 책 읽어 주기의 효과를 의심할 사람은 없을 것입니다.

　그런데 똑같이 책을 읽어 주어도 어떤 가정의 아이는 책을 좋아하는 아이가 되고, 또 다른 가정의 아이는 학교에 입학한 이후 책을 점점 멀리하는 아이로 자랍니다. 왜 그럴까요? 그것은 누구와 함께하느냐, 어떤 기분으로 하느냐, 꾸준히 하느냐에 따라 달라집니다. 교육서나 육아서에 담긴 저자들의 생각은 가정 환경이나 자녀의 연령, 읽기 수준과 같은 개인의 상황에 따라 유연하게 활용해야 합니다. 무작정 따라 하면 실패할 확률이 높습니다. 전문가가 제시한 조건과 항상 같을 수 없기 때문에 자녀의 상황에 맞도록 융통성을 발휘해야 합니다. 전문가들의 말을 그대로 수용하여 만화책을 읽어 준 하율이네는 기분 좋은 추억을 하나 만든 셈입니다. 그리고 그 열정이 다른 책 읽기로 전이되어 분명 성공적인 독서교육을 이루어 낼 수 있으리라 생각합니다.

전문가들은 하나같이 기다려 주라고 합니다. 언제까지 기다려야 하는 걸까요? 사실 언제까지가 아니라 '무얼 하면서 기다려야 할까요?'라고 묻는 것이 맞습니다. 아이를 기다려 주라는 것은 넋 놓고 아이가 하자는 대로 따라가라는 의미가 아닙니다. 무작정 기다리는 것이 아니라, 잘 성장하고 있는지 여유를 갖고 살펴보아야 한다는 뜻입니다. 아이가 연령에 맞게 성장하도록 양육하고 교육하되 다소 느리거나 힘들어한다면 속도를 늦춰야 합니다. 독서교육에 정해진 매뉴얼은 없습니다. 부모는 자녀교육 앞에서 늘 유연성과 융통성을 발휘해야 하지요.

시대에 따라 교육법과 내용도 달라집니다. 교과서에 실린 내용이 달라지고, 아이들이 즐겨 보는 콘텐츠도 달라집니다. 그러나 진리는 변하지 않습니다. 그것은 바로 읽기능력이 곧 학습능력을 좌우하며, 어린 시절에 가졌던 풍부한 책 읽기 경험이 삶의 질을 높인다는 것입니다.

03

전문 학원에 맡기는 것이
더 낫다고 생각하는 부모

"아이에게 책을 읽어 주다가 내용을 물으면 대답을 못하더라고요. 다 읽은 뒤에 줄거리를 물어도 어려워하고, 독서 감상문을 쓰자고 하면 '뭐라고 써?' 하고 묻기만 하고 쓰지 못하는 거예요. 아이랑 책도 같이 읽고 이런 얘기 저런 얘기도 해보지만 대답을 못하니까 답답해서 자꾸 화를 내게 돼요. 사이만 나빠지고 있어서 학원에 보내는 것이 나을 것 같아요."

한 엄마가 찾아와 하소연만 늘어놓았습니다. 아이를 가르치다 보면 화나는 일이 한둘이 아닙니다. "왜 이런 것도 몰라?" "대체 학교에서 뭘 배운 거야?" "네가 몇 학년인데, 이런 것도 못해?"와 같은 말들이 쏟아져 나오지요. 화내지 말아야지 하면서도 생각처럼 감정 조절이 잘되지 않습니다. 어느 가정에서나 일어나는 일이니 몇 차례 화를 냈다고 죄책감을 가질 필요는 없습니다.

가만 생각해 봅시다. 아이들의 학원 인생은 어떻게 시작될까요? 보통 피아노나 수영처럼 예체능 학원으로 시작하는 경우가 많습니다. 아이의 창의력과 감수성을 키워 주기 위해, 혹은 삶을 풍요롭게 해줄 재능을 만들어 주기 위해서지요. 저학년 때까지 미술, 태권도, 피아노처럼 예체능 위주로 학원을 보냈다면 학년이 올라가면서부터는 수학과 영어 등 학습 학원에 다니기 시작합니다.

독서와 글쓰기 역시 취학 전부터 고민되는 영역입니다. 책 읽는 아이가 공부를 잘한다고 하니 무시할 수 없는 노릇입니다. 더욱이 학교 수행 평가의 대부분이 말하기와 글쓰기로 이루어지고 있어 스피치나 글쓰기 교육을 외면할 수 없습니다. 그런데 아이는 집에 있는 책을 들춰 볼 생각도 하지 않습니다. 학교에서는 예전만큼 일기 숙제도 없고 독서 감상문도 가끔씩 써오라고 합니다. 그러다 보니 걱정스러운 마음에 독서와 글쓰기마저 학원에 맡기게 됩니다.

학원에 다니면 책이라도 읽지 않을까?

4학년 영주 어머니는 아이가 워낙 책 읽기를 싫어하여 조금이라도 책에 흥미를 가지도록 학원에 보냈는데 너무 지겨워했다고 합니다. 학원 수업은 미리 정해 준 책을 집에서 읽어 가면 책의 내용을 확인하는 식으로 진행되었습니다. 만약 아이가 책을 다 읽지 못하면 수업에 참여시키지 않고, 다른 교실에서 책을 마저 읽게 했다고 합니다. 영주는 이 학원을 다닌 뒤로 오히려 책을 더 멀리하였습니다.

주원이는 5학년입니다. 아이의 학습이 걱정된 어머니는 책을 읽으면 성적이 오를 거라는 생각에 1년간 논술 학원에 보냈습니다. 그 학원은 매주 책 안에서 답을 찾아 질문지를 완성해 가는 숙제를 내주었습니다. 숙제를 곧잘 해내는 것을 본 어머니는 안심했습니다. 하지만 주원이는 책을 다 읽기도 전에 질문지에 답을 달고 있었고, 이 방법에 익숙해지자 다른 공부를 할 때도 지문을 차근차근 읽지 않고 질문의 답을 먼저 찾는 습관이 생겼습니다.

두 아이 모두 독서 습관을 들이려고 학원을 찾은 경우입니다. 학원에 보내면 책이라도 읽을 거라는 생각에 보낸 것인데 되레 책 읽기에 흥미를 잃었고 그릇된 학습 습관이 생기고 말았습니다. 이런 경우에는 목표를 재수정하거나 다른 방법을 찾아보아야 합니다. 학원의 도움으로 책이라도 읽게 하는 것이 목표였다면, 책을 많이 읽게 하는 곳에 보냈어야 합니다. 성적 향상을 꾀하려 했다면 공부 방법을 가르쳐야 했지요. 학원에 보내는 목적을 다시 한번 돌아볼 필요가 있습니다.

학원의 도움을 받아서라도 책을 읽히고 싶은 부모들을 많이 만납니다. 자극적인 동영상을 언제든지 볼 수 있는 스마트폰에 노출된 아이들의 관심을 책으로 끌어다 놓기 어렵기 때문이지요. 또 어릴 적에는 책을 곧잘 보던 아이가 크면서 책을 멀리하는 경우가 있는데, 아이의 변화에 맞춰 가르치기가 쉽지 않기 때문입니다. 다른 아이들과 함께 책을 읽고 글쓰기를 하는 학원의 도움을 받는 것은 어쩌면 지혜로운 선택입니다.

학부모 상담을 하다 보면 "우리 동네 어떤 엄마는 책을 안 읽는데, 그 집 아이는 잘 읽어요."라고 말하는 분들을 만나곤 합니다. 그 마음은 이해합니다만, 아이를 위해 읽는다고 생각하지 말고, 아이와 함께 읽어 보세요. 누구와 독서를 하든 독서 습관의 기초는 가정에서 길러 줘야 합니다. 그림책을 읽어 주는 것도 좋습니다. 읽어 준다는 것은 함께 본다는 말이니까요. 고학년이라도 책을 읽어 주면 참 좋아합니다.

4학년 아이들과 수업을 할 때였습니다. 백희나 작가의 그림책 『알사탕』(책읽는곰)을 읽어 준다고 하자, 아이들은 "어, 이건 아기들이 보는 그림책이잖아요."라며 불만을 토로했습니다. 저는 무심하게 "음, 맞아. 그래도 들어 봐."라고 말한 뒤 잔잔하게 읽어 주었습니다. 아이들의 표정은 곧 진지해졌고, 그림책의 장면이 바뀔 때마다 눈빛도 달라졌습니다. 몰두한 것이지요. 다 읽어 주니, 너도나도 다가와 그림책을 만지작거렸습니다. 읽어 주기 전에 그림책을 무시했던 태도가 민망했던 모양입니다. 이후에 저는 종종 그림책을 읽어 주게 되었습니다. 아이들의 요청에 의해서 말입니다. 이렇게 아이들의 마음을 끄는 책으로 시작한다면 가정에서도 어렵지 않게 독서 습관을 길러 줄 수 있습니다.

학원을 보내는 이유와 목적을 분명히 해야 한다

"책 읽기가 중요하다고 하는데, 무슨 책을 골라 주어야 할지 막막해서 학원에 보내려고 해요."

"일기도 써야 하고, 독서록도 써야 하는데, 아이가 글 쓰는 것 자체를 싫어해요."

"책은 읽는데, 토론은 가르칠 수가 없으니 보내야 하지 않을까요?"

"서술형이나 논술형 시험이 많아졌고, 수행 평가도 글쓰기가 많으니 불안해서 학원에 보내야겠어요."

"남들 다 다니는데 안 보내면 뒤처질까 봐 걱정돼요."

부모는 이렇게 다양한 이유로 학원을 선택하지요. 다만 학원에 보내기에 앞서 분명한 목표나 이유를 고민해 봐야 합니다.

우선 아이가 책 읽기를 좋아하는지 그렇지 않은지, 더 배워야 할 것들은 무엇인지부터 따져 봐야 합니다. 또한 학원의 수업 방식을 비교해 보고 선택할 수 있는데요. 일반적으로 각종 홍보와 교사 교육을 맡아 해결해 주는 프렌차이즈 방식이 있고, 개별적으로 자격을 갖추어 창업, 운영하는 곳이 있습니다. 프로그램을 운용하는 방식도 다르지만 수업 형태도 다양합니다.

주로 다독 중심의 수업이거나 주제 중심의 수업으로 나뉩니다. 전자의 경우 다양한 책 읽기를 경험하게 하는 방식이고, 후자는 주제를 깊이 다루기 위해 책을 곁들여 읽는 방식입니다. 각각 다독과 정독 시스템의 차이라고 해도 틀리지 않을 것입니다. 여기에 토의 및 토론을 곁들이거나 종종 글쓰기로 마무리를 하지요. 따라서 책 읽기에 흥미를 붙일 것인지, 정독의 효과를 볼 것인지 목적에 맞춰 학원을 선택하면 됩니다.

저학년과 고학년으로 나누어 따져 볼 수도 있습니다. 저학년이라면 읽기 동기와 습관을 들이는 수업이 도움이 됩니다. 독서 후 활동도 책 읽기의 즐거움을 알아가는 내용이어야 합니다. 저학년의 글쓰기는 즐거운 독서의 연장선에서 이루어져야 하지요. 읽고 쓰는 일에 부담을 느끼지 않아야 합니다.

고학년이라면 책을 꾸준히 읽어 온 아이와 그렇지 않은 아이로 명확히 나누어질 텐데요. 책을 꾸준히 읽어 온 아이는 주제에 따른 다양한 활동들을 곁들이면 깊이 읽기를 경험할 수 있습니다. 토의 및 토론, 주제와 관련된 다양한 장르의 글쓰기도 겸한다면 사고력을 향상시키는 데 도움이 되지요. 아이는 점차 더 심오한 주제들을 배우고 싶어 할 것입니다. 반면 독서량이 부족한 고학년이라면 곰곰이 생각해 봐야 합니다. 책 읽기에 비중을 둘 것인지, 주제 토론을 통해 생각할 기회를 줄 것인지를 선택해야 합니다.

무슨 과목이든 사교육만으로 당장 아이를 변화시키기는 어렵습니다.

이제까지 안 읽었으니 빨리, 많이 읽히려 하다간 실패하게 됩니다. 오히려 더 천천히 읽게 하고 쓰게 하는 게 맞습니다.

부모 자녀 간의 원활한 상호 작용이 중요하다

아이의 반응이 적극적이고 상호 작용이 활발히 이루어진다면, 엄마 표 교육이든 학원이든 계속해 나갈 것을 응원합니다. 그러나 아이와의 관계에 문제가 생기고 있다면 당장 그만둘 것을 권합니다.

특히 학원을 선택할 때는 아이와 충분히 의논을 한 뒤에 결정을 내려야 합니다. 부모의 일방적인 선택은 부작용을 낳습니다. 부모가 결정한 학원은 아이의 자발성을 기대하기도 어렵지요. 책 읽기와 글쓰기 수업이 필요한 이유와 앞으로의 계획(목표)을 함께 세운 뒤, 참여를 권유하는 것이 좋습니다. 저학년이라도 마찬가지입니다. 만약 학원을 보낸 뒤에 "학원 숙제했니? 숙제해라."라는 소리를 입에 달고 산다면 목표를 수정할 필요가 있습니다.

2006년 볼로냐 라가치 상을 수상한 『피아노 치기는 지겨워』(다비드 칼리 글, 에릭 엘리오 그림, 비룡소)에는 아들을 피아니스트로 만들려는 엄마가 나옵니다. 매일 3시가 되면 피아노 연습을 해야 하는 아들. 엄마가 원하는 피아니스트가 되려면 열심히 연습해야 하는데, 너무 지겹습니다. 이 책에는 반전이 있습니다. 바로 아들에게는 비밀이지만 엄마도 어린 시절에 피아노 치기를 무척이나 싫어했다는 것입니다. 이 사실을 넌지시 알려 준 외할아버지의 재치로 주인공은 즐겁게 할 수 있는 일을 찾게 됩니다. 잘못된 자녀교육을 비판하는 그림책으로, 아이의 의견이 반영되지 않은 교육은 부작용만 낳는다는 것을 꼬집고 있지요.

04

교과서나 도서관에서
추천하는 도서를 무조건 신뢰하는 부모

어느 무더운 여름날, 5학년 정진이 어머니가 20여 권의 인문학 시리즈를 낑낑대며 들고 왔습니다. 홈쇼핑을 보다가 "서울대를 비롯한 주요 대학 논술 고사에 출제된 작품을 담았다"는 호스트의 말을 듣고 덜컥 책을 구입했는데, 독서 전문가에게서 "잘 샀다"는 말을 듣고 싶어 더위를 무릅쓰고 책을 몽땅 들고 온 것입니다.

6학년인 현주 어머니는 교과서에 실린 도서를 꾸준히 구입했습니다. 새 학기가 되어 국어 교과서를 받으면 수록 도서부터 확인하고 몽땅 구입했습니다. "교과서에 실린 도서는 그만큼 좋다는 뜻이겠지요. 이것 말고도 도서관에서 추천하는 책을 찾아 읽히는 편이에요." 교과서에 실린 도서나 도서관 추천 도서는 신뢰가 간다는 이유 때문이었습니다.

책 광고는 종종 교과서와 견주어 가며, 교과 연계 도서라는 말을 강조합니다. 그리고 "이 책을 읽으면 학교 공부에 도움이 된다"는 식으로 학부모의 구매욕을 자극하지요. 광고는 이렇게 자극적인 말들로 과대 포장을 하기 마련입니다.

현주 어머니가 교과서에 실린 도서를 구입한 까닭은 배경지식을 쌓아 줄 책을 미리 읽혀서 공부에 도움을 주려는 마음에서였을 것입니다. 그러나 책을 읽는 이유가 교과서에 실린 도서라서, 혹은 공공 기관에서 추천한 도서라서가 아니라면 좋겠습니다. 재미있어 보여서, 내용이 궁금해서 읽는다면 좋겠습니다.

과대광고의 또 한 가지 문제는 선행 학습을 부추긴다는 점입니다. 광고에서는 "이 책으로 아이가 입학 후 배울 내용을 미리 공부할 수 있다"거나 "몇 학년 교과서에 나오는 내용으로, 곧 공부하게 될 내용이니 미리 구입해도 무방하다"는 식으로 홍보합니다. 아마 저학년 부모라면 3학년 때 사회와 과학을 배우게 되니 지식책을 들여놔야 한다는 말을 들어 본 적이 있을 것입니다. 그러나 아이 수준을 훨씬 웃도는 책을 다량으로 사들이는 것은 바람직하지 않습니다. 학습을 위한 책 읽기라는 말에 속지 않기를 바랍니다. 오히려 아이가 책과 멀어지는 이유가 되기도 합니다.

부모들이 추천 도서 목록이나 권장 도서 목록을 신뢰하는 까닭은 학교나 도서관 등 공공 기관에서 제공한 것이기 때문입니다. 그러나 추천 도서는 내 아이의 읽기 수준과 무관한 경우가 많습니다. 수준이 너무 높 거나 너무 낮을 수 있지요. 추천 도서는 말 그대로 '보편적으로 그 학년 의 아이들이 읽을 수 있는 책으로 추천할 만하다'는 판단으로 정해진 목록입니다. 여기에 소개하는 책들도 마찬가지입니다. 참고할 뿐 맹신 하지 않기를 당부합니다.

그렇다면 책을 어떻게 골라야 할까요? 책을 고르는 가장 현명한 방법 은 아이에게 선택하게 하는 것입니다. 조언을 해주거나 추천을 해줄 수 는 있지만 "교과서에 실린 도서라서 읽어야 한다"고 하면 하기 싫은 숙 제를 하는 것과 다를 바가 없습니다. 책 읽기가 또 하나의 공부나 숙제 가 되어서는 안 됩니다.

읽고 싶은 한 권의 책과 만나는
짜릿한 경험을 선사하라

1학년 지민이 어머니는 큰맘 먹고 유명 출판사의 전집을 장만했습 니다. 만만치 않은 가격에 엄두를 내지 못하다가, 마침 저렴한 값에 구입할 기회가 생겼습니다. 6학년까지 볼 수 있는 책이라고 하니 한 동안은 책을 사지 않아도 될 것 같아 구매를 결심했지요. 그러나 아 이는 이전만큼 책을 보지 않았습니다. 책 읽으라는 훈계가 잦아지면서 어머니와 아이는 사이가 벌어지기 시작했습니다.

지민이 입장에서 보면 엄마가 전집을 들이기 시작하면서 도서관과 서점 나들이가 부쩍 줄었습니다. 서점에 가서 책을 한 권씩 고르며 사는 재미는 줄고, 매일 책 읽으라는 엄마의 잔소리만 늘었습니다. 내용은 다르지만 크기나 모양이 유사하게 생긴 책들을 매일 보려니 지루하기만 합니다. 어떤 책들은 너무 어려워서 읽기 싫은데 엄마가 화를 내니, 지민이는 책 읽기가 점점 싫어집니다. 집에 있는 책은 언제라도 보면 되는데 왜 자꾸 지금 읽으라고 하는지 도무지 이해가 되지 않습니다. 거금을 들여 사놓은 책이 장식용으로 전락하는 모습을 보기 힘든 부모의 마음을 알 턱이 없지요.

이는 지민이네만의 일이 아닙니다. 많은 가정에서 겪고 있는 일이지요. 아이가 태어나면서 사들인 유아용 전집을 시작으로 전래 동화와 세계 명작, 영어 동화, 사회, 과학, 철학과 고전 시리즈까지 집 안을 가득 메운 책들이 가구의 일부가 되어 버리기 일쑤입니다. 그래서일까요? 몇 년 사이에 불어난 중고 서점에서는 한 번도 펼쳐 보지 않은 새 책 수준의 책들이 심심치 않게 거래되고 있습니다.

부모에게 전집은 대단히 친숙하면서도 유혹적입니다. 전집은 다양한 분야의 도서를 골고루 갖추고 있어서 한번 구입하면 당분간 책을 사지 않아도 될 것 같습니다. 하지만 전집은 부모의 입맛에 맞춰 사교육을 대신하는 내용으로 만들어지곤 합니다. 모든 전집이 그런 것은 아니지만 여러 주제로 다양하게 구성되기보다 학습이라는 틀에 맞춰 천편일률적으로 구성된 경우가 많지요. 전집을 선택할 때 신중해야 하는 이유 중 하나입니다.

책 선택에 앞서 기억해야 할 것은 나중에 읽을 책을 미리 사두지 않아야 한다는 점입니다. 지민이 어머니는 1학년인 아이에게 6학년 때까지 볼 책을 사주었습니다. 또 큰돈을 들여 산 책이다 보니 아이에게 은근히 읽기를 강요했지요. 어려운 책을 읽으라고 하면 당연히 책에서 멀어지게 됩니다. 지금 당장 재미있게 볼 수 있는 책은 놔두고 몇 년 뒤에나 읽을 수 있는 책을 미리 사둘 필요는 없습니다.

아무리 잘 고른 전집이라 해도 책마다 수준 차이가 있기 마련이지요. 의무감으로 읽는 책은 독서력을 향상시키기 어렵습니다. 아이에게 읽고 싶은 한 권의 책과 만나는 순간의 짜릿함을 느끼게 해주어야 합니다.

책을 보는 안목은 한 번에 생기지 않습니다. 오랜 시간을 두고 차근차근 만들어지지요. 다른 사람이 알려 준 도서 목록은 나의 독서 수준이나 흥미와 상관없는 경우가 많기 때문에 자신이 만든 목록이 가장 가치 있습니다. 아이만의 고유한 독서 목록을 만들어 주고 싶다면 아이와 함께 책을 읽는 것이 가장 좋습니다. 아이와 매일 그림책 한 권씩 읽는 시간을 가져 보세요. 장편 동화라면 하루에 몇 쪽이라도 함께 읽어 보세요. 머지않아 책 보는 안목이 생길 것입니다.

디지털 기기로 하는
책 읽기 교육이 더 낫다는 부모

"저는 사투리를 쓰니까 책 읽어 주기가 꺼려져요."

"부모가 밋밋하게 읽어 주는 것보다 실감 나는 성우의 목소리로 효과음까지 곁들여 읽어 주는 앱이 오히려 아이의 상상력 발달에 더 도움이 될 것 같아요."

부모님들에게 자주 듣는 이야기입니다. 그러면 방언을 사용하는 사람들은 모두 디지털 기기로 책을 읽어 주어야 할까요? 그렇지 않습니다. 아이들은 학교에서 표준어 교과서로 공부하기 때문에 부모가 방언을 쓰면 오히려 두 가지 말을 배우는 것과 같습니다. 외국어를 쓰는 부모가 이중 언어를 알려 줄 수 있듯이 방언을 쓰는 부모에게서 자라는 아이는 방언을 통해 다양한 표현과 문화를 배울 수 있지요. 부모의 사투리는 모국어를 배우거나 책을 읽는 데 문제가 되지 않습니다.

요즘 앱이나 유튜브, 교육 업체 등에서 제공하는 책 읽기 활동 프로그램과 영상이 아이들을 사로잡고 있습니다. 직접 체험하며 생생하게 읽을 수 있어서 아이는 물론, 부모 역시 매료되고 있는데요. 이런 프로그램을 보면 부모의 책 읽어 주기가 더없이 밋밋하게만 느껴집니다. 그런데 이런 온라인 독서 프로그램이 정말 아이의 상상력 발달에 효과적일까요?

조앤 K. 롤링의 판타지 소설 〈해리포터〉 시리즈(문학수첩)는 영화로도 제작되어 전 세계인에게 인기를 얻었습니다. 〈해리포터〉의 원서를 읽으며 영어 공부를 했다는 경험담이 나돌면서 원서까지 잘 팔린다는데요. 아이들에게 인기를 얻은 장편 판타지로써 이야기의 분량에 놀라고 작가의 상상력에 또 한 번 놀라는 책입니다.

그러나 책벌레인 3학년 성민이는 〈해리포터〉 영화에 실망했습니다. 영화 속 장면들이 자신의 상상에 훨씬 미치지 못했기 때문입니다. 영화가 재미없는 것은 아니지만, 책에서 묘사된 내용들을 영화에서 다 보여주지 못했다는 것입니다. 인간의 상상력은 영화의 틀과 견줄 수 없을 만큼 크고, 넓고, 깊다는 것을 3학년 아이를 통해 깨닫는 순간이었습니다.

아이의 상상력은 동영상이 길러 주는 게 아닙니다. 부모와 함께 책을 읽으며 자신의 생각을 나누다 보면 저절로 길러지지요. 상상력은 단시간의 자극만으로 만들어지지 않습니다. 꾸준하게 아이의 반응에 적절히 공감하고 대응해 줌으로써 길러지는 능력입니다.

팝콘 브레인을 경계하라

6학년 모둠 수업 중에 일어난 일입니다.

수업 중에는 특별한 일이 아니고는 스마트폰 사용을 금지하고 있습니다. 아이들은 대체로 규칙에 잘 따르지요. 그런데 기윤이는 달랐습니다. 수시로 스마트폰을 사용하다가 주의를 받고 규칙대로 스마트폰이 압수되자 아이의 얼굴에서 미소가 사라졌습니다. 이어 흥분한 어조로 "빨리 주세요."라는 말을 반복했고, 심지어 "우리 엄마도 안 뺏어요." 하고 목소리를 높였습니다. 기윤이는 스마트폰이 자신의 몸에서 떨어지면 불안 증상을 보였습니다.

스마트폰 사용 실태 조사에 의하면, 2018년에는 만 6세 이하의 영유아 65퍼센트가 스마트폰을 사용하고 있는 것으로 드러났습니다. 스마트폰 과의존 실태 조사 결과 2019년에는 만 3~9세 유아의 스마트폰 과의존 위험군이 22.9퍼센트, 청소년은 30.2퍼센트로 나타났지요. 또 영유아가 스마트폰을 처음으로 사용하는 시기가 2016년에 만 2.27세에서, 2020년에는 12~24개월의 아이로 드러나, 스마트폰 사용 연령이 갈수록 낮아지고 있다는 걸 알 수 있습니다. 스마트폰 사용 장소는 가정이 75.1퍼센트로 가장 높았습니다. 부모가 스마트폰을 주는 이유는 '아이가 원해서'. '아이를 달래기 위해', '내 일에 방해받지 않으려고', '아이

교육을 위해서'의 순으로 나왔습니다. 디지털 기기의 전파 속도를 보면 이미 이 수치는 의미 없는 숫자에 불과하다는 생각도 듭니다.

디지털 기기 없이는 생활이 불가능한 사회가 되면서 아이들을 위한 콘텐츠도 스마트 기기를 통해야만 볼 수 있게 만들어지고 있습니다. 교과 연계 프로그램도 디지털 기기를 활용하여 만들어진 것들이 많다 보니 학교에서도 동영상 수업이 많아졌지요. 역동적인 영상, 입체적인 장면들이 가득한 스마트폰은 우리들의 눈과 귀를 사로잡습니다. 스마트폰은 이제 신체의 일부나 마찬가지입니다.

'팝콘 브레인popcorn brain'은 스마트 기기 사용으로 생긴 부작용 가운데 아이들에게 가장 치명적인 증상입니다. 이는 미국 워싱턴대학교 정보대학원 데이빗 레비 교수가 만들어 낸 용어로, 200도 이상의 열에서만 터지는 팝콘처럼 크고 강렬한 자극에만 뇌가 반응하는 현상을 의미합니다.

2011년 6월 CNN을 통해 처음 소개된 팝콘 브레인 증상은 컴퓨터나 스마트폰과 같은 전자 기기를 지나치게 사용하거나, 여러 기기로 멀티태스킹(다중 작업)을 반복할 때 심해지는 경향이 있습니다. 팝콘 브레인을 가진 사람은 강렬하고 자극적인 것에만 반응하기 때문에 잔잔하고 평범한 일상생활에는 흥미를 잃게 됩니다. 현실에 무감각해질 뿐만 아니라 주의력이 떨어지고 다른 사람과의 교감이 어려워집니다. 당연히 공감 능력도 떨어지겠지요. 디지털 기기의 잦은 사용이 뇌 구조를 변형시켜 나타난 증상으로 뇌 과학자들도 경고하고 있습니다.

그런데 식당, 캠핑장, 지하철이나 기차, 카페 등 사람들이 모인 곳이면 어김없이 아이들 손에 스마트폰이 들려 있습니다. 아이들을 조용히 시키는 데 스마트폰만큼 효과적인 도구가 없기 때문인데요. 혁명적인 도구가 된 스마트폰을 인류의 40퍼센트가 자발적으로 선택해 사용하고 있는 상황에서 디지털 기기의 부작용만 열거하는 것은 문제라고 지적하는 사람도 있습니다.

최재붕 교수는 『포노 사피엔스』(쌤앤파커스)라는 책에서 스마트폰과 함께 등장한 신인류, 포노 사피엔스$^{Phono\ Sapiens}$의 특징을 소개하고 있습니다. 포노 사피엔스는 영국의 경제 주간지 《이코노미스트》가 '지혜가 있는 인간'이라는 의미의 '호모 사피엔스'에 빗대어 '지혜가 있는 폰을 쓰는 인간'이라는 의미로 '포노 사피엔스'라는 말을 사용한 데서 나온 말입니다. 디지털 문명을 이용하는 신인류로서 스마트폰을 현명하게 쓰면 엄청난 이익을 창출할 수 있다는 것이지요. 스마트폰 없이 살 수 없는 세상이 된 것입니다.

한 조사에 의하면 초등학생들이 책을 읽지 않는 이유 중 하나가 바로 스마트폰 사용 때문이라고 합니다. 부모들은 이미 체감하고 있는 사실이지요. 의사들은 디지털 기기가 신체 발달에 악영향을 끼친다고 하고, 심리학자들은 정서 발달에 나쁜 영향을 준다고 합니다. 독서 전문가들은 책 읽기의 최대 방해물로 스마트폰을 꼽습니다. 모든 분야의 교육자들은 디지털 기기의 사용 시기를 최대한 늦추라고 조언합니다. 아직 성장 중인 아이들은 스마트폰 작동법 이전에 배워야 할 것들이 많다는 것인데요. 비단 우리나라만의 이야기는 아닙니다.

프랑스는 2010년 초등학교와 중학교에서 학생들의 휴대 전화 사용을 금지하는 법률을 제정하였습니다. 2018년에는 초등학교와 중학교에서 점심시간과 쉬는 시간에도 스마트폰과 태블릿 등을 사용할 수 없다는 법안을 통과시켰고, 학생들에게 스마트폰이나 태블릿을 집에 두고 오거나, 학교 내에서는 의무적으로 끄도록 했습니다. 프랑스 정부는 스마트폰 중독의 위험성에 노출된 어린이와 청소년을 보호하기 위해 법률까지 제정하였습니다.

이 와중에 전 세계를 위험의 도가니로 몰아넣은 코로나바이러스감염증-19는 교과 과정의 비대면 수업을 앞당겼습니다. 아이들은 디지털 기기를 더 자주, 더 많이 사용하는 환경에 놓였지요. 이제 디지털 기기 사용법과 함께 관리 방법도 가르쳐야 합니다. 더불어 팝콘 브레인의 확산을 막을 수 있는 방법도 고안해야 할 지점에 이른 것 같습니다.

검색의 시대에도 읽기능력이 중요한 이유

공정 무역을 주제로 독서 토론을 할 때였습니다. 아이들은 공정 무역의 의미와 종류 및 현황을 찾기 위해 스마트폰 검색을 시작했습니다. 공정 무역에 관한 내용으로 가득한 책을 코앞에 두고도 스마트폰만 뒤지고 있었지요.

책 내용이 궁금하면 인터넷 검색만으로 쉽게 줄거리를 알 수 있습니다. 글쓰기 역시 검색으로 해결할 수 있습니다. 다른 사람이 올려놓은 공정 무역의 의미와 생각까지 그대로 베끼거나 짜깁기합니다. 아이들이 학교 숙제나 수행 평가를 인터넷에 의존한 지는 오래되었습니다. 인터넷의 검색 기능은 편리하면서도 시간을 단축시켜 줍니다. 그러나 어떠한 현상이나 문제에 대해 깊이 생각해 볼 기회를 철저히 빼앗습니다. 아무도 모르게 말이지요.

사색하지 않고 검색하는 아이들을 매일 만납니다. 아이들의 손에서 스마트폰이 떨어지지 않습니다. 스마트폰 액정을 하루에도 수십 번씩 옷자락으로 닦으며 애지중지합니다. 스마트폰으로 만나는 세상은 늘 새롭고 자극적이지요. 초 단위로 장면이 바뀌면서 우리의 감각을 현혹하는 영상들을 보여 줍니다. 이러한 재미를 외면할 수 있는 아이들이 얼마나 있을까요?

그런데 책은 심심해야 읽습니다. 아이를 책 읽기에 빠트리려면 주변에 책보다 더 흥미로운 것들이 없어야 하지요. 동화책은 독자의 공감을 자아내며 잔잔한 감동을 줍니다. 시는 자연을 사랑하는 감성을 불러일으키고 일상의 소중함을 느끼게 하지요. 지식책은 새로운 지식을 얻는 즐거움, 이미 알고 있는 지식을 책에서 확인할 때의 짜릿함, 이미 알고 있던 지식에 새로운 지식이 덧붙을 때의 뿌듯함을 느끼게 합니다. 이렇듯 책은 자극적이지 않으며 시간을 들여 몰입할 때 비로소 성취감을 느낄 수 있습니다.

책의 즐거움을 알기 위해서는 어릴 때부터 꾸준히 읽어야 합니다. 더욱이 독서를 통해 얻은 새로운 지식은 스키마를 확장시켜 주지요. 스키마는 일상생활이나 학습을 통해 더 풍부해집니다. 스키마의 확장에 재미를 붙인 아이들은 독서의 세계에 빠지지요. 우리 아이들이 읽고 배워야 할 텍스트는 교과서처럼 다소 무미건조한 문장들을 포함하고 있습니다. 이러한 글을 읽어 낼 사고력은 결코 단시간에 만들어지지 않습니다. 읽고 이해하는 시간이 풍부했던 아이만이 높은 종합사고능력을 가질 수 있습니다.

디지털 기기에서 제공하는 글은 비교적 짧으면서도 명쾌하고 즉각적입니다. 깊이 생각하지 않아도 질문에 바로 답해 주는 인터넷을 마다할 이는 없습니다. 하지만 여기에 익숙해지면 좀 더 상위 개념의 학습을 하지 못합니다. 사색하지 않고 검색에만 의존하게 되면 읽기 사고력이 저하되기 때문입니다.

앞으로 디지털 기기들은 더욱 새롭고 다양해질 것입니다. 디지털 기기를 통해야만 볼 수 있는 콘텐츠는 더 많이 개발되고 보급되겠지요. 따라서 아이들에게 이러한 정보들을 비판적으로 수용할 수 있도록 디지털 리터러시Digital literacy를 길러 줘야 합니다. 디지털 리터러시는 미디어 활용 능력뿐 아니라 그 안에서 진짜 정보와 가짜 정보를 가려낼 줄 아는 능력을 일컫습니다. 디지털 리터러시가 곧 경쟁력인 세상이 되었습니다.

검색하는 아이들 사이에서도 읽기능력의 차이가 드러납니다. 읽기능력이 높은 아이들은 어디서 어떤 정보를 찾아야 하며 본인이 취해야 할 정보가 무엇인지 가려내는 능력이 우수합니다. 반면에 읽기능력이 낮은 아이들은 무작정 스마트폰부터 열고 봅니다. 필요한 정보를 찾는 시간이 아주 오래 걸리며, 의미 있는 정보를 찾는 데 실패하는 경우가 많습니다. 바로 비판적 사고능력의 차이 때문입니다. 비판적 사고는 독서를 통해 길러집니다.

아이가 성장하는 데 순서가 있듯이 읽기능력을 기르는 데도 순서가 있습니다. 문자를 익히고 글을 읽을 줄 아는 유아기를 거친 후, 초등 시기에는 문장이나 글이 가진 의미를 해석하는 능력을 배워야 합니다. 점점 글의 길이가 길어져도 끝까지 읽고 이해하는 기회를 경험해야 하지요. 이를 즐겁게 할 수 있는 일이 바로 독서입니다. 진정한 포노 사피엔스가 되려면 디지털 리터러시를 길러야 합니다. 그리고 독서만이 디지털 리터러시에 필요한 비판적 사고능력을 길러 줍니다.

1-2

우리 아이 책 읽기,

괜찮은 걸까?

방금 읽은 책의 내용도 기억하지 못하는 아이

"방금 책을 읽었는데 무슨 내용인지 모른대요. 말이 됩니까?"

"예, 말이 됩니다."

자녀가 저학년이든 고학년이든 구분 없이 쏟아지는 질문 중 하나입니다. 책을 읽고 난 아이에게 줄거리를 묻거나 내용에 관해 질문해 본 부모라면 '책을 읽은 뒤에 기억나는 게 그렇게도 없을까?' '방금 읽은 내용을 기억하지 못한다는데 진짜일까?' 하는 의문을 가져 본 적이 있을 것입니다.

줄거리 요약이나 중심 내용을 파악하려면 책의 전체 내용 중 불필요하다고 생각되는 부분을 삭제할 수 있어야 합니다. 여러 문장을 단 몇 개의 낱말로 요약할 수 있어야 하지요. 그러기 위해서는 글의 전체 내용을 머릿속에 파노라마처럼 펼쳐 두고 자유자재로 가위질할 수 있는 표상능력이 있어야 합니다. 전체 내용을 꿰뚫고 있어야 가능한 일이지요. 이는 저학년에게는 아주 어려운 활동입니다. 고학년이라도 상위인지능력이 낮은 아이들에겐 쉽지 않습니다. 상대가 알 수 있도록 줄거리를 요약해 전달하는 것은 생각처럼 쉬운 일이 아닙니다.

성인의 경우 묵독을 한 뒤 1시간이 경과하면 책 내용의 50퍼센트 이상을, 하루가 지나면 80퍼센트 이상을 망각한다고 합니다. 책을 읽은 직후엔 기억할 수 있는 내용이 40퍼센트도 채 안 된다는 연구도 있습니다. 어린이 책은 분량이 적지만, 아이들은 성인보다 더 기억하지 못합니다.

또 부모가 줄거리를 말해 보라고 하면 긴장하는 아이들이 있습니다. 이러한 경우에는 심리적 요인도 한몫합니다. 무슨 말로 시작해야 하며, 어떻게 이야기를 이어 가야 할지 막막해 머뭇거리는 사이에 부모의 표정이 일그러집니다. 이를 눈치챈 아이는 머리가 하얘지지요. 어렵게 말문을 열더라도 줄거리를 말하는 내내 긴장의 연속입니다. 이야기 중간에 보이는 부모의 표정이나 반응 때문입니다. 이런 아이의 마음과 달리 부모는 속이 터집니다.

'앗, 이즈음에서 주인공이 등장해야 하는데, 이 녀석은 왜 배경 설명만 하는 거야?'

'대체 주인공이 입고 있던 옷을 언제까지 말할 거니?'

'아니, 인물들이 겪은 사건을 그렇게밖에 설명하지 못해?'

'이렇게 긴 이야기를 그렇게 짧게 끝내니?'

'말하는 중간에 음, 음, 그러니까, 어 소리는 왜 자꾸 하는 거니?'

이런 생각들이 스치지만 말을 하면 아이가 주눅 들까 봐 속으로 삭입니다. 그렇지만 아이는 부모의 표정, 행동 등 비언어적 신호를 통해 속마음을 고스란히 읽어 냅니다. 결국 점점 더 긴장하게 되지요.

부모들은 보통 취학 전부터 책을 읽어 준 뒤 무슨 내용인지 묻곤 합니다. 글의 주요 내용을 간추리는 방법은 2학년 2학기 국어 교과서에서 배우기 시작하여 3학년 때 본격적으로 익힙니다. 내용을 요약하기 위해서는 생략과 함축을 할 수 있어야 하는데 이에 필요한 상위인지능력이 10세는 되어야 발달하기 때문입니다. 아이가 책을 잘 읽었는지 확인하고 싶다면 내용을 묻기보다 주인공의 이름이나 주인공이 한 일에 대해 어떻게 생각하는지 정도만 질문하는 것이 좋습니다.

책을 많이 읽는 아이

4학년인 재민이는 국어 학습지를 몇 년째 하고 있습니다. 아이의 능력에 따라 얼마든지 선행 수업이 가능한 학습지의 특성상 재민이는 고등학교 교과를 공부하고 있었습니다. 이제 두 달 뒤면 목표로 했던 과정을 모두 마치는 터라 한껏 기대에 부푼 어머니가 새로운 프로그램을 문의하였습니다. 그러나 재민이는 제가 내민 초등학교 4학년 수준의 글조차 완벽하게 이해하지 못했습니다. 중심어나 중심 내용조차 힘겹게 찾아내자 어머니는 많이 놀랐습니다. 그동안 어떻게 고등학교 수준의 지문을 이해했는지 도무지 알 수 없는 일이었지요.

책을 많이 읽는다는 아이인데도 방금 읽은 내용조차 제대로 설명하지 못하는 경우를 종종 봅니다. 심지어 글의 주제도 마음대로 바꾸어 말해 놓고 '책은 읽은 사람이 생각하기 나름'이라고 변명하는 아이도 있습니다. 책의 주제를 찾지 못하고 전체 흐름을 짚어내지 못하는 독서는 단순하게 글자만 읽는 행위에 지나지 않습니다. 어쩌면 글자조차 제대로 읽지 못했을지도 모릅니다.

이런 현상은 학원이나 학습지를 통해 다독을 해온 아이들에게서 나타나곤 하는데, 아이들의 수준을 고려하지 않고 다독 시스템을 고집하는 일부 학원의 수업 방식 때문이 아닐까 합니다.

재민이도 독서 흥미를 느끼지 못한 채 책은 그저 학습 도구일 뿐이라고 생각했습니다. 안타깝게도 책을 읽으며 감동을 느끼거나 흥미로운 이야기에 빠지거나 특정 주제에 대해 깊이 생각해 본 적이 없었던 것입니다.

교육 포털 사이트나 블로그를 보면 아이가 만 2세 무렵에 한글을 익히고 초등학교 입학 전에 이미 1만 권의 책을 읽었다는 사례들을 어렵지 않게 볼 수 있습니다. 매일 6시간 이상 아이에게 책을 읽힌 것이 성공 비법이라거나, 만 5세가 돼서 시작하면 늦는다는 등의 근거 없는 이야기가 난무합니다. 취학 전의 다독이 취학 이후 독서의 질을 높인다는 주장은 일견 설득력이 있어 보입니다. 양을 넘어서지 못하면 질도 올라가지 않는다는 일종의 '양질 전환의 법칙'을 근거로 든 것인데요. 많이 읽다 보면 당연히 질이 향상되겠지요. 그러나 읽는 과정이 아이에게 즐거운지 괴로운지를 살펴보아야 합니다.

3학년인 다연이는 학교에서 독서 감상문을 제출하라고 하자, 하루에 5편이나 쓰는 기현상을 보였습니다. 일주일 동안 무려 30여 편을 써냈지요. 대부분 유치원 때 읽었던 그림책으로 독서 감상문을 채웠는데, 100편을 써야 받을 수 있는 상 때문이었습니다.

학교에서는 아이들의 책 읽기를 돕기 위해 독서 감상문을 제출하게 합니다. 과거에 비해 다독 프로그램이 줄어들어 슬로 리딩이나 온 책 읽기 정도만 실시하고 있지만, 여전히 독서 감상문을 쓰라고 하지요. 다연이는 평소 동화책은 물론, 지식책도 곧잘 읽는 아이였습니다. 그런데 독서 감상문 쓰기 숙제로 인해 독서의 흥미를 잃진 않을까 우려되는 상황이었지요.

어느 날 한 도서관에서 독서 감상문을 쓰는 초등학생을 본 적이 있습니다. 3학년쯤 되어 보이는 아이는 책을 펼치더니 찬찬히 읽는 게 아니라 눈으로 훑듯이 읽었습니다. 그러고는 동시에 독서 감상문을 썼습니다. 몇 분 안 되어 이내 다 썼는지 자리를 털고 일어나더군요. 하기 싫은 숙제를 마친 아이의 홀가분한 표정이 보이는 것 같았습니다.

독서 감상문 검사가 독서량을 높였을 가능성은 있습니다. 그러나 독서 흥미를 부여하기는 어려워 보였습니다. 독서 감상문이 숙제가 된 현실은 안타깝지만, 그렇게라도 책을 읽게 하려는 교육적 의도는 의미가 있습니다. 독서 감상문은 책을 읽은 뒤의 소감을 쓰는 글로, 책을 잘 읽게 하려는 데 목적이 있습니다. 독서 감상문을 쓰려면 책을 꼼꼼히 읽어야 하기 때문입니다. 또 독서 감상문을 쓰면서 긴 내용을 요약하고 자신의 생각을 정리하는 힘이 생겨 글쓰기에 자신감이 붙을 뿐 아니라 읽은 내용을 오래 기억할 수 있습니다. 그만큼 책에 대한 흥미도 높아지지요.

이렇게 독서 감상문 쓰기가 주는 장점이 많은데도 부정적 시선이 많아진 것은 주어진 틀과 양에 맞춰 쓰게 하기 때문입니다. 아이에게 독서 감상문을 쓰게 하려면 독서교육의 본질이 책을 읽고 얻어 낸 결과물이 아니라, 책을 읽으며 생각을 확장하고 정리하는 과정에 있다는 점을 꼭 유념해야 합니다. 제대로 된 독서 감상문은 책을 좋아하게 만듭니다.

책을 읽어 줄 때마다
모르는 낱말의 뜻을 계속 물어보는 아이

2학년 하준이 어머니는 아이의 어휘력이 너무 낮은 것 같다며 걱정을 했습니다. "책을 읽어 주는데 아이가 자꾸만 낱말의 뜻을 물어봐요. 이야기 흐름이 끊겨서 맥이 빠지기도 하고, 어떨 때는 이런 말도 모르나 싶어서 답답하기도 해요. 책 읽는 중간에 낱말의 뜻을 말해 주며 읽어야 할지, 다 읽은 뒤에 알려 줘야 할지 헷갈려요."

책을 읽다 보면 누구나 모르는 어휘를 마주하곤 합니다. 이 세상 모든 어휘의 뜻을 어떻게 다 알 수 있겠어요. 이 사실을 모르는 바는 아니지만, 아이가 당연히 알 것 같은 낱말도 모른다고 하면 가슴이 답답해집니다. 이런 말도 모르는데 그동안 어떻게 책을 읽었나 싶어지지요.

아이와 함께 책을 볼 때 부모가 저지르는 실수 중 하나는 바로 어휘에 집착하다가 더 중요한 걸 놓치게 된다는 점입니다. 어휘를 모르면 책 내용을 이해하지 못할 것이라고 생각하기 때문인데요. 사실 교과서 한 쪽 분량의 글에서 완전히 모르는 낱말이 2, 3개가 있다면 그 내용 전체를 모른다고 해도 무방할 정도로 어휘력은 곧 이해력을 의미합니다. 그러나 모르는 어휘가 많다고 질책하다가 기분이 상해 버리면 이 또한 책 읽기로부터 멀어지는 원인이 됩니다. 또 어휘 공부에만 시간을 소요하다가 진정한 독서 감상의 기회를 놓칠 수도 있습니다.

책을 읽다가 아이가 낱말을 가리키며 무슨 뜻이냐고 묻는다면 즉각적으로 알려 주는 게 맞습니다. 박연철 작가의 그림책 『어처구니 이야기』(비룡소)를 읽다 보면 "누구는 일찍 죽고 누구는 늦게 죽고 너무 불공평하지 않아?"라는 말이 나옵니다. 불공평하다는 뜻을 모른다면, 문장 전체의 의미를 이해하지 못하겠지요. 아이가 "불공평한 게 뭐예요?" 하고 물었는데 다 읽고 말해 주겠다고 하면 아이는 이야기가 끝날 때까지 답답합니다. 집중도 안 되지요. 아이가 궁금해할 때는 바로 알려 준 뒤 이어서 읽어 주면 됩니다.

하지만 반대로 아이에게 수시로 낱말의 뜻을 묻는 것은 삼가야 합니다. 아이가 모를 것 같은데 묻지 않았다고 하여 읽는 도중에 "불공평한 게 무슨 뜻이지?" 하고 묻지 않아야 한다는 것이지요. 이야기의 흐름을 따라가다 보면 저절로 뜻이 파악되기도 합니다. 읽어 주는 중에는 이야기 흐름을 끊지 않는 것이 더 중요합니다. 아이의 의지와 상관없는 질문은 읽기를 방해할 뿐입니다.

들어서 이해하는 능력은 눈으로 읽어 이해하는 능력보다 우세한데요. 이때 음성의 크기나 억양, 속도에 따라 이해의 범위도 달라집니다. 그렇다면 어려운 낱말을 아이에게 알려 주고자 할 때 어떻게 하는 것이 좋을까요?

서정오 작가의 그림책 『저승에 있는 곳간』(홍우정 그림, 한림출판사) 표지에는 저승사자로 보이는 시커먼 옷을 입은 두 사람이 한 남자를 문 안쪽으로 끌고 가려는 듯 보이는 그림이 실려 있습니다. 그 그림으로 대충 이해할 수도 있지만 '저승', '곳간'이라는 말은 아이들에게 낯섭니다. 이렇게 낯선 말이 표지에 있다면 아이와 충분히 이야기를 나누어 보는 게 좋습니다. 아이에게 먼저 낱말의 뜻을 물어본 뒤에 덧붙여 설명해 주는 방법이 가장 자연스럽습니다. 낱말의 뜻을 이해한 뒤에 책을 펼치면 이야기가 끝날 때까지 끊김 없이 읽을 수 있습니다.

『저승에 있는 곳간』

『일과 도구』

한편 권윤덕 작가의 그림책 『일과 도구』(길벗어린이)에서는 제목에 쓰인 '도구'란 말이 아이에게 어렵게 느껴질 수 있습니다. 이럴 경우 사전적 의미를 설명해 주기보다는 "이 책에는 도구가 많이 나온단다. 어떤 도구가 나오는지 잘 보자꾸나." 하며 책장을 펼치면 됩니다. 아이는 이제 어떤 도구들이 등장하는지 찾아보려 하겠지요.

수준에 맞지 않는 읽기 전략이 독서를 방해한다

"1학년 아이한테 책을 읽다가 모르는 낱말이 나오면 밑줄을 그으라고 했어요. 어느 날은 아이가 읽은 책에 밑줄이 하나도 없는 거예요. 책을 보다가 모를 것 같은 낱말이 있길래 무슨 뜻이냐고 물었더니, 대답을 못하더라고요. 대체 모르면서 왜 밑줄을 안 긋느냐고 잔소리하다가 그날 밤 마음만 상하고 말았어요. 밑줄 긋는 게 그렇게나 어려운 일인가요?"

'독서 코칭 및 학습 전략'과 같은 강좌는 엄마표 교육을 지향하는 분들을 위한 맞춤 프로그램으로써 부모들에게 인기가 있습니다. 방법을 배워 바로 아이에게 적용해 볼 수 있기 때문이지요.

부모가 직접 배워서 자녀를 지도하는 것은 대단히 권장할 만한 일이지만, 유의할 점이 있습니다. 자녀의 수준을 미리 짐작해 보아야 한다는 것입니다. 객관적으로 판단하기 쉽지 않지만 연령 및 학년에 따른 아이들의 읽기 수준이나 발달 단계 정도는 알고 있어야 합니다. 아무리 효과적인 교육법이라도 아이의 수준이나 연령에 맞지 않으면 무용지물이기 때문입니다.

사례의 어머니 역시 학습법 강좌에서 배운 내용을 아이에게 적용해 보고자 했는데요. 사실 책을 보면서 밑줄 긋는 일은 어린아이도 할 수 있을 만큼 쉬워 보입니다. 그러나 밑줄 긋기는 글의 구조에 따라 요약하기, 도표나 마인드맵으로 시각화하기, 색깔 펜으로 구분하여 정리하기와 마찬가지로 내용을 제대로 이해하기 위한 전략 중 하나입니다. 이는 고학년 이상의 아이들이나 가능한 학습 전략으로, 모든 연령층의 아이들이 할 수 있는 것이 아닙니다. 사례의 어머니는 이를 알지 못한 까닭에 아이와 마음이 상하고 말았습니다. 이처럼 아이의 발달 단계를 잘 몰라 저지르는 실수는 대단히 많습니다.

전략부터 가르친다고 읽기능력이 향상되는 것은 아닙니다. 남들보다 조금 더 일찍 가르치는 일은 아이의 성장을 오히려 방해하는 일이 되기도 하지요. 그렇다면 아이들의 읽기를 돕는 전략들은 무엇이 있을까요? 아이들이 보는 이야기책과 지식책을 기준으로 살펴보고자 합니다.

이야기책에 적합한 읽기 전략

아이들은 책을 읽으며 재미와 기쁨을 느껴야 합니다. 등장인물의 감정에 이입되며 느끼는 재미, 궁금했던 것을 알아가는 재미를 느껴야 하지요. 따라서 이야기책을 읽을 때는 흐름에 방해받지 않고 끝까지 읽게 내버려 둬야 합니다. 책을 읽는 동시에 머릿속에 스치는 이미지들은 한 편의 영화가 됩니다. 중간중간 필름이 끊기는 영화를 상상해 보세요. 김이 새서 재미없겠지요?

책을 잘 읽었는지 확인하고 싶다면 등장인물의 특징이나 사건의 해결 방법들을 묻는 정도에서 끝내는 것이 좋습니다. 가령 '주인공이 어떤 일을 겪었어? 그 인물은 그 일을 해결하고 난 뒤에 어떤 감정이 들었을까? 너라면 무엇이 더 나은 해결책이라고 생각하니?'와 같이 전체의 흐름에 방해되지 않는 선에서 하나씩 묻는 것이 좋습니다.

지식책에 적합한 읽기 전략

지식책이라면 용어의 의미만 알아도 책 전체의 내용을 이해할 수 있는 경우가 많습니다. 따라서 읽기 전에 개념어와 같은 주요 어휘를 공부한 뒤에 책을 읽게 하는 것도 방법입니다. 예를 들어 제3세계 국가 아이들의 현실이 담긴 책을 읽으려는데 '제3세계 국가'가 무엇인지 모른다면 미리 그 의미를 알려 주는 것이지요. '오리엔탈 문명'에 관한 책을 읽은 아이가 '오리엔탈 문명'의 뜻을 모른다면 책의 내용을 얼마나 이해할 수 있을까요?

책의 제목만으로 아이의 배경지식을 확인하고 지식을 덧붙여 줄 수 있습니다. 제목이 '명절'이라면 명절이 무엇인지, 어떤 명절을 알고 있는지, 설날이나 추석 같은 명절에 하는 일이 무엇인지 일반적인 이야기들을 나누어 보는 것이지요. 명절에 먹는 음식과 풍습을 덧붙여 이야기해 준 뒤 책을 읽도록 하면 됩니다.

어휘력을 어떻게 키울 수 있을까?

> "책을 읽다가 모르는 말이 나오면 자꾸만 물어요. 그때마다 일일이 대답해 주는 게 어려워서 사전을 찾아보라고 하는데요. 그러면 아이는 '에이, 그럼 됐어.' 하며 포기합니다. 어휘의 뜻을 정확하게 설명해 주기도 쉽지 않은데, 아이는 스스로 찾아보려 하지 않고 자꾸 묻기만 해요. 어휘 공부는 어떻게 시켜야 할까요?"

언어학자 촘스키는 "모든 아이들은 태어날 때부터 언어 습득 장치를 가지고 있어서 언어를 쉽고 빠르게 배울 수 있다."고 주장했습니다. 사람은 언어습득능력을 가지고 태어난다는 뜻입니다. 아이는 부모를 통해 자신이 속한 사회와 문화 안에서 사고하고 행동하는 법을 배우게 되는데, 이때 부모가 하는 말은 아이의 두뇌에 고스란히 저장됩니다. 이렇게 저장된 어휘들은 읽기와 쓰기를 배울 때 자연스럽게 나타납니다. 부모의 언어 환경에 따라 습득 어휘가 결정되는 것이지요. 이것이 바로 모국어 습득 과정입니다.

2~4세가 되면 언어가 급격하게 발달합니다. 일반적으로 만 2세가

되면 최소 50개의 단어를 써서 문장을 구성할 수 있고, 만 3세가 되면 1,000개의 단어를 습득합니다. 이 시기를 어휘 폭발기라고 하지요. 5세 무렵이 되면 일상생활에서 어렵지 않게 의사소통할 수 있습니다. 취학 전에 이미 의사소통에 필요한 어휘량을 충분히 갖추게 되지요.

하지만 생애에 걸쳐 가장 많은 양의 어휘를 학습하는 시기는 단연 초등학교 시기입니다. 그 이유는 수업을 통해 교양 어휘 및 고급 어휘를 익힐 기회를 갖기 때문입니다. 그리고 매일 만나는 또래들과의 대화를 통해 새로운 어휘를 접할 기회가 많아지기 때문이지요. 말이란 자주 써야 내 것이 됩니다. 수업 시간에 배운 내용이나 책에서 읽은 내용, 일상에서 있었던 이야기를 친구들과 함께 나누는 동안 어휘량이 급증합니다. 그러나 이야기를 나누는 것만으로는 어휘를 완전히 자기 것으로 만들기 어렵습니다.

아이의 어휘력을 키우려면 사전적 정의를 그대로 들려주기보다 아이의 경험에 빗대어 예시를 들어 주는 것이 좋습니다. 옛이야기 「복 타러 간 사람」에는 "밤이 되자 선비는 산속의 외딴집에서 하룻밤 묵어가기로 했어요."라는 문장이 나옵니다. 아이들은 '묵어가다'와 '묶어 가다'를 헷갈려 합니다. 그럴 때 '묵어가다'는 '머물러서 자고 가는 것'이라고 바로 알려 주기보다 아이들이 직접 연상하도록 돕는 것이 좋습니다. 가령 "명절 때 시골 할머니 집에서 하룻밤 묵고 왔잖아?" 하는 식으로 예시를 들어 주는 것입니다. 아이의 경험과 어휘를 연결시키면 쉽게 이해시킬 수 있습니다.

아이의 어휘력은 부모가 좌우한다고 할 만큼 많은 영향력을 미치는데요. 함께 보내는 시간이 그만큼 많기 때문입니다. 아이가 텔레비전을 보다가 "엄마, 여대 야소가 뭐야?" 하고 묻는다면 어떻게 반응할 수 있을까요? "몰라도 돼." "크면 저절로 알게 돼." 하고 말하지는 않나요? 아이가 궁금해한다면 적극적으로 알려 주세요. 한자를 조금 아는 아이라면 '여대 야소'에서 대와 소의 의미를 먼저 물어봅니다.

"대와 소는 각각 무슨 뜻이지?"

"크다, 작다는 뜻이요."

"그래, 맞아. 그럼 여와 야는 무슨 뜻일까?"

이런 식으로 질문을 통해 생각을 유도하며 어휘를 알려 주세요. 적절한 질문은 아이의 수준을 가늠하는 잣대가 됩니다.

아이가 가진 배경지식에 따라 코칭도 달라지는데요. 여당과 야당이 무엇인지 알고 있는 아이라면 국회의원 의석수를 이야기해 주면 됩니다. 전혀 모르는 아이라면 여당과 야당이 무엇인지, 각각의 역할을 차근차근 설명해 주면 되지요. 설명이 끝난 뒤 아이에게 반대로 "그럼 여소야대는 뭘까?" 하고 물어봐야 합니다. 아이가 주저 없이 답을 한다면 제대로 이해한 것입니다.

가정에서 코칭을 할 때 염두에 두어야 할 점은 부모의 일방적인 가르침을 피해야 한다는 것입니다. 또 지나치게 친절한 설명도 필요없습니다. 여당과 야당을 설명하려다 우리나라 정치 구조에 대해 설명하고, 지난날 정치 형태는 어떠했는지를 이야기하다가 다른 나라와의 차이점까지 이야기하는 등 설명이 끝없이 이어져서는 안 됩니다. 낱말 뜻 하나 물어봤다가 아이는 반만년 역사 교육까지 받게 될지 모릅니다. 설명이 너무 길어지면 아이는 다음에 질문할 때 주저하게 됩니다. 아니, '차라리 묻지 말자.' 하고 생각할 수 있습니다. 그러므로 어떤 어휘라도 아이의 눈높이와 상황에 맞춰 이해시키는 요령이 필요합니다.

독후 활동을 너무 하기 싫어하는 아이

"책을 읽고 나서 이것저것 내용을 물어보면 잘 모르겠다고 해요. 줄거리를 물어도 순서대로 잘 이야기하지 못해요. 독후 활동 없이 책을 읽기만 해서 그런 것은 아닐까 싶어요. 책을 읽고 나서 독서 감상문도 써보고 그림 그리기도 해봤는데, 아이가 너무 하기 싫어해서 걱정이에요. 어떻게 하면 아이와 즐겁게 독후 활동을 할 수 있을지 고민입니다."

연수 어머니는 아이의 책 읽기를 도와주고자 독후 활동을 소개하는 강좌를 여러 차례 수강할 정도로 노력하는 엄마입니다. 하지만 아이의 반응은 늘 시큰둥했지요. 그렇다면 다음 사항을 체크하여 원인을 점검해 보아야 합니다.

- 아이의 책을 부모도 함께 읽었는가?
- 책을 읽은 후 이야기를 나눌 때 아이가 즐거워하는가?
- 독후 활동에 아이가 얼마나 책을 잘 읽었는지 평가하기 위한 의도
  가 담겨 있지는 않은가?
- 아이가 쓴 독서 감상문을 보고 글을 잘 쓰라며 채근한 적이 있는가?

부모와 자녀가 같은 책을 읽고 이야기를 나누는 것은 아주 멋진 일입니다. 그러려면 아이의 책을 부모가 함께 읽어야 합니다. 가장 인상적인 장면을 이야기하거나, 주인공의 행동에 대해 비판적인 생각을 나눌 때도 서로 의견을 주고받아야 흥미로운 독후 활동이 되지요. 부모가 내용도 잘 모르면서 그림을 그리게 한다거나, 독후 활동지만 가득 안겨 준다면 아이는 시큰둥해질 수밖에 없습니다.

또 책을 읽은 뒤에 다른 사람으로부터 평가를 받아야 한다면 아이들은 어떤 기분이 들까요? 책을 정말 잘 읽어서 좋은 평가를 받아야겠다고 생각할까요? 수능처럼 대단히 중요한 시험이거나 한두 번의 테스트로 끝날 평가라면 긴장감을 가지고 임하겠지요. 하지만 책을 읽고 부모와 함께하는 독후 활동은 다릅니다. 잦은 평가는 오히려 책 읽기를 점점 더 멀리하게 하지요. 독후 활동은 평가받는 듯한 경직된 분위기에서 치러지는 시험이 아니라 정서적으로 안정되고 즐거운 활동이 되어야 합니다.

아이들이 독후 활동 가운데 가장 피하고 싶어 하는 것은 글쓰기입니

다. 뒷이야기 상상하기, 주인공에게 편지 쓰기 등 다양한 종류의 글쓰기가 있는데요. 아이가 글쓰기를 두려워하지 않는다면 꾸준한 칭찬과 격려만으로도 활동을 이어갈 수 있습니다. 그러나 글쓰기를 어려워하는 아이라면 우선 말로 설명하게 하고, 그 내용의 일부를 쓰게 하는 등 가능한 한 간단한 글쓰기를 유도하는 것이 좋습니다.

부모와 함께하는 독후 활동은 완벽하게 해내기보다 오랫동안 해야 할 일임을 기억하세요. 오래 하려면 상호 작용이 자연스럽게 이루어지는 온화한 분위기여야 합니다.

독후 활동은 자발적 독서 동기를 유발할 수 있어야 한다

3학년 지우는 지식책을 잘 읽지 않는다고 합니다. 어머니는 "학교 공부에 도움이 되는 책들은 대강 훑어볼 뿐 흥미를 느끼지 못하네요. 어떤 독후 활동을 해야 책과 친한 아이로 만들 수 있을까요?"라며 지식책을 읽을 때 흥미를 유발할 수 있는 독후 활동을 권해 달라고 했습니다.

지식책은 배경지식을 풍부하게 해주어 학교 공부에 직접적인 도움이 됩니다. 그러나 좋아하지 않는 분야의 책을 억지로 읽히려 하거나, 독후 활동을 해서라도 지식을 주입시키려 한다면 책과 더 멀어지게 되지요.

좋아하는 분야가 명확한 아이라면, 점점 더 좋아하게 만들면 됩니다. 다음 사례를 보며 방법을 알아봅시다.

> 공룡을 좋아하는 6세 성민이는 또래 남자아이들처럼 공룡 책들을 섭렵했습니다. 공룡 가운데서도 유독 스테고사우루스를 좋아했지요. 스테고사우루스의 특징을 더 잘 알기 위해 공룡 책을 보고 또 보았습니다. 공룡 책 수십 권을 독파한 뒤에는 파충류와 양서류에 관심을 갖더니 관심 분야가 동물에서 식물, 그리고 인체로 점점 확대되었습니다. 이렇듯 생물 전반에 관심을 갖던 아이는 초등학생이 된 후에는 생명을 주제로 한 과학책을 좋아하게 되었습니다. 좋아하는 분야의 책 읽기는 아이를 책벌레로 만들었고, 이후 성민이의 독서 습관은 학교 공부에도 큰 도움이 되었습니다.

성민이가 공룡 책을 유난히 좋아할 때 부모는 어떻게 도왔을까요? 독서 편식을 걱정하기 이전에 공룡이 되어 놀아 주었습니다. 아이가 공룡의 특징을 이야기할 때 공룡의 모습을 흉내 내면서 신나게 놀아 주었지요. 초식 공룡 역할을 할 때는 풀 먹는 흉내를, 육식 공룡 역할을 할 때는 다른 공룡을 잡아먹는 시늉을 하였습니다. 아이가 책벌레가 된 바탕에는 아이의 관심사에 동참해 준 부모가 있었습니다.

성민이네는 별다른 도구 없이 역할 놀이 하나로 아주 효율적인 독후 활동을 했습니다. 부모와 아이가 책을 매개로 하는 흥겨운 경험이 바로 아이를 책벌레로 만들었지요. 역할극과 같은 흉내 내기는 유아에서부터 초등 저학년 아이들에게 좋은 독후 활동입니다. 이러한 독후 활동은 책 읽기 동기를 유발합니다.

반면에 지식책 읽기를 싫어하는 아이라면 학년 수준보다 낮아 보이거나 그림 및 사진이 풍부한 지식그림책으로 시작하는 것이 좋습니다. 지식그림책에서 소개하는 다양한 이미지를 머릿속에 저장해 두는 것만으로도 지식이 풍부해집니다. 그렇게 형성된 스키마는 이후 다른 책을 읽을 때 쓰이지요. 조금이라도 아는 내용이 나오면 책을 읽고 싶은 마음이 들거든요.

로젠블렛은 독자반응이론reader-response theory을 내세워 독자의 스키마에 따라 책의 내용을 받아들이는 데 차이가 있다는 점에 주목하였습니다. 같은 책에 모든 독자가 같은 반응을 일으키지 않습니다. 독자의 관심이나 흥미 혹은 배경지식에 따라 책 속에 빠져드는 정도가 달라집니다. 독자에 따라 해석이 다르고 의미를 재구성하는 데도 차이가 있습니다.

지식책 읽기를 좋아하지 않는 지우의 경우 새로운 지식을 주입할 게아니라 이미 알고 있는 지식의 덩어리를 더 크게 만들어야 합니다. 관련 지식에 대해 자신 있어 할 때까지 부담을 줄 수 있는 독후 활동은 미루고, 쉽고 다양한 지식그림책을 풍부하게 보여 주는 것이 효율적이지요 그전에는 관련 그림이나 사진을 보면서 이야기를 나누는 정도가 좋습니다.

개구리의 한살이가 그려진 그림을 상상해 보세요. 알에서 올챙이, 뒷다리가 나온 개구리, 꼬리가 뭉툭해지면서 앞다리가 나온 개구리, 성체가 된 개구리의 그림이 있다고 합시다. 알에서 개구리가 되기까지 어떤 변화가 있는지 영상도 찾아보고 이야기도 나누어 보세요. 개구리의 한 살이가 신비해 보일 것입니다. 그림을 보며 이야기 나누는 것만으로도 지식책에 대한 흥미를 부여해 줄 수 있습니다.

한글을 읽지 못하는 일곱 살 아이

"서진이는 3세부터 학습지로 한글 학습을 시작했어요. 재미있어
하길래 한글을 금방 익힐 거라고 생각했지요. 그런데 7세가 다 되
도록 한글을 떼지 못했어요. 학습지를 계속해야 할까요?"

서진이 어머니는 아이가 한글을 터득하지 못한 채 입학했을 때 생길
문제들을 생각하면 근심이 크다고 했습니다. 그래서 한글 학습지를 두
가지나 병행하고 있었지만, 들인 비용과 노력, 시간에 비해 아이의 문해
능력은 턱없이 낮았습니다. 무려 4년간 한글 학습을 하고 있는데도 읽
기가 미숙합니다. 그런데도 어머니는 왜 다른 방법을 찾아보지 않고 학
습지에만 매달렸을까요?

서진이 누나가 한글을 익히는 데 도움 받았던 학습지를 맹신했기 때

문입니다. 아이마다 언어 지능이 달라 문자를 받아들이는 속도에 차이가 있다는 생각을 하지 못한 것이지요. 또 서진이 어머니는 책을 읽어 주라는 주위의 조언도 귀담아듣지 않았습니다. 책을 읽어 주기보다 한글을 일찌감치 가르쳐 아이 스스로 책을 읽게 만들고자 했지요.

많은 부모들이 가능한 한 빨리 아이 스스로 책을 읽기를 바랍니다. 그런데 서진이 어머니 생각처럼 한글만 터득하면 읽기 독립에 성공할 수 있을까요? 문자를 읽을 줄 아는 것과 책을 스스로 읽는 것에는 큰 차이가 있습니다. 책을 자발적으로 읽을 수 있는 힘은 책의 매력을 느낀 사람에게만 생깁니다. 글을 읽을 줄 아는 사람들이 모두 독서를 즐기는지 생각해 보면 금방 알 수 있습니다.

부모는 자녀의 읽기 독립에 관심이 많습니다. 읽기 독립을 학습의 시작을 알리는 신호탄으로 여기기 때문입니다. 그러나 읽기 독립의 진짜 목표는 아이 스스로 책을 읽고 학습할 수 있는 능력을 기르는 데 있습니다. 그러려면 문자 터득에 앞서 책을 좋아해야 합니다. 책을 좋아하는 아이는 자연스럽게 문자를 익히거든요. 한글을 술술 읽는다고 해서 모두 책을 좋아하는 것은 아니며, 한글을 일찍 깨우쳤다고 하여 모두 공부를 잘하는 것은 아닙니다.

서진이는 시각 및 시지각에 문제가 없었고, 난독증도 아닌 것으로 판단되었습니다. 그래서 아이의 성향에 맞는 그림책들을 골라 읽어 주며 책과 친해지는 것을 목표로 삼았습니다. 그리고 가정에서는 매일 그림책을 읽어 줄 것과 아이에게 소리 내어 읽힐 것을 약속했습니다. 어머니가 평소 책 읽어 주기 효과에 대한 신념이 약했기 때문에 아이만큼이나 어머니 교육이 절대적으로 필요했지요.

그림책『똑똑해지는 약』(마크 서머셋 글, 로완 서머셋 그림, 이순영 옮김, 북극곰)은 서진이가 가장 좋아했던 책 가운데 하나로, 칠면조 칠칠이가 장난꾸러기 양 메메에게 속아 넘어가는 이야기입니다. 반복되는 말이 많아서 리듬감이 있고, 대사가 비교적 짧아서 읽는 데 부담이 없습니다. 등장인물 메메와 칠칠이의 대사를 나누어 읽는 동안 웃음이 많은 서진이는 깔깔대며 배꼽을 잡느라 바빴습니다. 그렇게 몇 차례 반복해 읽는 사이 아이는 메메와 칠칠이의 대사를 몽땅 외워 버렸지요.

책의 마지막 장면을 보면 염소 빌리의 등장과 함께 다음 이야기가 있음을 예고하고 있는데요. 서진이는 이 책의 시리즈인『레모네이드가 좋아요』(마크 서머셋 글, 로완 서머셋 그림, 이순영 옮김, 북극곰)를 당장 보여 달라고 졸랐지요. 말할 것도 없이 서진이의 읽기 유창성은 오래가지 않아 이루어졌습니다. 아이가 재미있어하는 책을 몇 권만 읽어 주어도 큰 변화가 일어난다는 것을 다시금 확인했습니다.

혼자 읽지 않고 읽어 달라고만 하는 아이

"연아는 도통 혼자 읽으려고 하지 않아요. 곧 2학년이 되는데 이제는 안 되겠다 싶어서 얼마 전부터 혼자 읽으라고 했어요. 그랬더니 책 읽어 주기의 효과는 수많은 연구와 사례를 통해 입증되었습니다. 이제는 자녀에게 책 읽어 주는 일로 하루를 마감한다는 가정이 많아졌지요. 하지만 여전히 부모의 책 읽어 주기가 아이의 자발적인 독서에 제동을 가하는 것은 아닌지 불안해하는 부모가 많습니다.

곧 2학년이 되는 연아 어머니도 아이가 매일 책을 읽어 달라고만 하자 불안한 마음이 들기 시작했습니다. 이러다 아이의 읽기 독립이 너무 늦어지는 것은 아닐까 하는 마음이 생긴 것이지요. 이런 마음이 들 때는 아이가 왜 책을 읽어 달라고 하는지 이유를 생각해 보면 됩니다.

부모가 책을 읽어 주기를 바라는 데는 두 가지 이유가 있습니다. 첫째는 부모와 친밀한 시간을 보내고 싶기 때문입니다. 둘째는 다른 사람이 읽어 줄 때 더 재미있기 때문이지요. 독서는 책과 독자 사이에서 벌어지는 밀당입니다. 이 과정을 즐기기 전까지는 어쩌면 아주 따분한 시간을 거쳐야 합니다. 단 한 권의 책을 읽기 위해 세상에 널린 짜릿한 쾌락을 포기하기란 그리 쉬운 일이 아닙니다. 진득하게 앉아서 오랜 시간 책을 들여다본 경험이 있어야만 독서의 매력을 아주 조금씩 알게 됩니다. 하지만 부모가 읽어 주는 책은 스마트폰의 유혹과 맞바꿀 정도로 아이를 끌어당기는 힘이 있습니다.

부모가 책을 읽어 줄 때 아이는 사랑받고 있다는 느낌을 받습니다. 애착 육아를 위한 팁으로 잠자리 독서를 권하는 것도 이러한 이유에서지요. 신뢰하는 타인이 읽어 주는 책은 독서를 통한 심미적 감상을 돕습니다. 그래서 부모가 읽어 줄 때 가장 효율적으로 책 내용을 감상할 수 있습니다. 스스로 읽지 않는다고 불안해하지 말고 책을 더 읽어 주세요. 읽어 주기의 효과와 방법은 1학년 적기독서법에서 더 자세히 설명할 것입니다.

워킹맘이든 전업주부든 아이에게 매일 책을 읽어 주는 일은 쉽지 않습니다. 아이가 잠이 들어야 비로소 육아에서 퇴근할 수 있는 엄마들에게 "아이가 잘 때 가장 예쁘다."는 말은 솔직한 현실이지요. 그럼에도 불구하고 아이가 유능한 독자로 살아가기를 바란다면 책 읽어 주기에 대한 시각을 '읽어 주기'에서 '함께 읽기'로 바꿔 보세요. 과정이나 결과는 같지만, 생각을 바꾸면 행동으로 옮기는 일이 한결 쉬워집니다. 아이에게 책을 읽어 줄 때 건네는 말부터 바꿔 보는 것입니다.

"책 가져와. 엄마가 읽어 줄게.""무슨 책 읽을 거야? 골라와.""오늘은 이 책 읽을까?" 지금껏 이렇게 말했다면, 이제는 "오늘 엄마는 이 책을 읽고 싶어. 같이 읽자." 혹은 "너도 보고 싶은 책을 골라 봐. 엄마도 읽고 싶은 책을 고를 거야. 엄마는 오늘따라 따뜻한 이야기를 읽고 싶은걸." 하는 말과 함께 엄마가 선택한 책을 읽어 주는 것입니다. 이렇게 부모도 자신이 좋아하는 그림책을 골라 심미적 체험을 할 수 있어야 합니다. 그래야 아이도 부모가 책 읽기를 즐기고 있다고 느끼게 됩니다.

책 읽어 주기가 아이를 위한 희생과 노력이라고 생각될 수도 있습니다. 하지만 부모가 보고 싶은 책을 골라 읽어 주면, 부모도 함께 감상하게 되지요. 책 읽어 주기가 자녀와 함께 보내는 소중한 시간이 됩니다. 부모에게 좋아하는 그림책이 몇 권만 생겨도 누릴 수 있는 행복입니다.

읽기 독립보다 중요한 것

9월에 만난 정우는 7세입니다. 정우 어머니는 아이가 아직 한글을 깨우치지 못했고, 책도 좋아하지 않는다고 했습니다. 더구나 이제까지 책을 좋아한 적이 없다고 했습니다. 이럴 때 부모는 인터넷으로 교육 정보를 찾기 마련인데요. 정우 어머니도 어떤 아이가 「이솝 우화」를 외워서 한글을 깨우쳤다는 글을 보고 「토끼와 거북이」나 「개미와 베짱이」 같은 이야기를 외우게 하는 건 어떤지 물었습니다.

그동안 정우와의 책 읽기가 어땠는지 궁금하였습니다. 어머니 말에 의하면 3세 무렵 책을 읽어 주려 하자 아이가 책을 뒤집고 덮는 행동을 반복했습니다. 책장을 한 장씩 넘기며 읽어 주려다 책이 찢기는 일도 여러 번이었지요. 책을 다 읽지 않았는데 다른 책을 가져오는 일도 종종 있었습니다. 그런 아이의 태도를 보고 책을 싫어한다고 생각했고, 이후 몇 차례 더 읽어 주려 시도했지만 비슷한 상황이 반복되자 아이와의 책 읽기는 뒷전이 되었습니다.

엄마와 책을 읽을 때 아이들은 저마다 다양한 반응을 보입니다. 정우처럼 책장을 뒤집거나 책을 찢는 아이도 있고, 부모의 목소리를 들으며 동시에 소리를 지르는 등의 격한 반응을 보이는 아이도 있습니다. 책을 읽어 줄 때 부모 곁에 가만히 앉아서 귀를 기울이는 아이는 그리 많지 않지요. 책이 재미있다는 것을 느껴야 가만히 귀를 기울입니다. 그 사실을 느끼기 전까지는 부모와의 놀이 도구로 생각하기 때문에 책을 가만히 두지 않습니다.

3세 무렵 정우도 아주 정상적인 행동을 했을 뿐입니다. 다만 책은 순서대로 봐야 한다는 선형적 읽기에 익숙한 부모의 고정관념이 정우를 책 싫어하는 아이로 오인하게 한 것입니다. 어린아이들은 일반적으로 비선형적 읽기를 합니다. 순서대로 보다가 거꾸로 보고 뒷장부터 보는 일도 다반사지요. 아이 입장에서는 새로운 놀이 도구를 가져와 엄마에게 놀자고 제안한 것뿐인데, 이걸 부모가 눈치채지 못한 것입니다.

좋아하는 책을 자주 읽다 보면 저절로 외워지기도 합니다. 그렇게 한글을 깨우치기도 하지요. 굳이 다른 아이가 성공적으로 읽은 책을 따라 읽힐 필요는 없습니다. 또 사례에서 이야기한 우화는 비유와 상징이 포함되어 있어서 유아들이 이해하기 어려운 이야기가 많아 주의해야 하지요.

대신 아이가 좋아하는 책을 꾸준히 읽어 주세요. 처음부터 암기를 목적으로 읽어 주면 책 읽기가 즐겁지 않습니다.

이런 점을 감안하여 7세 가을부터 정우와 책 읽기를 시작했습니다. 가장 먼저 정우의 성향에 맞는 책부터 골라서 읽어 주었습니다. 처음에는 딴청을 하기 일쑤였습니다. 다른 데를 쳐다보다가 유치원에서 있었던 이야기를 꺼내기도 하는 등 집중하지 못했습니다. 그러다 『깜박깜박 도깨비』(권문희 글그림, 사계절)와 같은 도깨비 이야기와 『야, 우리 기차에서 내려』(존 버닝햄 글그림, 비룡소), 『세 강도』(토미 웅거러 글그림, 양희전 옮김, 시공주니어), 『달 사람』(토미 웅거러 글그림, 김정하 옮김, 비룡소)을 읽으며 아이는 점차 책에 눈을 돌리기 시작했습니다. 정우는 특히 〈마녀 위니〉 시리즈(밸러리 토머스 글, 코키 폴 그림, 비룡소)를 좋아했습니다. 같은 그림 작가의 책 『샌지와 빵집 주인』(로빈 자네스 글, 코키 폴 그림, 김중철 옮김, 비룡소)을 읽어 주니 그림 속에서 샌지의 친구로 등장한 마녀 위니도 찾아내더군요. 그렇게 아이는 몇 차례의 만남 이후 책에 관심을 보였고, 드디어 어느 날은 만나자마자 "오늘은 무슨 책 읽어요?" 하고 물었습니다.

부모에게도 매일 한두 권의 책을 읽어 주라고 했습니다. 아이가 어떤 말이나 행동을 하든 즉각적으로 반응하지 말고 무심한 척 책만 읽어 주라고 당부했습니다. 가정에서도 처음 일주일 동안은 관심을 보이지 않았다고 합니다. 그래도 부모는 매일 책을 읽어 주었고, 얼마 가지 않아 아이가 변화하기 시작했습니다.

정우는 별도의 문자 교육을 받지 않았고, 학습지도 하지 않았습니다.

정우 어머니에게 전집을 구입하거나, 인터넷에서 추천하는 읽기 독립을 위한 추천 도서에 관심을 두지 말 것을 당부했습니다. 그 까닭은 전집과 추천 도서들이 나빠서가 아니라, 갑자기 많은 책이 생기면 오히려 아이에게 부담이 될 것을 우려했기 때문입니다. 그동안 책을 읽어 주지 않았던 부모의 습관이 책을 구매한다고 해서 달라지는 것도 아니었고요. 센터에서 읽어 주는 책을 가정에서도 읽게 하였고, 별도로 몇 권의 책을 더 구입하여 꾸준히 반복하여 읽게 했습니다.

입학을 한 달 앞둔 2월 어느 날, "정우가 이제는 혼자 책을 꺼내 읽어요. 발음도 정확해서 깜짝깜짝 놀라요."라며 어머니가 밝은 미소를 지었습니다. 정우는 7세 겨울에 한글을 읽을 줄 알게 되었습니다. 맞춤법은 종종 틀리지만 한글을 쓸 줄도 알게 되었지요. 학교에 입학한 뒤 정우는 읽기 유창성을 가지게 되었고, 쓰기도 곧잘 하게 되었습니다. 초등 1학년 읽기 교육 목표를 달성한 것입니다. 정우를 만난 지 1년이 되었습니다. 이제는 일기 쓰기와 독서 감상문 쓰기에도 망설임 없는 아이가 되었습니다. 무엇보다도 책을 좋아하는 아이가 되었습니다.

2장

적기독서가
아이의 미래를
좌우한다

대부분의 부모는 아이가 수준 높은 책을 많이 읽을수록, 독서력이 발달할 것이라고 생각합니다. 그러나 수많은 연구 결과 아이의 발달을 앞지른 독서는 오히려 아이의 성장을 저해한다는 사실이 밝혀졌습니다. 아이의 발달 단계에 맞는 적기독서를 할 때 성장을 기대할 수 있습니다.

2-1

적기독서란

무엇일까?

적자 : 아이가 중심인 책 읽기

★ 적자^{right person}의 원리

아이들은 저마다 타고난 성향이 다르고, 성장하면서 길러진 능력도 다릅니다. 그러므로 독서교육은 아이의 요구와 흥미에 따라 알맞게 이루어져야 합니다. 특히 연령에 따른 발달 단계와 독서경험에 의해 형성된 독서력 발달 단계를 기초로 지도해야 합니다. 그 시작점을 정하기 쉬운 곳은 가정입니다. 가정의 독서 환경은 아이의 독서력을 결정짓는 중요한 요인입니다.

독서량에 비해 독서력이 부족한 이유

PISA^{Program for International Student Assessment}는 OECD에서 주관하는 국제학업성취도 평가입니다. 만 15세 학생들의 읽기, 수학, 과학적 소양^{literacy}의 성취 수준을 평가하여 각국의 교육 성과를 비교하고 점검하는 것으로, 약 60여 개국이 평가에 참여하고 있지요. 우리나라의 2018년 성적은 이전 2015년보다 소폭 상승하여 전 영역에서 상위권을 차지하였습니다. 우리나라 학생들의 우수한 학습능력은 이제 널리 알려진 사실입니다.

여기서 주목해야 할 점은 이전에 비해 수학과 과학 점수는 향상된 반면 읽기 영역의 평균 점수는 하락하였다는 사실입니다. 우리가 특히 읽기 영역에 관심을 두어야 하는 까닭은 2006년 이후 꾸준히 점수가 하락하고 있기 때문입니다. 또 높은 성적에 비해 과목에 대한 흥미, 동기, 자아효능감과 읽기능력 인지가 다소 낮은 것으로 분석되었습니다. '읽기능력 인지'란 스스로 유능한 독자라고 생각하는지에 대한 문항입니다. 자아효능감과 직결되는 문항이지요. 독서량에 따른 학업성취도 평가 결과에서도 우리나라 아이들은 독서량에 비해 읽기능력이 현저히 낮았습니다. 읽는 양에 비해 읽기능력이 낮다는 뜻입니다.

부모가 자녀의 독서에 열광하는 이유는 독서량이 많을수록 공부를 잘하게 된다고 생각하기 때문입니다. 하지만 국제학업성취도 평가 결과로 알 수 있듯이 독서량과 독서력은 비례하지 않습니다.

지금도 어디에선가 책을 읽히려는 부모와 읽기 싫어하는 아이 사이에서 실랑이가 벌어지고 있을지도 모르겠습니다. 책을 좋아하기 이전에 읽기를 강요받은 아이들은 책을 왜 읽어야 하는지 도무지 알 수 없습니다. 책을 읽어야 이해력이 높아지고 어휘력이 향상되며 성적이 올라간다는데 아이들 마음에는 그것이 와닿지 않습니다. 부모의 사정일 뿐이지요.

부모는 자녀가 책을 읽어 다양한 지식과 정보를 얻길 바랍니다. 독서로 쌓은 배경지식이 학습에 도움이 될 것이라는 생각 때문인데요. 아이의 흥미를 고려하지 않은 부모의 그릇된 욕심은 아이를 책과 멀어지게 하고, 아이에게 '독서란 곧 공부'라는 인식을 심어 주게 됩니다. 결국 아이는 독서의 즐거움을 느끼지 못한 채 성인이 되겠지요. 그렇게 되면 평생 독자의 길은 꿈도 꿀 수 없습니다.

그럼 어떤 독자가 높은 독서력을 갖추게 될까요? 오가와 요코의 소설『박사가 사랑한 수식』(김난주 옮김, 현대문학)은 사고로 80분의 기억 용량만 갖게 된 수학자와 그를 돕는 가정부, 그리고 가정부 아들의 이야기로, 독자에게 진한 감동을 선사합니다. 60대 중반의 수학자가 10세인 가정부 아들에게 보인 사랑만으로도 충분히 아름답다는 독자의 평을 듣고 있지요.

이 책을 읽은 중학교 1학년 민성이는 "한동안 다른 책을 못 읽을 것 같아요. 마음이 너무 아파요."라고 소감을 말했습니다. 감동에 젖어 있는 아이 옆에서 저는 고개를 끄덕이며 들어주기만 했습니다. 아이 입에서 책을 읽고 깊은 감동을 받아 다른 책이 눈에 들어올 것 같지 않다는 말을 듣는 일은 그리 흔하지 않습니다. 대충 읽는 습관 때문에 책이 주는 감동을 느끼지 못하는 아이들이 많아진 까닭입니다. 하지만 민성이는 만나는 사람마다 책의 내용을 이야기하며, 등장인물에게 받은 진한 감동을 나누고 싶어 했습니다.

아이가 감동받은 이야기를 할 때 부모는 잘 들어주기만 하면 됩니다. 아이의 눈을 쳐다보며 긍정적인 반응을 보이면 되지요. 학교 입학 전에 1만 권의 책을 읽었다는 아이가 부러움의 대상이 되어서는 안 됩니다. 아이의 키와 견줄 만큼 많은 양의 책을 읽었다는 이야기가 자랑거리로 나도는 일도 없어야 합니다. 밤을 새워 책을 읽어 준 일도 남에게 드러낼 일이 아닙니다. 얼마나 많이 읽었느냐가 아니라 한 권을 읽더라도 얼마나 깊은 감동을 받았는지, 책 속의 지식을 얼마나 흥미롭게 받아들였는지가 올바른 읽기 척도가 되어야 합니다.

국제학업성취도 평가가 주목받는 이유는 학교에서 배운 지식만을 측정하는 것이 아니라 사회에 나가 성인으로서 생산적인 역할을 할 준비가 되어 있는가를 측정하기 때문입니다. 아이들의 역량을 통해 국가의 미래를 점쳐 볼 수 있는 것이지요. 책을 한 권씩 읽을 때마다 민성이와 같은 감동이 쌓인다면 아이는 높은 기상을 가지게 될 것입니다. 그리고 그 기상은 우리나라의 미래를 결정지을 것입니다.

적기독서의 핵심은 아이에 대한 바른 이해

학부모 모임에서 공부 이야기는 빠질 수 없는 화제입니다. 요즘 영어 학원은 어디가 좋은지, 어느 수학 학원은 학년에 따라 진도를 어디까지 나가는지, 어떤 논술학원에 다니면 한 학기에 책을 몇 권씩 보는지 등의 정보를 나눕니다. 요즘 학교에서 벌어지는 일이나 학원 뉴스에 빠삭한 엄마들은 자신이 알아낸 고급 정보를 이웃 엄마들과 어디까지 공유해야 할지 고민할 정도라고 하는데요. 혹시 내 아이를 바라보는 시간보다 학원 일정표를 수정하는 데 더 많은 시간을 쓰는 건 아닐지 돌아볼 필요가 있습니다.

2019년 국제 구호개발 NGO 단체인 세이브더칠드런과 서울대 사회

복지연구소가 '국제 아동 삶의 질 조사^{ISCWeB}'에 착수하였습니다. 22개
국 만 10세 아동, 3만 4000명을 대상으로 '나는 내 인생을 즐기고 있다',
'내 인생에는 좋은 일이 많이 일어난다'와 같은 '주관적 행복감'을 물었
습니다. 그 결과 1~3위는 알바니아, 그리스, 몰타가 차지했으며 우리나
라 아이들은 19위에 그쳤습니다. 돈, 시간 사용, 학습, 관계, 안전한 환
경, 자신에 대한 만족 등의 행복 지수를 비교했는데, 우리나라 아이들은
시간 사용에 대한 만족감이 22위로 가장 낮았습니다.

　시간 사용에 대한 만족감이 낮은 까닭은 아이 스스로 시간을 주도적
으로 활용할 수 없기 때문입니다. 사교육으로 내몰린 아이들은 방과 후
잠깐의 놀이 시간조차 부모에게 허락을 받아야 합니다. 놀이마저 학원
시간에 맞춰 짜야 하는 게 학령기 아이의 현실입니다. 그러다 보니 쉬는
시간 짬짬이 할 수 있는 스마트폰 게임이 가장 인기가 높지요. '아이들
이 책을 읽던 모습을 마지막으로 본 게 언제였던가?' 하고 회상해 봅니
다. 아이들이 삼삼오오 모여 책을 읽던 장면은 점차 사라지고 이제는 당
연히 스마트폰을 꺼내 듭니다. 두뇌를 쉬게 하려면 놀이가 필요한데, 뛰
어놀 시간이 없으니 스마트폰 게임을 하는 것입니다.

　부모는 아낌없이 사랑을 쏟으며 '조금만 더 하면 될 텐데.' '머리는
좋은데, 왜 공부를 안 할까?' 하는 아쉬움뿐입니다. 그런데 문제는 겉으
로 확연히 드러나는 성적에만 집착한다는 점입니다. 그럴 때는 때때로
멈추고 부모로서 아이의 마음을 읽고 있는지 살피는 시간을 가져야 합
니다. 그러면 신기하게도 아이의 태도가 달라지고 성적이 올라갑니다.

성적이나 능력을 향상시키는 요인은 학원 정보에 있는 게 아니라, 아이의 마음에 달려 있기 때문입니다. 부모가 자신을 믿어 줄 때 아이는 자존감이 높아지고 효능감이 생깁니다.

사회학습 이론의 창시자이자 심리학자인 앨버트 반두라는 자신에게 맡겨진 일을 수행할 수 있다고 믿는 스스로에 대한 신념을 자아효능감으로 설명합니다. 자아효능감은 어떤 일을 하는 데 발휘하는 노력의 양과 질에 영향을 미칩니다. 잘할 수 있다는 확신이 있어야 열심히 하지요. 자아효능감이 높은 아이는 공부는 물론, 가족이나 친구 관계에서조차 자신감을 보입니다. 어려워 보이는 일도 거침없이 도전하지요.

그런 아이로 키우는 데 자녀에 대한 부모의 신뢰만큼 중요한 건 없을 것입니다. 아이를 믿지 못하고 기다려 주지 못하는 마음은 아이의 성장 속도를 바로 보지 못하게 합니다. 다른 아이들의 속도에 따라가지 못하는 것만 보이지요. 포기하지 않고 끝까지 해냈을 때 "정말 잘했어. 너는 최고야." 하는 부모의 칭찬과 본인 스스로 느끼는 성취감은 자아효능감을 높이는 요소입니다. 이때 "실패해도 괜찮아."와 같은 용기를 주는 부모의 격려 또한 자아효능감 향상에 영향을 주지요. 자녀를 바라보며 칭찬과 격려의 메시지를 아낌없이 주는 부모야말로 자녀가 바라는 부모의 모습일 것입니다.

사람은 책을 만들고, 책은 사람을 만든다는 말이 있습니다. 같은 맥락에서 인간은 환경을 만들고, 환경은 인간을 만든다는 생각을 해봅니다. 아이에게 가장 많은 영향을 끼치는 환경은 부모입니다. 부모의 말과 행동, 생각들은 고스란히 아이에게 전달되며 아이는 점점 부모를 닮아갑니다. 그래서 아이는 부모의 등을 보고 자란다고 하고, 책 읽는 부모에게서 책 읽는 아이가 난다고 하지요.

적기독서의 핵심은 아이를 바르게 이해하는 것입니다. 독서교육의 수혜자인 아이를 모르고서는 제대로 된 교육이 이루어질 수 없습니다.

적기: 아이의 성장 속도와 성장 단계에 맞는 책 읽기

★ 적기right time의 원리

책을 좋아하는 아이로 만들기 위해서는 먼저 책 읽는 부모와 책을 읽을 수 있는 공간이 필요합니다. 독자는 책을 읽으며 독서에 대한 태도 및 습관을 기르고, 지식을 축적하며, 생활이나 학습에 적용할 수 있는 힘을 기릅니다. 처음으로 독서를 경험하는 시기는 부모에 의해 결정되지만 이후 독서 경험이 쌓이면서 아이는 점차 스스로 독서 자료를 선택하고 읽기 시간을 결정합니다. 이렇게 아이의 요구와 맞아떨어지는 때에 가장 효과적인 독서가 이루어집니다. 아이가 읽을 책을 선택할 수 있을 때, 그리고 읽을 공간을 결정할 수 있을 때 비로소 의미 있는 독서 경험을 하게 됩니다.

수포자보다 위험한 독포자,

두뇌 발달 속도를 무시하지 마라

통계에 의하면 중학생의 45퍼센트, 고등학생의 50퍼센트가 수포자(수학포기자)라고 합니다. 그럼 독포자(독서포기자)는 얼마나 될까요? 안타깝게도 수포자보다 훨씬 많습니다. 주위에서 책 읽는 고등학생을 본 적이 있나요? 아주 드물 것입니다. 또 자발적으로 독서하는 중학생은 얼마나 될까요? 수행 평가를 위한 독서가 아니라 스스로 책 읽기를 즐기는 중학생 말입니다. 수포자를 구제하겠다는 학원들은 속속 생겨나지만, 독포자를 구하겠다는 말은 들어보지 못했습니다. 하지만 확실한 건 독포자가 증가할수록 수포자는 더 많이 생긴다는 것입니다.

교육부 자료에 따르면 우리나라 학생들의 수학 사교육비는 매년 느는 데 반해 수학 성취도가 보통 미만에 달하는 학생 비율이 계속 늘고 있습니다. 수학 성취도가 갈수록 낮아지는 것은 수학 공부에 드는 시간과 비용의 증가로도 알 수 있듯이 수학 공부를 하지 않아서가 아닙니다. 낮은 읽기능력이 원인이지요. 아이들이 수학을 어려워하는 이유는 단순 계산보다 문장제, 사고력 수학, 서술형 문제 때문입니다.

수학 선생님들은 많은 아이들이 문제도 제대로 읽지 않고 "모르겠어요. 수학이 너무 어려워요." 하며 풀려는 시도조차 하지 않는다고 합니다. 그러나 문제를 차근차근 읽기만 해도 바로 풀이를 시작한다지요. 문제가 이해되지 않아 풀 수 없었던 것입니다. 읽기능력은 모든 공부의 기반이 됩니다. 그러니 수학 공부에 흥미를 잃지 않기 위해서라도 읽기를 게을리해서는 안 됩니다.

그렇다면 우리 아이에게 맞는 독서의 적기는 언제인지 어떻게 판단할 수 있을까요? 기본적인 잣대는 두뇌 발달 단계를 따르는 것입니다. 많은 부모들이 다른 아이와 비교해 내 아이가 조금 더 나은 수준에 이르기를 바랍니다. 그러다 보니 아이의 성장 속도보다 조금 더 앞서가기를 바라며 조바심을 내게 되지요. 이런 조바심은 안타까운 결과를 가져옵니다.

4개 국어에 능통해 화제가 되었던 중국의 6세 아이가 갑자기 실어증에 걸린 사연이 보도되어 전 세계 부모들에게 충격을 준 일이 있었습니다. 부모는 아이가 말문을 연 만 1세 때부터 영어로 대화를 하고 영어

CD를 틀어 주는 등 외국어 교육에 열을 올렸습니다. 그 덕분에 중국어는 물론 영어, 일본어, 프랑스어를 구사할 수 있게 되었는데, 어린 나이에 여러 언어를 무리하게 습득하면서 두뇌에 이상이 생겨 실어증이라는 충격적인 판정을 받은 것입니다.

인간의 대뇌 용량은 제한적입니다. 특히 언어능력을 담당하는 대뇌 피질의 언어 중추는 다양한 외국어를 지나치게 주입할 때 언어 사용의 혼란과 발달 지체를 가져오기 쉽습니다. 아이의 두뇌 발달에 적합한 적정 자극이 얼마나 중요한지 알려 주는 사례입니다.

책을 읽은 아이가 언어와 수학을 비롯한 인지 발달이 뛰어나다는 연구 결과들이 속속 발표되면서 독서교육에 대한 관심이 더욱 커졌습니다. 하지만 두뇌 발달 단계의 중요성을 간과한 독서교육 프로그램들이 여전하여 안타깝습니다.

인간의 두뇌는 시기에 따라 발달하는 기관과 부위가 다를 뿐만 아니라, 발달 정도도 다릅니다. 만 3~6세까지는 전두엽이 주로 발달하고, 두정엽과 측두엽이 시간을 두고 발달하는데, 이들은 각각 독립적인 것이 아니라 서로 영향을 주고받으며 성장합니다.

전두엽은 도덕성 발달과 관련이 깊습니다. 도덕성은 어떠한 일을 할지 말지를 판단할 때 기준이 되지요. 길에 쓰레기를 버려야 할지 말아야 할지, 나를 괴롭히는 친구를 때릴지 참을지는 전두엽이 판단합니다. 전두엽이 발달하는 시기에는 옛이야기처럼 선악을 극명하게 다루는 책이 시너지 효과를 발휘합니다. 유아 교육에서도 만 3세는 훈육의 시기라고 하지요. 되는 것과 안 되는 것을 구분해 주어야 하는 시기입니다. "친구를 괴롭히면 될까요? 안 될까요?" 하고 물을 게 아니라 "친구를 때리면 안 된다."라고 가르쳐야 하는 때입니다. 따라서 이 시기에는 권선징악을 확실하게 가르치는 옛이야기가 제격이지요.

측두엽과 두정엽은 만 6세 이후에 발달하는 두뇌 영역입니다. 전 세계의 초등학교 입학 시기가 같은 것은 두뇌 발달 단계에 기초하기 때문입니다. 이 시기 아이들은 다른 사람의 가르침을 듣고, 책을 읽으며 또래와 학습할 능력을 갖춥니다. 읽을 줄 알면 배울 수 있습니다. 그렇지만 읽는다고 하여 모두 이해하는 것은 아니지요. 아이의 성장은 두뇌 발달의 속도에 준하니까요.

두뇌는 문제를 인식하고 적용하고 해결하는 등의 다양한 일을 하는 뇌세포로 가득 차 있습니다. 뇌세포는 경험을 통해 연결되고 재구성됩니다. 뇌세포와 뇌세포는 시냅스로 이어져 거대하고 복잡한 신경 전달망을 이루는데, 시냅스의 발달 정도에 따라 정보의 이동 속도와 양이 달라진다고 하지요. 이 신경 조직망을 구성하는 데 가장 중요한 역할을 하는 것이 바로 독서입니다. 아이의 흥미와 수준을 고려한 독서가 성장을 돕는 결과를 가져오는 것이지요. 뇌 신경 연결망은 대체로 초등 시기에 완성됩니다. 초등 시기에 독서 습관을 꼭 길러 둬야 하는 것도 이 때문입니다. 그래서 초등 고학년까지를 독서 습관의 골든타임에 해당한다고 하지요.

제가 가르치던 아이 중에 수학을 포기한 여학생이 있었습니다. 어렸을 때는 그림책을 곧잘 읽었는데, 그다음 책 읽기 단계로 넘어가지 못한 상태에서 상급 학년으로 올라갔습니다. 여전히 그림책 읽기 수준에 머물러 있는 아이에게 학교 수업은 따라가기 힘들었습니다. 추상어가 대거 등장하는 국어와 한층 더 어려워진 수학, 모르는 말 투성이인 사회와 과학까지. 학교 수업이 어려우니 독서할 겨를이 없었고, 그러다 보니 문장제 연습부터 연산까지 가장 많은 시간을 투자해야 하는 수학을 먼저 포기하게 된 것입니다. 부모들이 두려워하는 수포자는 학습 결손, 즉 수학 과목의 결손으로 생긴 결과입니다. 그러나 독포자는 학습 흥미가 떨어져 결국 모든 과목을 포기하게 됩니다. 그래서 위험합니다.

교육의 결정적 시기critical period란 특정 시기에 어떤 기관이나 기능의 발달이 보다 더 급격하게 진행되는 시기를 말하는데요. 부모는 교육의 결정적 시기를 놓치지 않도록 유의해야 합니다. 각 시기에 발달상 결함이 없는지 살피는 것은 물론, 눈높이에 맞는 교육이 이루어지고 있는지도 살펴야 합니다. 적기독서의 효과는 이 결정적 시기를 잘 활용해야 얻을 수 있습니다.

정서 발달 속도를 고려해야 한다

정서와 두뇌, 신체 발달은 따로 떼어 놓고 생각할 수 없습니다. 이들은 영향을 주고받으며 서로의 발달을 돕기 때문이지요. 이 가운데 어느 하나라도 발달이 지체되면 나머지 영역의 발달에 부정적인 영향을 끼칩니다. 몸이 건강하고 정서가 안정된 아이가 공부를 잘한다는 것쯤은 누구나 다 아는 사실입니다. 개인의 정서는 생물학적으로 타고나지만 그것이 충분히 충족되는지는 사회적 환경에 달려 있습니다. 특히 아이의 정서 발달에는 부모, 형제자매, 친구, 교사와의 관계가 아주 중요한 요인으로 작용하지요. 아이에게 필요한 정서 자극은 성장 과정에 따라 조금씩 다른 양상을 띱니다. 그러므로 아이가 자라는 동안 적절한 자극과 반응으로 꾸준히 정서를 충족시키며 성장을 도와야 합니다.

　미국의 심리학자 매슬로는 인간의 욕구를 강도와 중요성에 따라 5단계로 나누었는데요. 사람은 먹고 자고 배설하는 '생리적 욕구'를 거쳐 '안전에 대한 욕구'를 가지게 되며, 이후 '사랑하고 사랑받고 싶은 욕구'와 '소속의 욕구'를 가지게 됩니다. 그리고 최종적으로는 타인으로부터 '자신의 존재 가치를 인정받고 싶은 욕구'를 가지게 되지요. 이와 같은 발달 과정에 적합한 욕구가 충족될 때 아이는 긍정적인 정서를 가질 수 있습니다. 정서적 욕구가 충족되지 않은 아이는 욕구 불만이 쌓이기 쉽고, 정서적으로 불안해집니다.

상담을 통해 만난 중학교 1학년 은수는 어릴 적부터 공부 잘하는 오빠와 늘 비교를 당했습니다. 어느 날 "오빠처럼 공부 좀 해라."라는 엄마의 말에 폭발하고 말았습니다. 어머니는 사춘기의 일시적인 반항이라고만 여기고 대수롭지 않게 넘겼지요. 하지만 이후 어머니 지갑에서 돈을 슬쩍 하거나 거짓말을 습관처럼 하는 문제가 드러나면서 가족 간의 대화는 단절되고 말았습니다. 이제 공부 좀 하라는 말은 사치가 되었습니다.

은수는 학교에서 상을 받거나 성적이 우수해야만 존재 가치를 인정받을 수 있는 환경에서 자랐습니다. 아이는 부모의 기대에 미치지 못했다는 이유로 받은 마음의 상처가 컸습니다. 아이의 존재 가치보다 능력에만 초점을 맞춘 탓입니다. 자녀의 존재만으로도 특별한 가치가 있음을 까맣게 잊고 산 것이지요.

이솝 우화 「토끼와 거북」은 아주 유명한 이야기입니다. 이 이야기는 여러 가지 버전으로 만들어지고 또 패러디되었는데요. 그 가운데 유설화 작가의 그림책 『슈퍼 거북』(책읽는곰)은 재미와 감동을 동시에 준답니다. 토끼가 잠든 사이에 거북이 꾸물이가 먼저 결승점에 도달하자 주위에서는 꾸물이를 영웅으로 대접합니다. 꾸물이는 주위의 시선에 '엄청 빠른 거북'으로 살아가야 했지요. 하지만 주변에서 원하는 삶을 살려니, 얼마나 힘들고 지쳤을까요? 꾸물이는 주위의 기대에 미치지 못할까봐 노심초사하며 밤낮없이 달리기 연습만 했습니다. 거북은 과연 행복했을까요?

아이는 부모에게 사랑받고, 인정받기 위해 애를 씁니다. 부모를 웃게하려고 재미있는 표정을 짓고, 멋진 그림도 그립니다. 학교에 들어가면 친구와의 협동 작업으로 학습 결과물도 척척 만들어 냅니다. 학년이 올라가면 더 좋은 성적을 내기 위해 노력합니다. 책도 보고, 문제도 풀고, 시험 기간이면 잠도 줄여 가며 공부를 하지요. 부모는 아이 자신을 위한 일이라고 생각하지만, 아이는 부모가 기뻐하며 칭찬해 주길 바라는 마음이 더 큽니다. 부모의 기대에 부응하기 위해 나름의 노력을 하는 것이지요.

다행히도 『슈퍼 거북』 속 꾸물이는 빠른 거북을 포기하고 본래의 모습으로 돌아갔습니다. 아주 행복한 거북이 되었지요. 우리 아이들이 누려야 할 모습입니다. 아이가 사랑받고 싶어 할 때 사랑을 표현해 주고, 인정받고 싶어 할 때 칭찬과 격려를 해주는 것이 부모의 역할입니다.

은수처럼 정서적 빈곤을 느끼고 있다면, 정서 발달에 도움이 되는 책 읽기를 권합니다. 정서는 감정과 혼동되기도 하는데, 감정이 어떤 사건에 대한 일시적인 느낌이라면, 정서는 지속적으로 유지되는 느낌이라고 할 수 있습니다. 감정을 잘 다스리면 정서 발달에 도움이 되지요. 따라서 감정을 다룬 책은 인간이 가진 다양한 감정을 이해하고 조절하는 데 도움을 주는 효율적인 도구입니다.

『미움』(조원희 글그림, 만만한책방)은 '누군가가 나를 미워한다면 어떤 기분일지, 누군가를 미워하는 마음은 무엇일지, 미워하는 마음이 계속되면 어떤 일이 벌어질지'에 대해 객관적으로 바라보게 합니다. 그래서 미움에 대한 답을 찾아가게 하지요. 『나는 가끔 화가 나요!』(칼레 스텐벡 글그림, 허서윤 옮김, 머스트비)는 화가 나는 이유와 화를 푸는 방법을 소개하고 있습니다.

몰리 뱅 작가의 그림책『소피가 화나면, 정말 정말 화나면』(박수현 옮김, 책읽는곰)에는 언니와 장난감을 가지고 싸우다가 빼앗긴 소피가 등장합니다. 도저히 화를 가라앉힐 수 없던 소피는 집 밖으로 나와 걷기도 하고 울기도 하다가 새소리를 듣고 바람도 느끼면서 서서히 화가 풀리는데요. 아이들은 주인공 소피의 행동을 자신과 견주어 보며 앞으로 이런 일이 생겼을 때 어떻게 하면 좋을지 생각해 볼 수 있습니다. 화를 안 내는 사람이 되고 싶다는 말로 여운을 남기는『오늘도 화났어!』(나카가와 히로타카 글, 하세가와 요시후미 그림, 유문조 옮김, 내인생의책)는 화가 난다고 일이 해결되는 건 아니라는 이야기로 공감을 불러일으키는 그림책입니다.『우씨! 욱하고 화나는 걸 어떡해!』(한현주 글, 최해영 그림, 팜파스)는 자신의 감정을 잘 전달하지 못하고, 화를 내는 바람에 어려움을 겪는 인물이 등장하지요. 폭발적인 감정을 어떻게 하면 살살 바람 빼듯, 자연스럽게 표현할 수 있는지를 일깨워 주는 내용입니다. 화가 나는 일은 자연스러운 감정임을 이해할 수 있고, 격한 감정을 조절하여 다시 평온한 상태로 돌아가는 방법을 배울 수 있지요.

또 자신의 감정을 상대에게 정확하게 전달하는 것은 감정을 잘 이해하고 있다는 방증입니다. 감정을 표현하고 싶은데, 어떻게 말해야 할지 모르겠다면『말들이 사는 나라』(윤여림 글, 최미란 그림, 위즈덤하우스)를 펼쳐 보세요. 표현하는 방법을 몰라서 오해할 수 있는 말을 하거나, 감정을 정확히 몰라서 표현을 잘못했을 때 어떻게 하면 될지 알려 줍니다. 이렇듯 아이의 정서 발달 역시 적기에서 빠져서는 안 되는 기준입니다.

적서: 아이의 흥미를 붙잡는 책 읽기

★ **적서**^{right book}**의 원리**

책은 독자의 읽기능력에 적합하고 흥미를 끄는 주제일 때 가장 효율적인 도구가 됩니다. 적서는 곧 독자의 요구를 충족시키고 성장을 돕는 책이지요. 아이에게 적서를 찾아 주려면 기준이 있어야 합니다. 즉 아이의 읽기능력과 성향입니다. 물론 정확한 읽기능력은 전문가의 평가나 교사의 관찰을 통해서 알 수 있지만, 부모는 자녀의 성향과 흥미에 적합한 적서를 골라 주는 것에서 시작할 수 있습니다. 이것이 바로 적기독서를 가정에서 시작할 수 있는 이유입니다.

부모를 약하게 만드는 마법의 단어 '베스트셀러'

부모의 눈과 귀를 멀게 하는 대표적인 도서는 바로 '베스트셀러' 도서입니다. 베스트셀러 도서는 일정 기간 동안 가장 많이 팔린 책을 의미합니다. 판매량이 책의 가치를 말해 줄 수도 있지만, 어린이 책의 경우 아이의 연령이나 읽기 수준에 맞는지가 중요한 선택 기준이어야 합니다. 특히 '다른 아이들이 읽었으니 우리 아이도 읽어야 한다.'는 생각은 별 도움이 되지 않습니다. 가장 많이 팔린 책이 반드시 가장 좋은 책은 아니기 때문이지요.

1897년 미국의 월간지 《북맨》에는 전국적으로 잘 팔리는 책을 조사하고 발표하던 '베스트셀링 북스'라는 코너가 있었습니다. 이 코너가 유명해지면서 베스트셀러Best seller라는 말이 생겼지요. 이후 빅셀러, 밀리언셀러 등 다양한 이름으로 불리기도 했는데요, 베스트셀러는 당대의 관심사를 알 수 있는 하나의 사회 현상으로써 중요한 요소로 자리 잡았습니다.

미국의 저널리스트 프랭크 루터 모트는 50년 동안 베스트셀러 반열에 오른 책들을 분석하여 그 결과를 발표했습니다. 그의 발표에 의하면 베스트셀러가 된 책들은 종교 책, 선정적이거나 유머러스한 책, 슬픈 이야기책, 당대 유명한 정치가의 책 등이었습니다. 책의 깊이나 수준과는 상관없이 당대의 특정 뉴스나 사회 분위기에 편승하여 폭발적인 인기를 얻은 책이 대부분이었다는 것을 알 수 있지요.

한편 책의 내용보다 시대적 분위기와 마케팅에 의해 베스트셀러가 만들어지는 세태에 대응하여, 미국의 일부 뜻있는 서점들이 모여 롱셀러 목록을 발표하기 시작했습니다. 이것이 지금의 스테디셀러Steady seller 도서의 효시입니다. 아이들에게 가장 안전한 책이지요. 일시적인 유행이나 호기심에 의해 선택된 책이 아니라 시대를 넘어 지속적인 공감을 불러일으키고 교육적인 내용을 담고 있는 책이라 할 수 있습니다.

스테디셀러 도서는 기성세대와 요즘 아이들이 공감대를 형성하는 데 크게 기여한다는 장점도 있습니다. 부모 세대가 읽던 박경리 작가의 『토지』(박경리 글, 마로니에북스)는 지금 아이들도 읽습니다. 대학생이 된 제자가 도서관에서 권정생 작가의 그림책 『강아지똥』(정승각 그림, 길벗어린이)을 발견하고 추억에 잠겼다고 하더군요. 『강아지똥』은 지금도 초등

학교 1학년 아이들이 즐겨 보는 책입니다. 같은 책을 읽은 경험은 세대 간의 소통을 원활하게 하여 갈등을 줄이는 역할을 합니다. 중년 가수가 불렀던 노래를 아이돌 그룹이 리메이크하여 신선함을 주면서도 향수를 자극하듯, 부모가 예전에 읽었던 책을 자녀와 공유할 수 있습니다. 같은 책을 읽음으로써 공통의 화제가 생기고 동질감을 느끼게 되지요. 책은 가족 간의 친밀감을 형성하기에 더할 나위 없이 좋은 도구랍니다.

저학년을 위한 책을 고학년이 읽으면 안 될까?

요즘은 온라인 쇼핑이 대세입니다. 대형 마트가 경영난에 시달리며 기존 상권과의 상생을 모색하는 것을 보면 오프라인 매장이 온라인 쇼핑몰에 밀리고 있는 듯합니다. 책도 마찬가지입니다. 일반 서점보다 온라인 서점에서 주문하는 경우가 많지요. 온라인 서점은 분류가 잘 되어 있어서 책을 찾기는 쉽지만, 워낙 방대하기 때문에 내 아이에게 딱 맞는 책을 고르기는 쉽지 않습니다.

아이의 책을 고르는 방법을 물었더니 많은 부모가 다른 아이들이 읽고 재미있다는 책, 온라인 서점의 평이 좋은 책, 많이 팔린 책, 도서관에 새로 들어온 책에서 고른다고 하더군요. 그나마 책에 관심이 있는 부모는 그림이나 문체의 취향 또는 선호하는 작가가 선택 기준이 되기도 합니다.

독서교육 전문가로서 가장 많이 듣는 부탁은 자녀가 볼 책을 추천해 달라는 말입니다. 그중에서 저를 가장 당혹스럽게 하는 질문이 있는데요, 그것은 바로 "아이가 ○학년인데 무슨 책을 읽혀야 하나요?"입니다. 같은 학년이라도 아이마다 흥미와 관심, 읽기 수준, 배경지식이 모두 다릅니다. 어린이 독자를 나누는 가장 객관적인 요소를 연령이라 할 수 있으나 학년만 가지고 아이에게 적합한 책을 고르는 일은 쉽지 않고, 또 옳지도 않습니다.

책 표지에 '고학년 도서', '저학년용 문고', '중학생 도서'라고 표기된 책을 종종 봅니다. 여기에는 독자가 책을 선택하는 데 도움을 주려는 의도도 있지만, 특정 독자 대상에게 어필하기 위한 홍보용 목적도 담겨 있습니다. 다행스럽게도 최근에는 '○학년 이상 읽을 수 있음'과 같은 문구로 독자의 폭을 넓혀 표기하고 있습니다.

문제는 이러한 표시가 아이들의 흥미와 읽기 동기를 날려 버릴 수 있다는 데 있습니다. 자신보다 낮은 학년으로 표기된 책을 권할 경우 아이들은 자격지심에 잘 읽으려고 하지 않습니다. 중학생들도 '초등학생용'이라고 쓰인 책은 보지 않습니다. 아이들뿐 아니라 부모들도 책 표지나 책 분류에 적힌 대상 연령이나 학년을 참고하지요. '○학년용 문고' 혹은 '○학년 교과서 연계 도서'와 같은 표기를 무시할 수 없습니다. 다행스럽게도 이러한 표기가 바람직하지 않다는 것이 알려져 많이 사라지고 있습니다. 책은 독자에 의해 자유롭게 선택되어야 하며, 같은 연령이라도 독자의 수준과 흥미에 따라 다르게 선택되어야 합니다.

아이들은 매일 성장하고 변화합니다. 신체 발달과 함께 인지능력 그리고 정서 및 사회성이 하루가 다르게 발달합니다. 독서 흥미와 독서력도 나날이 다르지요. 따라서 아이 개개인의 관심사나 발달과 무관하게 교과서에 실렸다는 이유만으로, 권위 있는 기관에서 권장한 도서라는 이유만으로, 아이 학년에 추천하는 책이라는 표기만으로 책을 고르는 것은 바람직하지 않습니다.

가장 좋은 책은 아이 스스로 선택한 책입니다. 전문가라도 아이의 읽기 경력이나 독서 흥미를 정확히 알 수 없기 때문에 일반적인 기준을 들어 권할 수밖에 없습니다. 부모가 좋은 책을 고를 수 있는 안목을 가진다면 아이는 최고의 수혜자가 되는 셈이지요. 아이와 함께 책을 보세요. 얼마 가지 않아 책 고르는 안목이 높아질 것입니다.

좋은 책은 어떤 책일까?

캐나다의 어린이 도서 전문가 릴리언 스미스는 책이 어린이에게 미치는 영향을 강조하면서 "한 아이에게 그 책이 좋다는 의미는 그 책을 읽음으로써 아이에게 긍정적인 변화가 일어났다는 것"이라고 하였습니다. 도서관 사서였던 그녀가 토론토시 도서관에서 처음 한 일은 어린이 서가에서 좋지 않은 책을 선별해 내는 일이었습니다. 그런데 그녀가 책 선별을 마치자 서가는 텅 비었습니다. 이후 그녀는 어린이 책을 한 권씩 사서 서가를 채웠고, 그녀가 퇴임할 무렵 백발 할머니가 되어서야 서가가 가득 찼다고 합니다. 좋은 책들로 가득한 도서관 서가를 꾸미는 일은 독서교육 전문가들이 꿈꾸는 일 중 하나입니다.

어린이 책 전문가인 마쓰이 다다시도 그의 책 『어린이와 그림책』(이상금 옮김, 샘터)에서 비슷한 경험을 털어놓은 바 있습니다. 그는 한 유치원 원장으로부터 유치원 도서관을 획기적으로 꾸미려고 하니, 불필요한 그림책을 선별해 달라는 부탁을 받았습니다. 그가 제일 먼저 한 일은 디즈니 그림책을 버리는 일이었습니다. 그러자 얼마 지나지 않아 책장이 텅텅 비었지요. 그 덕분에 그 유치원 도서관이 훌륭하게 발전할 수 있었다는 일화입니다.

두 사례로 알 수 있는 것은 도서관에 좋은 책들만 있는 게 아니라는 점입니다. 또 아이에게 양서를 선별해 주는 일이 그만큼 어렵다는 말이기도 합니다. 그렇기에 비전문가인 부모로서는 책을 사줄 때 아이의 안목을 어디까지 믿어야 할지, 권장 도서 목록이나 도서 순위 그리고 광고에 얼마나 의지해야 할지 끊임없이 고민하게 됩니다.

아이들이 좋아하는 책은 공포 이야기나 탐정 이야기, 만화, 전설처럼 자극적이거나 흥미 위주의 도서입니다. 하지만 부모나 교사들은 좋은 독서 습관을 들이기 위해서는 양서를 접해야 한다고 생각하지요. 그래서 도서 선택이 어려운 것입니다. 아이의 흥미를 잡는 책은 양서가 아닌 것 같고, 좋은 책을 읽히려니 아이가 읽지 않습니다.

어려서부터 양질의 도서를 충분히 접한 아이는 무의식적으로 좋은 책을 고릅니다. 잠재적으로 양질의 문화가 몸에 배어 있기 때문인데요. 그렇다면 양질의 도서, 즉 좋은 책의 기준은 무엇일까요? 아이의 책을 고를 때는 '좋은 책'보다 '아이에게 알맞은 책인가'에 주목해야 합니다. 아이를 위한 도서는 '교육성, 문학성, 지식과 정보의 정확성, 예술성'을 지녔는가가 중요한 척도가 됩니다. 말은 거창하지만 그리 어려운 척도가 아닙니다. 자녀에게 어떤 책을 읽히면 좋을지 떠올렸을 때 자연히 고려하게 되는 요소이기 때문입니다. 부모라면 직감적으로 보편적인 교육성을 담고 있는 책을 구분할 수 있지만, 책을 고를 때 다음 기준을 참고하면 더욱 유용할 것입니다.

● 분야별로 알아보는 책 선정법

그림책: 잘 모르겠다면 스테디셀러 도서를 구입한다

그림책은 그림만으로도 이야기를 전해 주는 책입니다. 풍부한 상상력과 다양한 감동을 선사하고 지식과 정보를 비교적 쉽게 전달해 주지요. 책을 좋아하지 않는 아이들에게 독서 흥미를 불어 넣어 주고자 할 때 효과적으로 활용할 수 있습니다. 그림책은 주로 취학 전 아이들이 보는데, 이 시기 자녀의 부모들은 아직 책을 고르는 안목이 부족하여 광고에 현혹되는 일이 많습니다. 그러므로 평이 좋은 스테디셀러 도서를 구입하는 것이 안전합니다. 아이와 스테디셀러 그림책을 꾸준히 감상하다 보면 책 보는 안목이 높아져 신예 작가의 그림책이나 새로 출간된 책도 선별할 수 있는 힘이 길러집니다. 그림책을 고를 때 다음 사항에 주의하면 좋습니다.

- 그림이 알맞게 배치되어 있고 무엇을 의미하는지 명확한 책
- 작가의 경력이 분명한 책
- 어른이 읽어 주고 아이는 그림만 보더라도 이야기의 흐름을 짐작할 수 있는 책

동화책(문고): 연령에 적합한 주제가 담겨 있어야 한다

동화는 독자가 주인공이 되어 다양한 삶을 경험할 수 있는 책입니다. 저학년은 자신의 모습이 투영된 생활 동화를 좋아합니다. 저학년은 재미있게 읽는 것만으로도 충분하지요. 고학년이 되면 문학적 가치가 있는 장편 동화를 권하는 것이 좋습니다. 문학적 가치가 있는 동화는 당대의 삶의 모습을 반영하고 있으며, 공감능력을 기르는 데 도움이 됩니다. 하지만 연령에 맞지 않는 책은 공감하지 못하므로 다음 사항에 유의하여 고르세요.

- 또래의 아이가 주인공인 책
- 생활 속의 규칙을 자연스럽게 배울 수 있는 책
- 또래 간에 일어난 문제들을 해결하는 이야기가 담긴 책

– 모험, 우정, 영웅이나 인물 이야기를 다룬 책

지식정보책: 정확한 지식과 정보를 전달해야 한다

지식이나 정보가 담긴 책은 학년 수준에 따라 시각 자료가 주가 되는 그림책과 활자 중심으로 구성된 책으로 구분됩니다. 사회나 과학 및 역사를 다룬 책이 많아 학습에 직접적인 도움이 되지요. 특히 지식정보 그림책은 사진이나 그림 등의 시각 자료가 정확하고 최신 자료인지 확인해야 합니다. 다음 사항에 유의하세요.

– 정확한 지식과 정보를 담은 책
– 관련 분야의 선문가가 썼거나 전문가의 감수를 받은 책
– 선행 학습의 도구로 쓸 책이 아닌, 아이의 학년 및 수준에 맞는 책

옛이야기: 교훈보다 재미가 우선이다

신화, 전설, 민담, 우화 등 주로 구전되어 오던 이야기들을 엮은 책으로, 아이들이 참 좋아합니다. 옛이야기 특유의 과장되고 익살스러운 이야기는 아이들 삶에 활력을 불어넣어 주지요. 옛이야기를 통해 아이들은 조상들의 삶의 지혜를 배울 수 있고, 우리 고유의 풍습과 문화를 자연스럽게 습득할 수 있습니다. 이는 자아 정체성과 올바른 가치관 형성에 매우 중요한 요인이 됩니다. 다음 사항에 주의하면 더욱 좋습니다.

- 교훈적인 말이 직접적으로 드러나지 않는 이야기

- 주인공이 시련 끝에 문제를 해결하는 이야기

- 배꼽 잡고 웃을 정도로 재미있는 이야기

번역 도서: 언어 발달에 영향을 주므로 신중하게 선택한다

아이에게 외국 도서를 권할 때는 주의를 기울여야 합니다. 아직 우리 문화에 대해서도 잘 모르는 아이에게 지나치게 외국 정서와 문화가 담긴 도서를 먼저 읽히는 것은 바람직하지 않기 때문입니다. 또 번역이 좋지 않은 책은 아이의 언어 발달에 방해가 됩니다. 아이의 우리말 실력이 미흡하다면 우리나라 도서 위주로 읽히거나 번역이 아주 잘된 작품을 골라야 합니다. 인정받는 번역가의 작품을 알아두면 좋겠지요.

적기독서가 아이의 자기 주도성을 높인다

    고등학교 1학년 아이를 둔 학부모와 상담할 때의 일입니다. 상담 중에 전화가 와서 본의 아니게 통화 내용을 듣게 되었지요. 하교 후 집에 도착한 아이의 전화였습니다.

"엄마, 뭐 먹어?"
"냉장고 열어 봐. 샌드위치 있을 거야."
"학원 가야 하는데 양말 뭐 신어?"
"네 방 서랍장 위에 올려놨어. 그걸로 갈아 신어. 그리고 티셔츠도 꺼내 놨어. 노란색 옷으로 입어."

    그리고 몇 차례 더 대화가 오갔는데, 아이는 자신이 해야 할 일을 물었고 엄마는 지시하는 식이었습니다. 듣고 있자니 조금 답답했습니다. 아이가 고등학생이었기 때문입니다. 하지만 전화를 끊은 어머니는 "우리 아이가 이래요. 착하죠?" 하며 입꼬리를 올렸습니다. 그 어머니는 아이가 일일이 부모에게 허락을 받는 행동을 두고 '착한 아이'라고 표현했는데요. 혹시 착한 게 아니라 문제해결력이 부족한 것은 아닐까요?

부모는 아이가 자립심이 강하고 자기 주도적인 아이로 자라길 바랍니다. 그러기 위해서는 아이 스스로 생각하고 판단하여 행동하도록 도와야 합니다. 무언가를 판단하거나 결정할 때 먼저 아이의 생각을 물어야 하지요. 만약 아이의 생각이 잘못되었을 때는 그 이유를 충분히 설명하여 이해시켜야 합니다.

부모가 면박을 주며 못하게 막는 일이 반복되면 아이는 자신의 생각을 표현하지 못합니다. 결국 스스로 판단하고 결정하지 못한 채 의존적이며 수동적인 아이로 자라겠지요. 사례의 아이처럼 고등학생이 되도록 무슨 옷을 입고, 무슨 신발을 신을지, 방과 후 학원 일정은 어떻게 되는지 끊임없이 부모에게 확인하게 될 것입니다.

자기 주도적인 아이와 책 읽기가 무슨 관련이 있을까요? 일상생활에서 자기 주도성을 가진 아이라야 주도적으로 책을 읽고 공부도 할 수 있습니다. 책을 읽으려면 책을 고른 뒤 언제 읽을 것인지, 얼마 동안 읽을 것인지 결정해야 합니다. 또 과제를 위한 책을 고를 것인지, 자투리 시간에 재미로 읽을 책을 고를 것인지 결정하는 것도 아이 본인이어야 합니다.

자신의 수준에 맞지 않는 책을 읽다 보면 부모나 교사에 대한 의존도가 높아집니다. 또 책은 읽되 책을 통해 얻을 수 있는 효과는 미미하지요. 수동적인 책 읽기로는 독서의 재미를 느낄 수 없기 때문입니다. 이런 식의 책 읽기가 지속되면 고학년이 되어 부모의 영향력을 벗어났을 때 독서량이 현저히 떨어집니다. 흥미와 수준에 맞는 책 읽기가 이루어져야 지속적이며 주도적인 독자로 성장합니다. 적기독서가 자기 주도적인 독자를 양성하는 셈이지요.

공부를 할 때도 어느 과목에 얼마만큼의 시간을 들일 것인지, 어떤 학습 자료로 공부할 것인지 계획을 세우고 실행한 뒤에, 잘했는지 평가하는 단계까지 스스로 결정해야 합니다. 이 모든 것은 자기 주도성이 있는 아이들이 잘할 수 있습니다. 책 읽기와 학습은 모두 아이들의 일상에서 이루어지는 일입니다. 따라서 자기 주도성이 있는 아이로 자라야 스스로 책 읽는 아이, 스스로 공부하는 아이가 됩니다.

그렇다면 자기 주도적인 아이는 어떻게 만들어질까요? 스스로 주체가 되어 목표를 향해 정진할 수 있는 힘은 본래 타고납니다. 1, 2세 어린 아이들도 스스로 걸으려고 하고, 스스로 옷을 입으려 합니다. 숟가락질이 서툴지만 밥도 혼자 먹으려고 하지요. 자신이 주체가 되어 활동 과정을 끝까지 성취하려는 욕구가 있기 때문입니다.

이러한 욕구를 가진 아이는 해야 할 일의 목표가 세워졌을 때 끝까지 해내려는 힘도 가지게 됩니다. 그런데 가만 생각해 보면 부모가 아이의 주체성을 빼앗는 경우가 많은 듯합니다. 흘리니까 음식을 먹여 주고, 뒤집어 입을까 봐 옷도 입혀 주고, 시간 없다면서 채근하고 간섭하지요.

자기 주도적인 아이로 만드는 길은 아이에게 시행착오의 기회를 많이 주는 것입니다. 실수는 실패가 아닙니다.

2-2
──────────────
적기독서 성공 법칙
──────────────

──────────────

성공적인 적기독서는
아이에 대한 믿음에서 시작된다

6학년 지윤이는 독서 경험이 적습니다. 동네 공부방에서 매일 90분 정도 하는 수업과 문제 풀이가 일과의 전부입니다. 첫 만남에서 200쪽 분량의 동화책을 주며 다음 주까지 읽어 오라고 하자 아주 난감한 표정으로 "저는 이런 책 읽으려면 한 달은 걸려요." 하고 말할 정도였지요. 아이의 말에 아무렇지도 않은 표정으로 "어, 그래? 그동안 안 읽어서 그랬을 거야. 어렵지 않으니까 읽어 봐." 하며 권했습니다. 일주일 뒤 지윤이는 무사히 책을 읽어 왔습니다.

이랬던 지윤이가 6개월쯤 지나자 달라졌습니다. 읽은 책의 내용은 물론, 자신의 의견까지 덧붙여 이야기하게 되었습니다. 아직 서툴러서 구성력이나 문장력이 떨어지지만, 아이의 사고력은 나날이 성장하였습니다.

지윤이는 어떻게 6개월이라는 짧은 시간 동안 사고력이 쑥쑥 자랄 수 있었을까요? 사교육에 들인 시간이나 노력도 적었고 독서 경험도 적었는데 말입니다. 아이가 가진 성실한 기질과 높은 지구력도 큰 힘을 발휘했지만 부모의 철저한 인성 교육과 적기에 만난 책, 그리고 지윤이에게 맞는 코칭법이 서로 시너지를 발휘했기 때문입니다. 물론 독서 경험이 적다 보니 두꺼운 책이나 주제가 무거운 책을 읽어야 할 때는 할 수 있다는 말과 함께 적극적인 격려도 필요했습니다. 말과 행동이 조금 느리고 질문이 많은 아이에게는 성심껏 답변해 주는 교사가 필요합니다. 지윤이가 그런 경우였습니다. 지윤이는 질문을 하나 하더라도 깊이 생각한 뒤에 했습니다. 이런 아이에게 신중하지 못한 태도로 답변하는 것은 금물입니다.

아이는 저마다의 능력을 가지고 태어납니다. 눈에 띄는 재주를 가지지 않는 한 아주 어릴 적부터 아이가 가진 재능을 발견하기란 쉽지 않습니다. 때때로 자라는 내내 아이의 재능이나 능력을 발견하지 못하는 경우도 있지요. 그러다 보니 부모들은 아이의 숨겨진 재능을 찾기 위해 여러 사교육과 상담 기관의 도움을 받으려고 합니다.

부모라면 누구나 내 아이가 최고이기를 바랍니다. 독서도 남들보다 잘했으면 하는 마음에 경쟁적으로 시키는 가정이 있습니다. 그러나 획일적인 방식이어서는 안 됩니다. 아이들은 저마다 기질과 특성이 다르기 때문에 같은 책을 읽어도 받아들이는 정도가 다르고 그에 따른 독서 효과도 천차만별입니다.

다른 아이가 읽은 책을 내 아이도 읽어야 한다는 생각은 버리세요. 독서는 남을 따라 하는 것이 아닙니다. 아이가 좋아하는 분야의 책을 더 깊이 읽도록 도와 창의적 사고에 도달할 수 있도록 이끌어 주어야 합니다. 반면 흥미를 붙이지 못하는 분야의 책은 수준을 낮춰 작은 관심이라도 가질 수 있도록 도와야 하지요. 아이에 따라 저마다의 방법으로 접근해야 합니다.

아이의 특성을 파악하여 수준에 맞는 책을 찾아 읽을 수 있도록 돕는 일, 그것이 적기독서입니다. 그러니 오히려 독서 편식은 권장할 만한 독서법이지요. 아이의 독서 편식은 자발적인 독서 동기를 일으키고, 아이의 관심 분야를 알려 주니까요.

아이가 특정 장르의 책을 선호한다는 것은 아이의 관심 분야가 명확하다는 방증입니다. 부모가 아이의 독서 편식을 참고하여 좋아하는 분야의 책을 꾸준히 제공해 주면 아이의 탐구력이 향상될 것입니다. 탐구력은 꾸준히 공부할 수 있는 힘의 원천으로, 반드시 길러 줘야 할 덕목입니다. 독서 편식을 문제 삼으면 아이를 바로 볼 수 없습니다. 아이는 능력이 완성된 채 태어나는 것이 아니므로 능력을 발현할 수 있도록 찾아 주고 끌어 줘야 합니다. 아이에 대한 믿음이야말로 적기독서의 시작입니다.

02

아이의 인지를 발달시키는 가장 쉬운 독서법

러시아의 교육심리학자 비고츠키는 "부모는 아이에게 뜀틀의 발판과도 같은 역할이 돼야 한다"고 주장했습니다. 즉 아동이 자신의 능력보다 높은 수준의 과제를 수행할 때 부모가 옆에서 도와주는 역할을 해야 한다고 했습니다. 또 "아이보다 조금 더 나은 사람과 상호 작용을 할 때 언어능력이 발달하며, 이는 곧 인지 발달의 바탕"이라고도 했지요. 사람의 인지 발달에서 상호 작용을 매우 중요한 요소로 본 것입니다.

아이의 잠재적 능력을 이끌어 주기 위해 자극하거나 아이의 언행에 반응해 주는 사람은 부모일 확률이 높습니다. 또 부모여야 가장 자연스럽지요. 부모와 자녀의 상호 작용은 인지 발달의 근원입니다. 그리고 상호 작용에 가장 좋은 방법 중 하나가 책 육아입니다. 부모는 책을 통해 부족한 육아법을 배우기도 하고, 아이와 함께 책을 읽으며 자연스럽게 상호 작용도 할 수 있습니다.

　그래서일까요. 아이를 위해 부지런히 책을 사들이는 부모가 참 많습니다. 3학년 수연이의 독서 코칭을 시작한 지 6개월쯤 되었을 때 센터를 방문한 어머니에게서 반가운 말을 들었습니다.

　"선생님에게 아이를 맡기고 가장 좋았던 건 저한테 책 보는 눈이 생긴 거예요. 선생님이 권해 주신 책을 아이랑 읽으면서 '아, 이런 책을 읽어 줬어야 했구나.' 하고 무릎을 치게 되었어요. 지금은 수연이보다 제가 아이들 책을 더 많이 읽어요."

　수연이 어머니는 아이와 함께 책을 보다 책 보는 안목이 높아졌고 책 읽는 재미에 푹 빠졌는데요. 수연이네는 없는 책이 없을 정도로 집안이 온통 책으로 둘러싸여 있었습니다. 수연이가 태어나기도 전에 사들인 전래동화 전집부터 사회와 과학, 위인전, 철학 동화는 물론, 세계 명작까지 온갖 종류의 책이 가득했지요. 그런데도 아이가 책을 읽지 않는다며 센터를 찾았던 경우입니다. 주위에서 좋다고 하는 책을 사는 데만 집중했을 뿐 어떤 책인지 자세히 살펴보지 못했고, 유비무환의 정신으로 나중에 읽을 책도 미리 사둔 것이 문제였습니다. 책이 아무리 많아도 아이가 읽지 않으면 의미가 없지요.

　또 아이에게 많은 책을 읽히기 위해 도서관 대출증을 활용하는 경우도 있습니다. 4학년 성하네는 대출증이 6개입니다. 엄마, 아빠, 성하, 동생, 할아버지, 할머니의 것이지요. 3세 동생의 책은 집에 있는 것으로도 충분하니 모두 성하 책을 빌리는 데 씁니다. 책을 대출하고 반납하는 일은 엄마 몫입니다. 하나의 대출증으로 보통 7권의 책을 빌릴 수 있으니 한 번에 최대 42권을 대출할 수 있습니다. 문화 주간 때는 2배의 책을 빌릴 수 있지요. 어머니가 도서관에 다녀온 날은 집 안이 온통 책으로 가득합니다. 그 책을 다 읽기만 한다면 이보다 좋을 수는 없겠지요. 그러나 성하는 엄마가 고른 책을 모두 읽어야 한다는 부담을 안고 독서를 시작한다고 합니다. 독서를 앞두고 설레기보다 의무감이 앞서는 거지요.

보통 훌륭한 독서 환경을 떠올릴 때 가정에 책이 많아야 한다고 생각합니다. '거실의 서재화' 쯤은 돼야 한다고 생각하지요. 하지만 수연이네 사례에서 알 수 있듯이 책이 많다고 읽는 것은 아닙니다.

또 도서관 나들이를 자주 하는 성하네도 책을 즐겨 읽지 않았습니다. 엄마 혼자 도서관에 다녀오고, 책을 고르는 일도 오롯이 엄마의 선택이었기 때문입니다. 아이의 책 읽기 습관은 책의 보유 권수가 만들어 주는 것이 아니라 가족이 다함께 얼마나 많은 시간 동안 읽어 왔는지에 좌우됩니다.

습관을 만들기 위해서는 하기 쉬워야 합니다. 그래야 오래도록 유지하여 습관으로 만들 수 있습니다. 과도한 목표를 세우기보다 아이가 좋아하는 분야의 책이나 아이 수준에 맞는 책을 골라서 함께 보는 시간을 늘려 보세요. 즐거운 독서 경험이 축적되어 효능감이 높아지면, 다음 책 읽기로 자연스럽게 이어집니다. 적기독서가 아이의 읽기 습관을 만들어 주는 이유입니다.

독서에도 준비가 필요하다

독서하는 아이가 되려면 어떤 준비가 필요할까요? 학습의 기초가 되는 신체, 정서, 두뇌가 고루 발달되어야 함은 물론, 독자의 연령에 맞는 읽기능력을 획득해야 합니다. 이들 요인 가운데 어느 하나라도 준비되어 있지 않으면 유창한 독서가 이루어지지 않습니다.

만약 아이가 또래에 비해 독서력이 부족해 보인다면 신체적 요인과 정서적 요인도 관심을 가지고 지켜 보아야 합니다. 또 학년이 올라갈 때 독서력 발달을 측정해 정서 및 인지 발달도 고루 살펴보면 좋겠지요.

아이의 읽기 속도를 확인하라

6학년 인영이는 초등학교에 입학할 무렵에야 사시가 심하다는 것을 알았습니다. 그런 줄도 모르고 잘 읽지 못한다며 아이를 탓했던 부모는 심한 죄책감을 느끼며 아이의 시력 교정을 위해 노력하고 있습니다.

인영이는 빠른 치료를 받지 못해 한글을 익히지 못한 상태에서 입학했습니다. 입학해서도 읽기 부진으로 학습에 어려움을 겪었고 또래 아이들에 비해 사고력도 많이 부족했습니다. 늦게라도 원인을 알고 적절한 치료를 받게 되었지만 그동안 선생님의 차별과 친구들의 놀림으로 아이가 받은 마음의 상처는 아주 컸습니다.

책을 읽을 때 내용을 자꾸 놓치거나, 읽는 데 시간이 너무 많이 걸리는 아이들이 있습니다. 평소에 얼굴을 자주 찡그리거나 눈을 깜빡이는 횟수가 지나치게 많다면, 혹은 책을 얼굴 가까이 대고 보거나 눈을 자주 비비며 눈의 피로를 호소한다면 사시나 약시가 있는지 검사해 보아야 합니다.

시력은 다른 감각 기관보다 비교적 늦게 발달해 만 5~6세가 되어야 성인의 시력인 1.0에 도달하며 8~9세가 되어야 기능이 완성된다고 합니다. 아이들의 시력은 불안정해서 자칫 문제가 있다 하더라도 뒤늦게 발견되는 경우가 많으니 세심한 관찰이 필요합니다.

한편 시지각에 문제가 생기면 인지 발달에 부정적인 영향을 미칠 수 있습니다. 시지각은 시각 정보를 처리하는 두뇌 활동을 의미하는데, 말하자면 시각으로 받아들인 정보를 다른 감각 정보와 연결시키는 능력을 뜻합니다. 시지각이 약하면 외부 정보를 받아들이고 처리하는 두뇌 활동에 문제가 생겨서 ADHD, 자폐증, 학습 장애를 동반할 확률이 높습니다. 초등 이전의 아이라면 다음의 행동을 하지 않는지 관찰해 보세요.

- 퍼즐 놀이에 아예 관심이 없다.
- 글자를 자주 거꾸로 본다.
- 두 눈을 동시에 사용하지 못하고 한쪽 눈을 감은 채 초점을 맞추는 행동을 한다.
- 소근육을 사용하는 활동을 싫어한다.
- 잦은 눈 깜빡임이 관찰되고 눈의 피로를 호소한다.
- 굴러오는 공을 손을 뻗어 잡거나 발로 차지 못한다.

시지각에 문제가 있다고 판단된다면 전문가와의 상담을 추천합니다.

듣기능력은 청력과 다르다

청력은 오감 중에 가장 먼저 발달합니다. 갓 태어난 아이가 부모의 목소리를 듣고 안정을 찾는 것도 태내에서부터 부모의 목소리를 들었기 때문이지요.

소리를 처리하는 능력을 청지각이라 합니다. 청지각은 청각 정보를 처리하는 두뇌 활동을 의미하지요. 들은 내용을 뇌에서 인지하여 무슨 뜻인지 알아내는 능력을 포함합니다. 만약 청지각에 문제가 생기면 다른 사람의 말은 물론, 느낌이나 감정을 파악하는 데 어려움을 겪습니다. 들어서 이해하는 능력이 뒤처지면, 심한 경우 집중력이나 학습 장애, 난독증의 원인이 되기도 합니다.

듣는 행위는 보통 수동적인 듣기와 능동적인 듣기로 나뉩니다. 영어로는 각각 히어링Hearing과 리스닝Listening으로 구분되지요. 히어링은 수동적인 반면, 리스닝은 적극적으로 두뇌를 가동하여 이해하려는 노력이 수반되는 행위입니다. 적극적으로 들을 기회가 많을수록 듣기능력이 향상됩니다. 자신의 의지와 상관없는 소음 말고 부모가 책을 읽어 줄 때처럼, 주의를 기울여 들어야 하는 일이 이에 해당합니다.

사실 청지각의 문제보다는 듣기능력이 낮아서 말이나 글의 의미를 파악하지 못하는 경우가 훨씬 많습니다. 가정에서 아이의 듣기능력을 알아보는 아주 간단한 방법이 있습니다. 음독을 할 때 단어를 마구 생략하여 읽거나 다른 말로 대체하는지 혹은 얼버무리며 끝을 맺는지 살펴보세요. 또 대화할 때 알아듣지 못하고 자주 되묻는지도 체크해야 합니다. 이러한 행위를 반복하면 듣기능력에 문제가 있을 가능성이 높습니다. 듣기능력은 의사소통 및 모든 학습의 기본이 되기 때문에 간과해서는 안 됩니다.

사람은 일찌감치 태내에서부터 다양한 소리와 이야기를 들으며 자랍니다. 그래서인지 들어서 이해하는 능력이 뛰어나다는 것이 학자들의 일반적인 견해입니다. 난독증을 가진 아이도 이야기를 들려주면 이해를 더 잘 할 수 있습니다. 부모나 교사가 읽어 준 이야기를 듣고 자란 아이는 그렇지 않은 아이보다 더 잘 기억하고 이해력이 높습니다. 어린 시절 길러진 듣기능력이 이해력을 발달시켰기 때문이지요. 가정에서 매일 읽어 주는 짧은 이야기가 듣기능력을 향상시킵니다.

아이의 마음을 챙기는 것이 우선이다

사흘이 멀다 하고 상을 받아 오는 우등생 언니 때문에 시은이는 종종 좌절감에 빠졌습니다. 공부도, 독서도 잘하고 싶지만, 책을 읽거나 공부를 할 때 딴생각이 자주 납니다. 얼마 전 글쓰기 대회에 나가 또 상을 받아 온 언니를 보니, 상 한번 타지 못한 자신이 초라하게 여겨집니다. 부모님이 대놓고 언니와 비교하지는 않지만, 부모님에게 칭찬받는 언니를 바라보는 시은이의 마음은 상처투성이입니다.

아이의 정서에 가장 큰 영향을 미치는 요인은 주변 사람입니다. 선생님과 부모, 형제자매, 친구에 의해 마음이 요동치지요. 자주 야단을 맞거나 친구와 사이가 좋지 않으면 정서가 불안정해집니다. 부부 사이가 좋지 않아 아이 앞에서 자주 다투는 모습을 보여도, 시은이처럼 형제자매 간에 능력 차가 심해도 정서적인 안정을 유지하기 어렵습니다.

아이의 마음을 괴롭히는 문제들이 해결되면 아이의 정서는 자연스럽게 안정됩니다. 다만 시은이처럼 좌절감이 오랫동안 지속된 경우 마음속 깊은 상처가 낫지 않아 자존감마저 떨어지지요. 독서나 미술, 연극 같은 매개를 이용한 심리 치료는 떨어진 자존감을 향상시키는 데 도움이 됩니다.

평소 아이가 손톱을 물어뜯거나 머리카락을 배배 꼬는지, 다른 사람에게 심하게 의존하는지, 쉽게 피로를 느끼거나 늘 경직되어 있는지, 화를 자주 내거나 지나치게 수동적인지 살펴 보세요. 아이가 정서적 불안 상태일 수 있습니다. 아이에게 이런 모습이 보인다면 따뜻한 말과 눈빛, 부드러운 스킨십으로 사랑받고 있음을 느끼게 해주세요. 자존감이 높아야 공부를 비롯한 모든 활동에서 자신의 역량을 발휘할 수 있습니다.

자존감 회복을 돕는 책으로 『어린이를 위한 자존감 수업』(이정호 글, 방인영 그림, 푸른날개), 『넌 중요해』(크리스티안 로빈슨 글그림, 신형건 옮김, 보물창고), 〈너는 특별하단다〉(맥스 루케이도 글, 세르지오 마르티네즈 그림, 아기장수의 날개 옮김, 고슴도치), 『누군가 당신을 사랑해요』(에일린 스피넬리 글, 폴 얄로위츠 그림, 김영선 옮김, 다산기획), 『루빈스타인은 참 예뻐요』(펩 몬세라트 글그림, 이순영 옮김, 북극곰), 『까불지 마!』(강무홍 글, 조원희 그림, 논장), 『나는 나의 주인』(채인선 글, 안은진 그림, 토토북), 『까만 아기 양』(엘리자베스 쇼 글그림, 유동환 옮김, 푸른그림책)이 있습니다.

초등 시기에 적합한 읽기 전략이 있다

중학교 2학년인 준영이는 초등학교 때까지 상위권 성적을 유지하며 독서도 잘했습니다. 그러나 중학생이 되면서부터 책을 멀리했고 성적이 떨어지기 시작했습니다.

준영이의 현재 수준을 알아보기 위해 신문 기사문의 일부를 읽고 요약해 보라고 하였습니다. "한국은 예방 접종을 시행하고 있지만, 저개발국가에서는 매년 2300만 명의 아이들이 백신 주사를 맞지 못해 전염병에 걸리거나 장애 혹은 사망에 이른다"는 내용의 글이었습니다.

빠른 속도로 글을 읽어 내려가던 준영이는 읽자마자 요약문을 적기 시작했습니다. 준영이의 요약문은 "한국의 예방 접종으로 2300만 명의 어린이가 백신 주사를 맞지 못했다"는 내용이었습니다. 전혀 다른 내용이지요? 어색한 곳이 없는지 다시 확인해 보라고 했지만 아이는 이상이 없다고 했습니다.

다른 글을 주고 읽어 보라고 하면서 아이의 눈동자를 관찰해 보았습니다. 읽기법에 문제가 있었습니다. 준영이는 글을 읽을 때 눈동자가 문장의 순서를 따라가지 못하고 있었으며, 문장을 볼 때 위아래로 옮겨 가며 뒤죽박죽으로 읽는 습관을 가지고 있었습니다.

취학 전까지 아이들의 눈은 왼쪽, 오른쪽, 위, 아래와 같은 방향 감각이 덜 발달됩니다. 그래서 글자나 낱말에 초점을 맞추었다가 다음 낱말로 이동하는 것을 힘들어합니다. 또 발음과 뜻이 자동으로 인식되지 않고, 처리되는 낱말의 수가 많지 않아서 빠르게 읽기 어렵습니다.

읽는 속도가 빠르다고 하여 지능이 발달하는 것은 아닙니다. 만약 유아 및 초등 시기에 읽기 습관을 제대로 기르지 못한 채 많은 책을 읽는다면 대충 읽는 습관이 생길 수 있습니다. 스마트폰으로 접하는 짧은 글 읽기에 익숙한 사람들에게서도 종종 나타나는 현상입니다.

이렇게 잘못된 읽기 습관을 가지게 된 원인은 처음 읽기를 시작할 무렵에 음독의 과정을 충분히 거치지 않은 상태에서 묵독으로 넘어갔기 때문입니다. 묵독은 음독보다 집중이 더 잘되어 전체 내용을 이해하는 데 효과적입니다. 하지만 아이의 읽기 오류를 확인하기 어렵지요.

읽기 습관에 문제가 있는지는 읽기 태도와 속도로 확인할 수 있습니다. 준영이처럼 빠른 속도로 책을 보고 있다면 눈동자의 움직임을 관찰해 보고, 내용을 잘 알고 있는지 요약해 보도록 하세요. 말로 해도 됩니다. 저학년이거나 요약을 어려워하는 아이라면 읽은 내용을 생각나는 대로 말해 보게 하는 것^{retelling}도 좋습니다. 기억나는 내용을 다시 말하게 하는 식이지요.

반면 너무 느리게 읽는 아이라면 제대로 집중하여 읽고 있는지 살펴야 합니다. 읽을 때 머리를 자주 움직이거나 머리카락을 계속 만지지는 않는지, 아이의 수준에 적합한 책인지 확인해 보길 권합니다. 또 입술을 오물오물 움직여 가며 읽고 있다면 아직 묵독이 자연스럽지 않은 상태라는 뜻으로, 소리 내어 읽기를 연습해야 합니다.

만약 묵독하는 아이에게서 이러한 모습이 관찰된다면 학년에 상관없이 음독을 권합니다. 음독으로 글자를 빠뜨리지 않고 정확하게 읽는 훈련을 함과 동시에 의미 단위로 끊어 읽는 연습을 해야 합니다. 부모가 들었을 때 유창하게 읽는다는 생각이 든다면 묵독으로 넘어가도 좋습니다.

초등 시기에는 다양한 읽기 자료를 정독하고 반복하여 읽는 습관을 들여야 합니다. 무조건 빨리, 많이 읽는다고 해서 이해력과 사고력이 향상되는 것이 아닙니다. 글을 읽는 속도보다 글의 내용을 빠르게 이해하고 처리하는 속도가 더 중요합니다. 빨리, 많이 읽히려던 부모의 전략이 준영이한테는 대충 읽는 습관으로 자리 잡게 되었습니다. 꾸준한 책 읽기를 통해 배경지식과 어휘력을 쌓은 아이는 읽기 속도가 저절로 빨라집니다. 정독의 과정을 수없이 거치면 속독은 저절로 습득되지요.

벼락치기가 통하지 않는 독서 습관

인간의 뇌는 책을 읽기에 적당하지 않은 구조라고 합니다. 읽는 뇌가 아니라 보는 뇌라는 것이지요. 그래서 스마트폰이나 텔레비전과 같은 기기에 아주 쉽고 익숙하게 적응합니다. 반면 읽기까지는 최소 몇 달에서 몇 년의 시간이 걸리며, 읽기가 습관이 되려면 아주 오랜 시간이 필요합니다.

연구에 의하면 평생 독자가 되기 위해서는 최소한 13~15년간 읽기 훈련이 필요하다고 합니다. 굉장한 시간 같지만, 가만 생각해 보면 우리는 이미 그렇게 하고 있습니다. 갓 태어났을 때부터 부모는 아이에게 책을 읽어 줍니다. 초등학교에 입학한 뒤에도 학교(교사)나 부모의 노력으로 책 읽기가 지속되지요. 그 시간만 계산해 봐도 짧게는 4~5년, 길게는 7년 이상 아이는 책 읽기를 하게 됩니다. 이미 우리 아이들은 충분히 읽기 훈련에 노출되어 있지요.

그런데 왜 모든 아이들이 평생 독자가 되지는 못하는 것일까요? 평생 독자가 되기 위해서는 평소 꾸준하고도 풍부한 독서 경험을 가져야 합니다. 풍부한 독서 경험은 자발적이고 적극적인 독자여야 쌓을 수 있습니다. 그리고 이러한 독자는 읽기 유창성^{Reading fluency}이 확보된 사람입니다. 읽기 유창성이란 글을 읽으면서 동시에 내용을 이해할 수 있는 능력을 말합니다. 글자를 읽는 수준에서 그치지 않고 글을 이해하면서 읽는 능력을 의미하지요. 읽기 유창성은 글을 읽으면서 내용을 이해하는 훈련을 반복해야 길러집니다. 유창성 있는 독자라야 책 읽는 즐거움을 느낄 수 있습니다.

장석주 시인의 시 그림책『대추 한 알』(유리 그림, 이야기꽃)에서는 대추를 얻기 위해 농부는 사계절 태풍과 천둥, 벼락, 무서리, 뜨거운 땡볕을 견디며 수많은 초승달을 지새야 한다고 말합니다. 그리고 나서야 맛난 대추 한 알을 얻을 수 있지요. 이 시는 어찌 보면 부모의 역할을 보여 주고 있는 듯 합니다. 그리고 읽기 과정을 나타내는 것 같기도 합니다.

어린 시절 부모에게 듣는 이야기를 시작으로, 한글을 터득한 뒤 더듬더듬 읽다가 스스로 좋아하는 책을 찾아 유창하게 읽기까지는 오랜 시간이 걸립니다. 참다운 책 읽기 경험을 얻어 내기 위한 여정은 그리 짧지 않습니다.

독서를 통해 감동을 받고 책 읽기로 호기심을 해결하며 책의 내용을 온전히 내 것으로 만들려면 읽고 싶어야 합니다. 그리고 책을 읽는 과정을 수없이 반복해야 합니다. 생활의 일부분이 되어야 비로소 평생 독자로 성장합니다. 짧은 시간에 많은 책을 읽게 해봤자 그 쓰임은 초등학교 저학년 공부에 도움이 되는 정도입니다. 하지만 자기 수준에 맞는 책 읽기를 즐긴다면 평생 독자로서의 삶을 누릴 수 있습니다.

3장

1학년,
이미지를 떠올리는
힘을 키워라

미래의 문맹은 글자를 읽지 못해서가 아니라 이미지를 이해하지 못해 생
긴다고 합니다. 이미지 이해를 좌우하는 힘은 상상력이며, 어려서 충분히
연습하지 못한 아이는 학년이 올라갈수록 글을 이해하는 능력이 뒤처지
게 됩니다.

세상 모든 일을 상상의 세계로 끌어들여라

1학년 아이들은 한글을 읽기 시작한 지 얼마 되지 않은 독서 초보자입니다. 한글을 이제 막 읽기 시작한 아이부터, 읽고 쓰기가 제법 능숙한 아이까지 개인차가 있지만 글을 읽고 이해하는 능력은 모두 독서 초보 단계에서 벗어나지 못하지요.

독서 초보자들의 두드러진 특징은 읽는 속도가 느리고 문장이나 맥락을 통째로 이해하기보다는 낱말 하나하나에 초점이 맞춰져 있어 글 해독력이 낮다는 점입니다. 듣기능력에 비해 읽기능력이 현저하게 떨어지므로 독서량을 너무 많이 늘리거나 수준 높은 책을 읽히지 않도록 유의해야 합니다. 가장 중요한 점은 책에 대한 흥미를 떨어뜨리지 않는 것입니다. 어렸을 때는 책을 좋아하던 아이가 1학년이 되어 책을 싫어하게 되는 경우가 있는데요. 이는 초등학생이 된 후 책의 수준을 급격하게 높인 것이 주된 원인입니다. 이제 스스로 읽기 시작하는 때이므로, 내용이 비교적 짧고 재미있으며 어휘가 쉬운 그림책을 읽게 해야 합니다.

이 시기 아이들은 무한한 상상력을 소유하고 있습니다. 상상은 실제로 해보지 않은 일을 마음속으로 그려 보는 것입니다. 공룡 책을 본 아이가 타임머신을 타고 공룡 시대로 가서 티라노사우루스를 만나는 장면을 생각해 내는 일이 바로 상상이지요. 상상 속에서는 무엇이든 가능하기 때문에 상상하는 아이의 표정은 자유롭습니다.

4세 무렵에 시작되는 상상력은 7세경에 최고조에 달합니다. 이 시기 아이들은 이 세상의 모든 일을 내면으로 끌어들이는 맑고 순수한 감성을 가지고 있습니다. 아파트 옥상에서 뛰어내리면 날아오를 수 있을 것 같고, 목욕하기 싫을 때 세탁기 안에 들어가 있으면 자동으로 씻길 것만 같습니다. 만화 주인공에게 일어난 일들이 자신에게도 일어날 것이라고 믿는 것이지요.

앤서니 브라운 작가의 그림책 『고릴라』(장은수 옮김, 비룡소)의 주인공 한나는 동물원에 가서 진짜 고릴라를 보는 것이 소원입니다. 하지만 바쁜 아빠 때문에 동물원에 가본 적이 없지요. 그러던 어느 날 진짜 고릴라를 만나 밤새 여행을 떠납니다. 못생기고 무서워 보이는 고릴라는 아빠를 떠올리게 합니다. 고릴라가 진짜 아빠였을까요? 아이들은 이처럼 상상과 현실이 공존하는 그림책을 보면서 상상력을 키워 나갑니다.

때때로 아이들은 상상의 세계와 현실의 세계를 혼동하는 경향이 있어 침대 밑에 괴물이 있다거나 학교 가는 길에 악어를 만났다고 믿기도 합니다. 이러한 아이들의 상상력은 존 버닝햄 작가의 그림책『지각대장 존』(박상희 옮김, 비룡소)에서도 잘 드러납니다. 이 책이 스테디셀러가 된 것은 아이들의 마음을 잘 표현한 작가의 상상력 덕분일 것입니다. 어른들이 보기에는 말도 안 되는 일이지만, 그림책은 아이들에게 공감의 장이 되고 상상의 나래를 펼치는 촉진제 역할을 합니다.

상상 속 이야기를 실감 나게 꾸며 말하다 보니 간혹 하지 않은 숙제를 다 했다고 하는 식으로, 금방 들킬 일인데도 아랑곳하지 않고 거짓말을 합니다. '이러다가 거짓말쟁이가 되는 건 아닐까?' 하는 우려가 들 수도 있지만, 걱정하지 않아도 됩니다. 머지않아 학교생활을 통해 규칙을 익히고 다양한 지식을 쌓다 보면 자연스럽게 상상과 현실을 구분할 테니까요.

이미지로 세상을 이해하는 아이들

생명이 없는 대상에 생명과 감정을 부여하는 생각을 '물활론'이라고 합니다. 모든 물질이 살아 있다고 생각하는 것입니다. 아이들이 태양에 눈, 코, 입을 그리는 행위나 곰 모양의 쿠키를 먹으면서 아프겠다며 슬픈 표정을 짓는 것도 물활론적 사고에서 비롯된 행동이지요. 자신을 중심으로 세계가 돌아간다고 생각하는 유년기의 특징과 물활론적 사고가 어우러지면서 창의적인 역할 놀이가 가능해집니다. 이때 부모의 반응에 따라 아이는 상상력을 더 키울 수도 있고, 상상의 싹이 잘려 나갈 수도 있지요.

요즘 아이들은 어려서부터 많은 교육을 받아서인지 과거의 아이들보다 성숙하고 똑똑해 보입니다. 하지만 아직은 미성숙한 어린아이이므로 지나친 기대는 금물입니다. 초등학생인데 언제까지 어린아이처럼 사물에 생명을 부여할 건가 하는 걱정은 조금 미루어도 됩니다. 사물에 생명이 있다고 여기는 고학년은 없으니까요. 1학년은 도깨비와 망태 할 아버지가 나타나 자신을 데려갈 거라고 믿지 않습니다. 다만 살짝 두려워할 뿐이지요. 뛰어난 상상가로 태어난 아이들에게 물활론적 사고가 더해지며 상상력이 더욱 풍부해지는 정도입니다.

아이의 상상력을 키워 주는 가장 좋은 방법은 일상에서 아이의 상상을 존중해 주는 것입니다. 그 어떤 프로그램보다 효과적이지요. 이와 더불어 매일 그림책을 읽어 주면 좋습니다. 그림책의 가장 큰 효과는 이미지 전달력입니다. 그림책의 이미지는 글과 어우러져 상상력 발달을 돕는데요. 미래의 문맹은 글자를 읽지 못하는 사람이 아니라 이미지를 이해하지 못하는 사람이라고 합니다. 이미지를 그릴 수 있는 힘이 곧 상상력입니다. 아이들은 이미지로 세상을 이해하고, 이를 상상력의 발판으로 삼습니다.

아이에게 '사과'라는 단어를 알려 준다고 가정해 봅시다. 사과를 본적도, 먹어 본 적도 없는 아이는 단순히 글자를 읽고 암기할 뿐입니다. 하지만 그림으로 본 적이 있다면 '사과'라는 낱말을 읽을 때 사과의 이미지를 머릿속에 만들어 냅니다. 대부분의 구체어들이 이런 방식으로 습득되지요.

공룡이나 외계인, 우주 등 일상에서 보기 어려운 대상의 경우 이미지의 유무가 더욱 중요합니다. 이미지를 한 번도 보지 못한 아이들은 관련 내용을 읽을 때 연상이 되지 않아 전체 내용을 이해하지 못합니다. '뾰족하고 날카로운 철탑'이라는 내용을 읽고 이해하려면 '뾰족하다'와 '날카롭다' 그리고 '철의 특징을 가진 탑'을 동시에 연상할 수 있어야 합니다. 그 밖에 자비, 평화, 겸애와 같은 추상적인 의미의 단어들도 설명만으로는 이해할 수 없습니다. 그만큼 그림책의 이미지는 대단히 중요합니다.

상상력은 무에서 유를 만드는 능력이 아닙니다. 상상할 수 있는 씨앗을 바탕으로 줄기를 만들고 가지를 뻗어가는 과정입니다. 아이에게 읽어 주는 그림책은 아이의 상상력에 씨앗을 뿌리는 것과 같습니다.

● 아이의 상상력을 발달시키는 도서를 고르는 법

그림책의 그림은 대단한 묘사나 설명 없이 이미지로 내용을 표현하는 함축성을 지니고 있습니다. 그림책을 펼친 독자는 가장 먼저 작가의 상상으로 만들어진 그림을 통해 작가의 세계로 초대받습니다. 그러므로 아이가 그림책에 빠져 있다면 충분히 감상할 시간을 주어야 합니다. 아이는 그림을 보며 내용을 상상하고 예측하며 책과 이야기를 나누지요. 아이가 그림만 보는 것이 아쉬워 손가락으로 글자를 짚어 가며 읽어 주는 부모가 있는데요. 이는 상상력을 키우는 데 방해가 되는 행동입니다.

그러면 어떤 그림책을 골라 주어야 할까요? 그림책을 고를 때 기본으로 삼을 수 있는 기준은 문학성, 예술성, 교육성입니다.

문학성을 판단할 때는 주제가 명확한지, 공감할 수 있는 등장인물이 나오는지, 문체가 아이의 눈높이에 맞는지, 사건의 흐름이 통일성 있으며 시작과 끝이 자연스러운지를 살피면 됩니다.

예술성 측면에서는 가급적 다양한 표현법의 그림책을 골라 주는 것이 좋습니다. 그림책 읽기만으로도 풍부한 예술적 감성을 불러일으킬 수 있는데요. 그림 작가는 자신의 상상력을 다양한 재료로 표현합니다. 수채화나 수묵화로 표현하거나, 색연필과 아크릴 물감 등을 이용하거나, 판화 및 사진으로 표현하기도 하지요. 종이를 재료로 한 페이퍼 커팅 기법을 사용하기도 합니다. 최근에는 다양한 회화 기법과 작가의 독창적인 아이디어가 결합된 그림책들이 꾸준히 출판되고 있습니다. 이러한 그림책들은 아이의 상상력을 자극함과 동시에 보는 즐거움을 끌어올려 줄 것입니다.

마지막으로 그림책이 갖는 교육성은 어린이가 보는 책으로써의 가치를 말합니다. 아이들은 그림책을 읽으며 세상을 살아가는 지혜를 배웁니다. 지식을 익히고 사람들과의 소통 방법을 배우며, 사회의 규칙을 배울 수 있습니다. 이 모든 것이 그림책이 지닌 교육적 가치입니다.

『낱말 공장 나라』(아녜스 드 레스트라드 글, 발레리아 도캄포 그림, 신윤경 옮김, 세용출판)는 언어의 소중함을 되돌아보게 하는 그림책입니다. 이 나라는 공장에서 낱말을 만들어 내고 사람들은 그 낱말을 사서 삼켜야만 말을 할 수 있는데요. 가난한 주인공 필레아스는 겨우 얻은 세 개의 낱말로 사랑하는 사람에게 어떻게 마음을 전해야 할지 고민합니다.

작가의 상상력에 푹 빠지게 하는 이야기입니다.

작가의 상상력은 아이들의 성장을 촉진합니다. 여기에 아이들의 상상력을 자극할 수 있는 책을 소개해 보고자 합니다.

구름으로 빵을 구워 먹으면 하늘을 날게 된다는 백희나 작가의 『구름빵』(한솔수북)은 아이들이 참 좋아하는 그림책입니다. 하늘을 날고 싶은 아이들의 소망을 그대로 담고 있기 때문이지요. 안녕달 작가의 『수박 수영장』(창비)도 빼놓을 수 없습니다. 무더운 여름날 커다란 수박 안에서 수영을 한다는 시원하고도 호방한 내용의 그림책입니다. 수박 다이빙에 미끄럼 타기는 상상 속에서라도 꼭 해보고 싶은 일입니다. 구름양산과 먹구름 샤워로 더위를 피한다는 아이디어까지 작가의 상상력이 고스란히 독자에게 전해지는 기분이 들지요.

또 더위를 이기지 못한 달이 눈물처럼 떨어뜨린 달물로 사람들의 더위를 싹 가시게 해준다는 『달 샤베트』(백희나 글그림, 책읽는곰) 역시 추천하고 싶은 그림책입니다. 반장 할머니의 노련한 지혜가 돋보이는 이 그림책은 에너지 절약을 호소하는 이야기로만 여겨지지 않습니다. 더운 여름밤 아이와 함께 책을 읽으며 "달 샤베트 한 입 먹으면 정말 시원하겠다." "달 속의 토끼는 잘 살고 있을까?" "에어컨을 끄면 옥토끼들이 불안해하지 않을 거야."와 같은 대화를 나누기에 참 좋은 책입니다.

우크라이나 옛이야기에 에우게니 M. 라쵸프 작가의 사실적 그림이 더해진 『장갑』(김중철 옮김, 다신기획)으로 아이의 상상력을 자극할 수도 있습니다. 숲을 산책하던 할아버지가 떨어뜨린 장갑 속으로 숲속에 사는 동물들이 겨울을 나기 위해 들어가는 내용인데요. 장갑에 쥐와 토끼가 들어갈 때만 해도 의심 없이 책을 보게 됩니다. 그러나 멧돼지와 느림보 곰이 들어가겠다고 할 때는 독자도 '앗! 장갑이 어떤 모양으로 변할까?'를 고민하게 됩니다. 그림 작가가 상상으로 만들어 낸 장갑은 덩치 큰 동물까지 담아내지요. 볼수록 기가 막힌 상상입니다.

레오 리오니 작가의 『프레드릭』(최순희 옮김, 시공주니어)에서 들쥐 프레드릭은 친구들에게 한겨울 추위와 배고픔을 잊게 할 만큼 아름다운 시를 들려주고 '시인'으로 인정받습니다. 시인 프레드릭의 상상력을 찬사하는 장면이 인상적인 그림책입니다.

글 없는 그림책만큼 아이의 상상력을 자극하는 책도 없을 것입니다. 이기훈 작가의 『알』(비룡소)은 엄마 눈을 피해 알을 부화시키고, 부화한 알에서 나온 온갖 동물들을 사랑으로 기르는 딸의 이야기입니다. 보는 내내 상상의 나래가 펼쳐지는 책입니다. 데이비드 위즈너 작가의 『구름 공항』(시공주니어)과 『이상한 화요일』(비룡소)은 책장을 넘기는 내내 천재 작가의 상상력에 감탄하게 되는 그림책입니다. 이수지 작가의 『파도야 놀자』(비룡소)는 책을 펼치면 파도 소리와 함께 아이의 웃음소리마저 들리는 것 같습니다.

다 소개할 수 없을 정도로 상상력을 자극하는 그림책은 많습니다. 만약 아이가 그림책에 흥미를 붙이지 못한다면 부모가 적극 개입하여 등장인물의 상황이나 심정을 물어보며 그림책 읽기를 유도해 보세요. 가장 쉬운 방법은 아이가 좋아하는 그림책을 읽어 주는 것입니다. 그리고 질문을 하나씩 던져 보세요.

　아이들과 책을 읽고 난 뒤 생각을 물어보면 하나같이 생각이 안 난다고 합니다. 그럴 때마다 저는 "생각은 원래 안 나는 거야. 적극적으로 생각을 해야 해." 하고 말해 줍니다. 어릴 적부터 그림책을 읽으며 이야기를 주고받았던 경험이 풍부한 아이들은 기억 속에 저장해 둔 이미지들을 이리저리 뒤져 꺼내는 연습이 잘 되어 있습니다. 그림책 읽기로 자연스럽게 생각하는 훈련이 된 셈이지요.

03

스토리텔링에서 상상력이 시작된다

책 읽어 주기의 효과는 잘 알지만 매일 책을 읽어 주기는 쉽지 않습니다. 그래서 책 읽어 주기의 시기나 적정 학년 등에 대한 질문이 끊이지 않는데요. 그때마다 저는 "아이가 원할 때까지 읽어 주세요."라고 말합니다. 아이는 부모와 책을 읽으며 함께 시간을 보내고 싶어 합니다. 힘들었던 마음이 치유되고 안정감을 느끼기 때문이지요. 게다가 무엇보다 즐겁습니다.

앞에서도 언급했지만, 아이들은 읽기능력보다 듣기능력이 먼저 발달합니다. 학습지를 풀다가 혹은 책을 읽다가 "엄마, 이거 무슨 말이야?" 하고 물었을 때, 옆에서 읽어 주기만 해도 아이가 알겠다며 고개를 끄덕인 경험이 있을 것입니다. 듣기능력과 읽기능력의 발달이 서로 같아지는 시기를 13세 무렵으로 보고 있습니다. 그러므로 아이가 초등학교를

150

졸업할 때까지는 읽어 주는 것이 좋습니다.

　미국 보스턴대학 의과대학 출신 소아과 교수들이 어린이들에게 책 읽는 즐거움을 주기 위해 1989년에 '책을 향해 손을 뻗는 사람들Read Out and Read'이라는 시민 단체를 만들었습니다. 이 단체는 동네 소아과 개업 의들과 힘을 합쳐 병원에 방문하는 어린이 환자들에게 재미난 책을 한 권씩 주면서 '부모가 아이를 무릎에 앉혀 놓고 소리 내어 책을 읽어 주라'는 처방을 하도록 했습니다. 그러니까 병을 앓고 있는 아이들에게 두 장의 처방전을 준 것인데, 한 장은 진료 결과 처방전이고, 나머지 한 장은 책을 읽어 주라는 처방전이었지요. 2002년에 이러한 처방을 받은 아이들과 그렇지 않은 아이들을 비교한 결과, 책 처방을 받은 아이들이 듣기, 읽기, 말하기, 쓰기 시험에서 월등히 높은 점수를 받은 것으로 나타났습니다. 책 읽어 주기가 아픈 아이들의 치료 효과는 물론, 읽기능력에도 긍정적인 영향을 끼친 것이지요.

　마쓰이 다다시는 『어린이와 그림책』에서 "그림책은 어린이가 읽는 책이 아니라 어른이 어린이에게 읽어 주는 책"이라고 말했습니다. 또 "꼭 안아 주면서 읽어 주어야" 한다고도 했지요.

　그러면 어떻게 읽어 주는 것이 좋을까요? 책 읽어 주기는 스토리텔링storytelling의 일종입니다. 스토리텔링은 상대방에게 알리고자 하는 바를 재미있고 생생한 이야기로 설득력 있게 전달하는 행위입니다. 요즘 아이들은 시각적 정보에 지나치게 노출되어 스토리텔링을 들을 기회가 많이 사라졌습니다. 무릎을 베고 옛이야기에 빠져들던 추억이 거의 없지요. 이미 시각적인 영상에 많이 노출된 아이에게는 집중을 유도하기 위해 다양한 방법들을 사용해야 합니다.

아이가 집중해서 들을 수 있도록 강약을 조절하여 읽어 주거나, 대화 장면에서는 인물들이 진짜 대화하듯이 감정을 살짝 실어 줍니다. 문장이 길면 짧게 끊어서 읽어 주고 적절한 몸짓과 손짓을 함께 사용하는 것도 좋습니다. 이를 부담스러워하는 부모들은 차라리 오디오를 들려주는 게 낫지 않느냐고 묻기도 합니다. 하지만 읽어 주기는 교감의 시간이기도 한 만큼 부모의 목소리로 읽어 주어 아이에게 정서적인 안정감을 제공하는 것이 바람직합니다. 동화 구연가들의 연기를 따라 할 필요는 없습니다. 편안하고 자연스럽게 읽는 것이 가장 좋습니다.

다음은 아이에게 책을 읽어 줄 때의 요령입니다.

또박또박 읽는다

아이들은 부모의 발음을 들으며 자신도 그렇게 읽고자 합니다. 그러므로 책을 읽어 줄 때는 정확한 발음으로 또박또박 읽어 주도록 합니다. 억지로 꾸며서 연기하지 말고 평소 말투로 읽어 주어야 책 읽기를 자연스럽게 받아들일 수 있습니다.

평소 읽지 않는 분야의 책이나 난도가 높은 책을 고른다

"아이가 좋아하는 책을 읽어 주는 게 맞나요?" "세 살 터울의 형제에게 함께 읽어 주다 보니 아이들의 수준이 달라서 고민이에요. 큰아이를 위한 책을 읽어 주다 보면 작은아이에게는 어려울 것 같은데 괜찮을까요?" "1학년 아이에게 책을 읽어 주는데, 4학년인 큰아이가 살그머니 다가와 듣고 있어요. 그대로 두어도 될까요?"와 같이 책의 수준을 묻는 경우가 있습니다. 들어서 이해하는 능력이 훨씬 우수할 때이므로 읽어 줄 때는 책의 수준을 크게 염두에 두지 않아도 됩니다. 아이가 잘 듣고 있다면 평소 읽는 책보다 다소 어렵거나 좋아하지 않는 분야의 책도 읽어 주세요. 조금 어려운 책이라도 부모가 읽어 주며 설명을 덧붙이면 이해력과 사고력을 키우는 데 도움이 됩니다. 또 어려운 책에 대한 두려움도 극복할 수 있지요.

잘 듣고 있는지 확인하지 않는다

책을 읽어 주어도 별 반응이 없는 아이들이 있습니다. 다 읽고 나면 "재미있다." 한마디가 고작이지요. 부모는 아이가 책 내용을 잘 이해했는지, 지식 전달은 잘 되었는지 궁금하기 마련입니다. 이때는 책을 읽어 주는 목적을 떠올리며 마음을 다잡아야 합니다.

특히 잠자리 독서는 정서 안정과 교감을 목적으로 해야 합니다. 책 내용과 관련하여 그날 있었던 일들을 나누는 것도 좋습니다. 학교에서 있었던 일과 어려웠던 숙제 이야기, 친구와의 갈등 혹은 즐겁고 신이 났던 일로 연결해 이야기를 나누다 보면 행복한 마음으로 하루를 마무리할 수 있습니다.

1학년 아이의 마음을 사로잡는 책의 특징

초등학교에 갓 입학한 성민이는 유치원 때와 다른 환경에 부쩍 힘들어했습니다. 하루에 몇 시간씩 의자에 앉아서 수업을 받는 건 기본이고, 알림장 쓰기도 어려운데 독서 감상문까지 써야 했거든요. 권위적인 선생님의 말씀에 따르기도 버겁고, 새로운 친구를 사귀는 것도 너무 힘들었습니다.

그러던 어느 날 아이는 학교에서 돌아와 예전에 즐겨 보던 그림책을 꺼내 보기 시작했습니다. 꼼짝 않고 앉아 15권이나 되는 그림책을 다 읽더니, 아주 후련한 표정으로 자리를 털고 일어났습니다. 어릴 적 엄마가 읽어 주었던 그림책으로 긴장했던 마음이 싹 풀어진 듯했습니다.

아이들에게서 종종 이런 모습을 볼 수 있는데요. 이는 부모가 읽어 준 그림책을 다시 보면서 어릴 적 느꼈던 행복감을 되살릴 수 있기 때문입니다. 그림책을 읽어 줄 때 부모와 아이는 교감을 나누게 되는데, 이때 느낀 충족된 감정은 내면에 잠재해 있다가 지치고 힘들 때 아이의 마음을 치유해 주는 힘이 됩니다. 엄마가 자주 읽어 주던 그림책을 꺼내 보는 성민이의 행동도 그러한 이유 때문이지요.

1학년 아이들은 아직 유아기 습성이 남아 있으면서 동시에 초등학생이라는 역할 기대에 부응하고 싶은 책임감도 가지고 있습니다. 하고 싶은 일을 지속하고 싶은 욕구와 해야 할 일이 생겼다는 심리적 부담을 동시에 느끼는 때입니다. 처음 겪는 심리적 부담에 힘들어하는 시기이므로 아이의 마음을 세심하게 챙겨 줘야 합니다. 그림책의 주인공은 그런 아이들에게 좋은 친구가 됩니다. 아이들은 책을 읽으며 주인공의 마음을 헤아려 보기도 하고, 문제를 함께 풀어 가기도 하지요.

멋진 상상 속 친구를 만날 수 있는 책

멋진 상상 속 친구를 만날 수 있는 그림책으로 윌리엄 스타이그 작가의 『멋진 뼈다귀』(조은수 옮김, 비룡소)가 있습니다. 꼬마 돼지 펄이 말하는 뼈다귀를 만나 여러 가지 어려움에서 벗어나는 내용인데요. 아직 문제해결력이 낮은 아이들에게 뼈다귀와 같은 친구가 있다면 얼마나 든든할까요? 뼈다귀는 현실에서 부모이거나 친구일 수 있고 자신일 수도 있습니다. 뼈다귀처럼 용기 있는 사람이 되고 싶은 아이들의 마음을 읽

어 주는 책입니다. 이 외에 『알도』(존 버닝햄 글그림, 이주령 옮김, 비룡소),
『바바빠빠』(아네트 티종·탈루스 테일러 공저, 이용분 옮김, 시공주니어)도
1학년 아이들이 읽기에 좋은 책입니다.

정서적 안정감을 주는 책

가족의 소중함을 느끼게 하는 이야기는 정서적 안정감을 줍니다. 윌
리엄 스타이그 작가의 『당나귀 실베스터와 요술 조약돌』(이상경 옮김,
다산기획)은 주인공 꼬마 당나귀 실베스터가 소원을 들어주는 요술 조
약돌을 손에 쥐면서 이야기가 펼쳐집니다. 실베스터는 눈앞에 나타난
사자 때문에 당황한 나머지 바위로 변하고 싶다는 소원을 말하게 되는
데요. 어제도, 오늘도, 내일도 내 모습 그대로 사랑해 주는 우리는 '가
족'이라는 내용을 담고 있지요.

진짜 가족은 아니지만, 시골에 계신 할머니를 떠올리게 하는 이야기
도 있습니다. 백희나 작가의 『장수탕 선녀님』(책읽는곰)에는 부모의 잔
소리 없이 실컷 놀 수 있는 상대가 등장하는데, 다름 아닌 푸근하고 믿음
직스러운 할머니입니다. 약간 의심스러운 구석이 있지만 진짜 노는 법을
알고 있는 할머니는 우리의 추억을 떠올리게 합니다. 『악어오리 구지구
지』(천즈위엔 글그림, 박지민 옮김, 예림당)는 어쩌다 오리와 가족이 된 악
어가 가족을 지키기 위해 고군분투하는 이야기입니다. 가족과 정체성
에 대한 주제를 다루고 있으며 문제해결력을 높이는 데 도움을 줍니다.

울고 웃는 사이 마음이 치유되는 책

실컷 웃게 하거나 울게 하는 책도 아이들의 마음을 사로잡습니다. 『조그만 광대 인형』(미하엘 엔데 글, 로스비차 크바드플리그 그림, 김서정 옮김, 시공주니어) 속 남자아이는 새 장난감에 한눈이 팔려 색색의 헝겊을 붙여 만든 광대 인형을 버립니다. 얼마 안 되어 남자아이는 광대 인형을 그리워하기 시작하고, 광대 인형도 주인과의 추억을 떠올립니다. 우여곡절 끝에 만난 둘은 함께 있어 소중한 존재임을 깨닫게 됩니다.

또 몽골의 전통 악기 마두금에 얽힌 슬픈 전설을 담고 있는 『수호의 하얀 말』(오츠카 유우조 글, 아카바 수에키치 그림, 이영준 옮김, 한림출판사)은 가슴 뭉클하고 아름다운 우정에 눈물이 나는 책입니다.

그림책을 보며 울고 웃는 사이에 아이들은 상처받은 마음까지 치유되는 경험을 합니다. 또 진정 소중하고 아름다운 것은 시간이 흘러도 변하지 않는다는 걸 깨닫게 됩니다. 사랑하는 사람을 향한 마음은 낡거나 초라해질 수 없다는 걸 알게 해줍니다.

학교생활이 힘든 1학년을 위한 책

학교에 갓 입학한 1학년은 자신을 평가하는 주위의 시선으로 인해 심한 스트레스를 받곤 합니다. 자칫 남보다 못하다는 열등감에 빠지지 않도록 도와줘야 하는데요.

자신감이 살짝 부족한 아이에게는 『쿵쿵이와 나』(프란체스카 산나 글 그림, 김지은 옮김, 미디어창비)를 권해 봅니다. 학교라는 새로운 세계에 나아가기를 두려워하는 아이들에게 쿵쿵이와 같은 친구가 있다면 위로가 되겠지요.

발표하려면 가슴이 콩닥콩닥 떨려 손을 들 수 없는 아이들에게는 『틀려도 괜찮아』(마키타 신지 글, 하세가와 토모코 그림, 유문조 옮김, 토토북)가 있습니다. 책 내용처럼 교실이 즐거운 공간이기를 바라는 마음을 담아 읽어 주세요. 『입학을 축하합니다』(김경희 글그림, 책먹는아이)는 초등학교 입학을 앞두고 낯선 환경에 대한 두려움을 가진 아이들에게 추천합니다. 편식해서 걱정, 선생님이 무서울까 봐 걱정인 아이들에게 주인공 도윤이가 '학교는 생각지도 못한 즐거움이 있는 장소'라고 안내합니다.

『달팽이 학교』(이정록 글, 주리 그림, 바우솔)는 활동이 느린 아이들에게, 『슈퍼 토끼』(유설화 글그림, 책읽는곰)는 실수한 뒤 어떻게 해야 할지 모르는 아이들에게 권합니다. 『샤를의 기적』(알렉스 쿠소 글, 필리프-알리 뒤랭 그림, 조정훈 옮김, 키즈엠)은 학교에 입학하여 외톨이가 된 용 샤를이 날개를 펴며 자신을 찾는 이야기입니다.

아이에게「양치기 소년」을 읽히면 안 되는 이유

사람의 성품을 인성이라고 합니다. 성품은 그 사람의 사고와 태도, 행동 특성으로 나타납니다. 인성은 종종 도덕성을 대신하는 말로도 쓰이며 인간관계의 바탕이 되지요.

소통과 관계의 기초가 되어 줄 인성 교육은 몇 살부터 시작해야 할까요? 인성의 바탕이 되는 도덕성 교육은 사람과의 관계에서 지켜야 할 약속과 규칙을 배우는 일입니다. 사회성과 떼어 놓고 생각할 수 없지요. 따라서 본격적인 인성 교육은 사회성 발달이 시작되는 4세 무렵부터 시작할 수 있습니다.

자기조절력이 낮은 아이는 충동적이며 관계의 어려움을 겪습니다. 반면에 자기조절력이 높은 아이는 인내심이 강하고 자신의 목표를 성취하려는 실행능력을 갖고 있지요. 이러한 능력은 인성 교육으로 충분히 지도할 수 있습니다. 따라서 전두엽이 급격하게 도약하는 시기의 인성 교육은 대단히 중요합니다. 자기조절력과 판단력, 실행력을 담당하는 전두엽은 만 3세 이후 발달을 시작하여 만 6세 전후로 급격히 발달합니다. 그런 의미에서 만 6세에 해당하는 1학년 시기는 인성 교육의 적기이자 놓쳐서는 안 되는 결정적 시기입니다.

1학년 아이들은 우화나 신화, 민담, 전설로 이루어진 옛이야기를 통해 인성 교육을 할 수 있습니다. 동식물을 의인화한 우화와 사실 확인이 불가능한 신화, 민담, 전설과 같은 옛이야기는 상상력이 발달하는 이 시기 아이들의 호기심을 자극합니다. 또 권선징악의 내용을 짧고 재미있는 이야기로 엮어 놓아 옳고 그름을 쉽게 깨닫게 합니다. 이때는 상벌에 대한 효과가 크므로 선과 악의 대립에서 선이 이기는 내용은 도덕성 교육에 대단히 효과적입니다. 우리나라뿐만 아니라 전 세계에서 구전되는 옛이야기에는 그 사회의 규범이 담겨 있습니다. 재미있는 이야기 속에 따끔한 가르침이 담겨 있어 아이들은 옛이야기를 들으면서 사회의 규범을 자연스럽게 익힐 수 있습니다.

그러나 당장의 교육적 효과를 기대해서는 안 됩니다. 동생과 매일 싸우는 아이에게 형은 아우를, 아우는 형을 걱정하여 밤중에 볏단을 몰래 날라다 준다는「의좋은 형제」이야기를 읽어 주었다고 해서, 다음 날부터 바로 형제 간의 다툼이 사라지는 건 아닙니다. 또 운 좋게 도깨비 감투를 얻게 된 주인공이 감투를 쓰고 남의 물건을 함부로 탐내다가 정체가 탄로 나 그만 혼쭐이 난다는「도깨비 감투」이야기를 읽었다고 하여,

당장 욕심을 버리고 남을 배려하는 아이로 변할 수 있을까요? 이야기가 주는 교훈은 오랜 기간 내면에 차곡차곡 쌓여 자기조절력과 판단력 발달에 영향을 끼칩니다.

아이들은 거짓말을 하면서 두려움과 짜릿함을 동시에 느낍니다. 이런 아이들에게 거짓말을 하면 안 된다는 것을 가르치기 위해 「양치기 소년」 이야기를 활용하기도 하는데요. 잘못된 행동으로 야단을 맞거나 벌을 받는다는 내용은 오히려 두려움을 줍니다. "너 커서 양치기 소년처럼 될 거야?" 하는 협박은 거짓말을 하는 행동이 개선되기보다 도리어 거짓말한 사실을 숨기게 만들지요.

거짓말은 숨길 수 없다는 「임금님 귀는 당나귀 귀」와 정직하게 말하여 자신의 쇠도끼는 물론, 금도끼와 은도끼까지 갖게 된다는 「금도끼 은도끼」처럼 정직의 대가로 훨씬 좋은 보상을 받는 이야기를 추천합니다. 아이들은 이런 이야기를 통해 거짓말과 정직에 관한 긍정적이고 올바른 생각을 가지게 됩니다. '정직'이라는 규범을 주입하는 일은 어렵지만, 옛이야기를 통해 우회적으로 지도하는 일은 재미까지 동반합니다.

스스로 깨우치는, 옛이야기 들려주는 법

옛이야기 책을 읽어 주면서 교훈을 무시할 수 없습니다만, 읽어 준 뒤에 주인공처럼 부지런해야 한다거나, 정직한 사람이 되어야 한다고 강요하는 일은 없어야 합니다. 효과도 없을 뿐만 아니라 반복하면 잔소리로 들리기 때문입니다. 그렇다면 옛이야기는 어떻게 들려줘야 할까요?

다음 대화 예시를 통해 살펴보겠습니다.

　　옛날에 늦도록 아이 하나 없이 살던 어머니가 매일매일 기도를
한 끝에 아들을 하나 낳았어. 어머니는 그 아들을 극진히 키웠지.
아들이 무슨 일을 해도 늘 "잘했어. 암 잘했고 말고."라고 했어.
　　어느덧 자라서 친구를 사귀게 된 아들은 친구가 가진 것을 탐냈
단다. 그러고는 친구의 집에 놀러 갈 때마다 물건을 하나씩 집으
로 가져왔어.

　　아이: 친구 것이 탐난다고 가져왔대요?
　　엄마: 응, 그런가 봐.
　　아이: 엄마한테 야단맞았겠네요.
　　엄마: 글쎄, 어떻게 되었을지 잘 들어 봐.

　　그럴 때마다 어머니는 "잘했어. 암 잘했고 말고."라고 했어. 아
들은 자기가 정말 잘하는 줄 알고 계속해서 친구의 물건을 몰래
가져왔지. 아들이 남의 물건을 가져올 때마다 어머니는 늘 "잘했
어. 암 잘했고 말고."라고 했어.

　　아이: 어어, 왜 잘했다고 해요?
　　엄마: 그러게. 어머니는 왜 잘했다고만 했을까?

아이: 그럼 안 되잖아요.

엄마: 그러면 어머니는 어떻게 해야 했을까? 어머니와 아들은 어떻게 되었을지 더 들어 볼래?

아이: 네.

아들은 어른이 되어서도 계속 남의 물건을 몰래 가져왔어. 그래도 어머니는 야단을 치지 않았어. 속이 상했지만, 귀한 아들의 마음이 상할까 봐 노심초사할 뿐이었지.

어느 날 아들이 붙잡혔다는 소식을 듣고 놀란 어머니는 신발도 신지 않은 채 달려갔단다. 그리고 저 멀리 밧줄에 꽁꽁 묶인 채 끌려오는 아들을 보게 되었어. 남의 물건을 하나씩 집으로 가져오던 아들은 어느새 도둑이 되어 있었던 거야. 물건을 훔치는 일이 나쁜 짓인 줄도 모르고 죄책감조차 느끼지 못한 아들은 점점 더 큰 물건을 훔치다가 결국 경찰에 붙잡히게 되었단다.

"어떻게 된 거니? 아이고, 내 귀한 아들아!" 하며 우는 어머니를 보자 아들은 어머니의 귀를 자기 얼굴 가까이 대달라고 했어. 어머니는 아들이 무슨 말을 하려나 보다 하고 아들의 얼굴 가까이에 귀를 갖다 댔지. 그러자 아들은 어머니의 귀를 꽉 물어 버린 후 소리쳤어.

"친구 집에서 물건을 가져왔을 때 왜 잘했다고 하셨어요?" 아들은 어머니를 원망했어.

아이: 잡힐 줄 알았다니까.

엄마: 왜 그렇게 생각했어?

아이: 남의 물건을 훔치는 일은 나쁜 행동이니까요. 잡혀가지

　　　않았다면 죽을 때까지 훔치면서 살았을걸요?

엄마: 아, 그랬겠구나.

제가 어릴 적에 어머니에게 들었던 이야기를 제 아이에게 다시 들려주면서 나눈 대화를 그대로 옮겨 보았습니다. 지어낸 이야기인지는 알수 없지만 제 기억 속에 남아 있었습니다.

어떤 분들은 결론을 제대로 말해 주지 않았다고 생각할 수도 있을 것입니다. 이 이야기를 바탕으로 아들의 입장, 어머니의 입장에 대해 토론해 보거나 남의 물건을 탐내면 벌을 받는다는 점을 가르칠 수 있겠지요. 하지만 저는 아이의 질문에 답을 주지 않고 아이가 말을 하도록 유도했습니다. 아이 스스로 생각할 여지를 가지도록 말이지요. 일방적인 가르침은 금방 잊힐 뿐더러 유사한 패턴이 반복되면 훈계나 잔소리가 됩니다. 내용을 잘 기억하고 있는지도 묻지 말아야 합니다. 이야기의 느낌은 어떤지, 주인공이었다면 무슨 말이나 행동을 했을지 묻는 정도로 끝내는 것이 좋습니다.

만약 어른이 이 이야기를 들었다면 식상해하며 이야기가 끝나기도 전에 결론 내리기에 바빴을 것입니다. 하지만 아이들은 이야기를 듣는 내내 눈앞에 드라마와 같은 영상이 펼쳐지고 주인공이 앞으로 어떻게

될지 궁금해합니다.

　더욱이 어느 지역에 사는 누구라고 분명하게 밝히지 않는 옛이야기의 특성상 아이들은 자신의 스키마를 총동원하여 인물의 차림새와 행동을 상상하며 이야기 들을 준비를 하지요. 옛이야기는 부모가 읽어 주었을 때 아이들이 특히 재미있어하는데, 이때 다음 장면이 궁금하지 않으면 따분해집니다. 이야기가 가진 힘이 아이들을 기대하게 만들지만, 들려주는 사람의 역할도 중요한 거죠. 책을 읽어 주다가 다음 장면을 예측해 보라고 하세요. "다음에 무슨 내용이 나올 것 같니?"와 같이 간단한 질문이면 충분합니다.

　어릴 적 들은 이야기는 가치관 형성에 큰 영향을 끼칩니다. 사회의 규범을 배우는 시기에 들었기 때문인데요. 이렇게 형성된 가치관은 성인이 되어 무언가를 선택하거나 문제를 해결할 때 순간순간의 판단을 좌우하게 됩니다.

● 옛이야기 책을 고르는 방법

　옛이야기 책을 고를 때 유의해야 할 사항입니다. 옛이야기는 입에서 입으로 전해 내려온 이야기입니다. 그러므로 재미있게 들려줄 수 있는 이야기인지 중점을 두고 골라야 합니다. 긴 서술형 문체보다는 단문의 대화체로 된 이야기, 인물이나 배경 설명보다는 사건 중심으로 빠르게 전개되는 이야기, 교훈을 직접적으로 제시하기보다 간접적이고 우회적으로 전하는 이야기가 좋습니다. 그리고 문어체보다는 구어체가 더 친근하게 느껴집니다. 책을 펼쳐 읽어 보면 판단이 설 것입니다. 사건의 전후 사정이나 원인과 결과를 따지지 않은 채 재미있게 들려줄 수 있다면 바로 그 책입니다.

권선징악을 배울 수 있는 책

『똥벼락』(김회경 글, 조혜란 그림, 사계절)은 지나치게 욕심을 부려 착하고 성실한 돌쇠 아버지를 곤경에 빠뜨린 김 부자가 결국 똥 무더기에 파묻히게 되는 이야기입니다. 부지런하고 착하게 살면 복을 받고 욕심을 부리면 벌을 받는다는 내용이 담겨 있습니다.

「혹부리 영감」도 착한 마음씨를 가진 혹부리 영감과 욕심 많은 혹부리 영감이 각각 복을 받고 벌을 받는다는 이야기입니다. 『깜박깜박 도깨비』(권문희 글그림, 사계절)는 악을 벌하기보다는 선을 권하는 이야기입니다. 부모도 없이 어렵게 사는 아이가 선뜻 도깨비에게 돈 서푼을 빌려 주면서 이야기가 시작되는데, 건망증 심한 도깨비는 매일 찾아와 돈 서푼을 갚는다고 하지요. 같은 내용의 다른 그림책으로 홍영우 작가의 『도깨비가 준 선물』(보리)이 있습니다. 그 밖에도 「콩쥐팥쥐」와 중국 먀오족의 콩쥐팥쥐라 불리는 『오러와 오도』(이영경 글그림, 비룡소) 이야기를 통해서도 권선징악을 들려줄 수 있습니다.

효심을 가르치는 책

『나무꾼과 호랑이』(이나미 글그림, 한림출판사)에는 산에서 호랑이를 만난 나무꾼이 등장합니다. 나무꾼은 위기를 모면하기 위해 호랑이에게 절을 하고 형님이라 부르며 형님이 집을 나간 뒤 어머님의 근심이 크다고 말합니다. 그 말은 믿은 호랑이는 매일 어머니를 위해 산짐승을 잡아다 주지요.『소원을 들어주는 호랑이 바위』(한미호 글, 이준선 그림, 국민서관)는 소원을 들어주는 호랑이 바위에 얽힌 이야기로, 게으른 아들이 효자가 되어 가는 모습을 담고 있습니다. 두 이야기 모두 스스로 깨우치게 할 뿐 효를 강요하지 않습니다.

근면 성실을 배울 수 있는 책

『소가 된 게으름뱅이』(김기택 글, 장경혜 그림, 비룡소)는 스스로 땀을 흘려 일하는 삶이 얼마나 소중한지를 깨닫게 하는 내용입니다.『붙어라 떨어져라』(이미애 편저, 송교성 그림, 사파리)에 등장하는 주인공은 평소 부지런하고 성실한 사람입니다. 덕분에 해골 귀신으로부터 요술 종이를 얻어 부자가 되고, 욕심만 부리던 주인 영감은 벌을 받는다는 이야기입니다. 역시 성실한 사람은 복을 받고 욕심 부리는 사람은 벌을 받는다는 이야기입니다.

배려하는 마음을 배울 수 있는 책

『나귀 방귀』(서정오 글, 김환영 그림, 보리)는 무거운 짐을 나귀에 실어 달라는 청을 거절한 사람이 나귀 방귀로 크게 다친다는 우스꽝스러우면서도 교훈이 담긴 이야기입니다. 『복 타러 간 총각』(정해왕 글, 한병호 그림, 보림)은 부지런하고 착하지만 지지리 복 없는 총각이 다른 사람의 어려운 처지를 지나치지 않고 배려하니 복을 받게 된다는 이야기입니다. 『황소와 도깨비』(이상 글, 한병호 그림, 다림)는 어려움에 처한 도깨비를 도와주어 복을 받는 내용입니다. 다른 사람을 돕는 일이 결국 자신을 위한 일임을 깨닫게 해줍니다.

1학년 때까지 아이가 꼭 갖춰야 하는 읽기능력

글을 읽을 때 소리를 내지 않고 눈으로만 읽는 것을 묵독, 입으로 소리 내어 읽는 것을 음독이라고 합니다. 일반적으로 아이들은 문자를 깨칠 때 소리 내어 읽기를 배웁니다. 아직 유창하게 읽는 것은 아니지만 문자 읽기에 재미가 붙고 자신감이 생기면 아이는 소리 내어 읽기를 좋아하지요. 그러다가 읽기가 익숙해지면 소리를 내지 않고 눈으로만 봅니다.

그런데 소리 내어 읽기가 익숙해지기도 전에 음독을 멈추고, 묵독을 하는 경우가 많습니다. 묵독에 비해 음독이 훨씬 힘들기 때문에 오랜 시간 지속적으로 음독하는 아이는 그리 많지 않습니다. 문제가 되는 것은 정확하게 읽는지 확인이 되지 않은 상태에서 음독을 멈춘 경우입니다. 읽을 때 오류가 많은 아이가 묵독에 익숙해지면, 눈으로도 틀리게 읽습니다.

아이가 소리 내어 읽을 때는 알맞은 속도로 읽는지, 맞춤법에 맞게 읽는지, 잘 띄어 읽는지, 글자를 빼먹고 읽지는 않는지, 더듬거리지는 않는지, 반복해서 틀리게 읽는 글자는 없는지를 평가할 수 있습니다. 다시 말해 유창하게 읽고 있는지 알 수 있습니다. 이때 아이가 잘못 읽는다면 수정이나 교정을 해줄 수 있지요. 하지만 묵독을 할 때는 정확하게 읽는지 알 수가 없습니다.

읽기 유창성이란 글을 정확하고도 적절한 속도로 읽는 능력입니다. 단어 하나하나에 에너지를 쏟지 않고도 문장이나 글을 듣기 좋은 발음으로 읽을 때 유창하다고 할 수 있지요. 유창하게 읽는 아이는 눈에 들어 온 단어가 자동적으로 뇌에서 인식되므로 전체의 내용을 빠르게 이해할 수 있습니다. 글을 읽으면서 동시에 글의 의미를 이해할 수 있는 것이지요.

아직 문자 습득이 미숙한 아이는 낱글자 혹은 낱말 읽기에 집중하느라 내용을 잘 파악하지 못합니다. 읽기 유창성은 이해력과 밀접한 관련이 있습니다. 유창한 독자는 글의 내용에 집중하며 책을 읽을 수 있지만, 그렇지 못한 독자는 개별 단어를 인식하느라 바빠서 글의 내용을 이해하기 어렵지요. 만약 읽기 유창성이 확보되지 않은 상태에서 묵독을 한다면 내용을 잘못 이해하게 됩니다. 따라서 각별한 지도가 필요합니다.

1학년 읽기 교육의 목표는 유창성 확보

1학년 국어 과목의 읽기 교육 목표는 유창성 확보입니다. 만약 1년이 지나도록 글을 유창하게 읽지 못한다면 국어는 물론, 다른 과목의 내용을 이해하는 데도 어려움을 겪게 됩니다. 반드시 1학년 때까지 확보해야 하는 능력입니다.

읽기 유창성은 아이가 읽는 것을 보고 충분히 알 수 있습니다. 다음 열거한 문제 요소들을 체크하면서 아이가 유창하게 읽는지 아닌지를 평가해 보세요.

- 한 글자 또는 한 낱말씩 읽는다.
- 단어나 구절의 끊어 읽기가 안 된다.
- 앞 뒤 낱말의 순서를 바꿔 읽는다.
- 한 줄을 건너 띄고 읽는다.
- 익숙치 않은 글자는 빼고 읽는다.
- 자주 조사를 빼고 읽는다.
- 책에 없는 낱말을 만들어 읽거나 다른 낱말로 바꿔 읽는다.
- 쉼표와 온점, 물음표와 느낌표 등 구두점을 무시한다.
- 손가락으로 글자를 짚어야 읽는다.
- 묵독을 할 때 자연스럽지 못하고 입으로 중얼중얼하며 읽는다.
- 읽는 속도가 느리다.

- 읽고 나서 무엇을 읽었는지 글의 내용을 이해하지 못한다.

아이가 유창하게 읽지 못하고 오류가 잦다면 당장 소리 내어 읽기를 연습하세요. 읽기 유창성 향상을 위해서는 소리 내어 반복해서 읽는 연습을 해야 합니다. 교사나 부모로부터 적절한 피드백을 받으며 매일 소리 내어 읽다 보면 머지않아 향상됩니다. 다만 평가받는 상황에서는 긴장이 되어 읽기가 나아지지 않습니다. 정서적으로 안정된 상태에서 매일 함께 읽는 것만으로도 머지않아 유창하게 읽게 됩니다. 또 한꺼번에 너무 많은 분량을 읽는 것보다 짧은 글을 매일 꾸준히 읽게 하는 것이 중요합니다.

아이와 음독을 연습할 때는 다음 사항에 유의하세요.

1. 학년에 상관없이 소리 내어 읽기를 시켜 본다. 음독할 때 오류가 자주 발생하면 매일 조금씩 읽게 한다.
2. 처음엔 A4 1/2 분량의 비교적 짧은 글을 읽게 한다. 하지만 아이가 원하는 책이 있다면 그것을 선택하도록 한다. 그림이 있는 책은 읽기 오류를 수정할 때 그림이 방해가 되므로 그림 없는 책을 선택하거나, 책의 전문을 컴퓨터로 옮겨 쓴 뒤 프린트하여 읽게 한다.
3. 음독 오류를 고치기 위해 지도를 할 때는 잦은 지적을 하지 않는다. 오히려 칭찬과 격려가 유창하게 읽기를 앞당긴다. 하지만 계속 틀리게 읽으면 바른 읽기법을 알려 준 뒤 읽어 보게 한다. 읽을 줄 몰

라서 틀릴 수 있기 때문이다. 예를 들어 받침이 복잡한 닭, 얽다, 많다와 같은 글자는 발음을 어려워할 수 있다.

4. 아이와 함께 읽는 것도 좋다. 한 줄씩 번갈아 가며 읽기, 한 쪽씩 번갈아 가며 읽기, 한 명이 읽다가 틀리면 다음 사람이 받아 읽기 등 여러 가지 방법을 병행하여 부모가 읽기에 참여하도록 한다. 다만 한 사람이 틀렸을 때 다음 사람이 받아 읽는 방법은 아이의 읽기 연습이 잘 되어 거의 완성되어 가고 있을 때 칭찬을 해주기 위해 쓰는 방법이다. 많이 틀리는 아이에게는 오히려 기를 죽이는 방법이다.

5. 적은 분량이라도 매일 읽는 것이 가장 효과적이다.

1학년은 배우기를 시작하는 학년이므로 실수를 해도 문제가 되지 않습니다. 책을 읽을 때 소리 내어 읽는다고 하여 핀잔을 주는 사람도 없습니다. 오히려 읽기가 서툰 상태에서 학습지 풀기를 반복하는 일이야말로 모래밭에 성을 쌓는 일이지요. 머지않아 교과서 문장들이 외계어로 보일 가능성이 높습니다. 1학년 때 유창하게 읽도록 소리 내어 읽는 연습은 학습 결손을 막는 첫 번째 관문입니다.

4장

2학년, 책읽기가 안정되는 시기, 지적 호기심을 자극하라

2학년은 읽기에 자신감이 생기면서 그림책 이외의 다른 도서에도 관심을 보이기 시작합니다. 환상의 세계에서 벗어나 조금씩 현실 세계에 입문하는 시기인 만큼 세상에 대한 관심과 호기심을 자극해 하나씩 알아 가는 재미를 선사해야 합니다.

독서 습관을 완성해야 하는 시기

2학년은 보통 신체나 인지 발달 측면에서 1학년과 닮은 점이 많습니다. 그래서 2학년만 따로 떼어 생각하기보다 1, 2학년을 한데 묶어 생각하려는 경향이 있습니다. 저학년이라는 이유로 '아직은 못 해도, 아직은 덜 해도, 아직은 덜 발달해도' 괜찮다고 여기지요.

한편 이제 막 읽고 쓰기를 훈련하기 시작한 1학년과 달리 2학년은 한층 어휘력이 발달하고 읽기가 안정되는 시기입니다. 익숙한 내용이나 비교적 쉬운 읽기 자료는 능숙하게 읽고 이해할 수 있어서 점차 높은 단계의 독서로 옮겨 가는 시기지요.

능숙하게 글을 읽고 이해하는 아이들이 생기면서 조금씩 개인차가 나타나기 시작합니다. 읽기에 자신감이 생기다 보니 그림책에서 벗어나 글자가 많은 책 읽기에 도전하는가 하면 도감, 잡지, 사전 등 다양한 읽을거리에 관심을 보이지요. 부모는 아이가 균형 잡힌 독서를 할 수 있도록 책을 선정해 주는 한편, 이 시기를 활용해 아이가 독서 습관을 확고히 다질 수 있도록 도와주면 됩니다. 또 아직은 지식정보책을 읽고 이해할 수 있는 능력을 완벽하게 갖추지 못했으므로 그림책 위주의 읽기가 마땅합니다. 이야기나 결말을 예측해 보는 읽기로 독서의 재미를 배가시킬 수 있습니다.

아직 책 읽기에 관심이 없다면 책이 아이의 발에 자주 치이도록 여기저기 놔두는 방법을 권하고 싶습니다. 책꽂이에 깔끔하게 정리해 놓은 책은 아이에게 그저 침대나 옷장과도 같은 '가구'일 뿐입니다. 오고 가면서 아이가 관심을 가질 수 있도록 아이의 동선을 따라 책을 놓아두면 됩니다. 지나가다 눈에 띄는 책 표지를 발견하면 무심코 펼쳐 보기 마련이지요. 이런 일이 반복되면 저절로 책과 친숙해집니다.

집에 책을 둘 때는 장소의 특성을 고려해 보세요. 화장실에는 과학 잡지처럼 호흡이 짧고 흥미로운 내용의 책을, 거실에는 자투리 시간을 활용해 읽을 수 있는 사전이나 그림책, 단편집을 두면 좋습니다. 만만하게 읽을 수 있는 분량이라야 책이 읽고 싶어집니다. 아이 방의 책상이나 침대 옆은 가장 많은 시간을 보내는 곳이자 차분히 시간을 보낼 수 있는 공간입니다. 이곳은 생각하며 읽을 수 있는 책과 아이가 좋아하는 책을 놓아둡니다. 만약 책꽂이를 사려고 한다면, 아이의 눈높이를 고려하세요. 아이의 시선이 닿는 곳에 아이 책을 꽂아 두어야 합니다. 아이와 함께 때때로 책의 위치를 바꿔 보는 것도 좋지요. "이런 책이 있었네?"

"아, 이 책 진짜 재미있게 읽었는데." 하면서 집에 있는 책을 다시 펼쳐 보는 기회가 됩니다.

환상 세계에서 현실 세계로 입문하는 아이들,
지적 호기심을 자극하라

아이들은 점차 현실을 인식하고 합리적인 사고에 돌입합니다. 아직은 초기 단계지만 '보존성의 원리'를 이해하기 시작합니다. 즉 200ml의 우유를 그릇 하나에 담을 때와 4개의 그릇에 나누어 담을 때 그 양이 똑같다는 것을 알지요. 형태가 변해도 양과 부피가 달라지지 않는다는 것을 인식합니다.

물론 현실을 완벽하게 이해하지는 못합니다. 여전히 환상의 세계에 머무르곤 하지요. 앤서니 브라운의 그림책 『잘 가, 나의 비밀친구』(그웬 스트라우스 글, 김혜진 옮김, 웅진주니어)에 나오는 슈퍼맨과 같은 존재가 곁에 있어 줄 것만 같습니다. 또 『알사탕』에서처럼 알사탕을 먹으면 자기에게도 마법 같은 일이 벌어질 거라고 생각합니다.

하지만 점차 동화 속 환상 세계보다는 현실에서 일어나는 실제적인 이야기나 새로운 지식에 관심을 가지기 시작합니다. 현장 체험은 물론, 책 읽기로 더 많은 지식과 정보를 흡수할 수 있는 시기가 된 것입니다. '학교는 왜 있는 거예요?' '엄마는 왜 엄마가 된 거야?' '우리는 왜 서양 사람들처럼 눈 색이 다양하지 않을까?'와 같이 일상에서 떠오르는 호기심을 비롯해 텔레비전이나 책을 보고 떠오른 궁금증까지 질문이 많아집니다. 유아기 때의 질문과는 차원이 다릅니다. 좀 더 구체적인 내용을 알고 싶어 하지요.

부모는 아이의 질문이나 궁금증을 해결해 주고 싶지만 의욕과는 달리 설명하는 데 한계를 느끼게 됩니다. 알고 있는 내용이라도 아이의 눈높이에 맞춰 설명해 주기란 쉽지 않거든요. 이럴 때는 지식정보 그림책이 도움이 됩니다. 지식정보 그림책은 다소 어려운 주제라도 아이들 눈높이에 맞춰 설명하고 있을 뿐만 아니라 다양한 시각적 자료를 제공함으로써 아이들의 궁금증을 해결해 줍니다.

지식정보 그림책을 고를 때는 아이가 주위에서 쉽게 접할 수 있는 주제의 책을 고르는 것이 좋은데요. '내 배꼽이랑 아빠 배꼽은 왜 다르게 생겼어요?'라며 신체에 대해 궁금해하는 아이는 허은미 작가의 『우리 몸의 구멍』(이혜리 그림, 길벗어린이)과 야규 겐이치로 작가의 『콧구멍 이야기』(예상열 옮김, 한림출판사)로 신체 탐구를 시작할 수 있습니다. 책의 수준이 초등학교 2학년이 보기에 조금 쉽다고 생각할 수도 있지만, 우리 몸에 어떤 구멍이 있는지 알아본 후 그 구멍의 역할에 대해 이야기를 나눠 볼 수 있습니다. 그런 다음 우리 집에는 어떤 구멍들이 있는지, 그 역할은 무엇인지 등 내용을 확장시켜 보세요. 콘센트 구멍을 통해 전기는 어떻게 만들어져서 어떤 경로로 우리 집까지 오는지 이야기를 나눕니다. 이때 김동광 작가의 『불이 나갔어요』(김연정 그림, 아이세움)를 활용해 에너지의 경로를 이해시킬 수 있습니다.

샤를로트 길랑 작가가 쓰고 유발 좀머 작가가 그린 아코디언 형태의 책 『꿈틀꿈틀 땅속으로 지구 탐험』(김지연 옮김, 키다리)과 『높이높이 하늘 위로 우주 탐험』(김지연 옮김, 키다리)은 우리가 사는 공간에 대한 지식을 더해 줍니다. 또 『산딸기 크림봉봉』(에밀리 젠킨스 글, 소피 블랙콜 그림, 길상효 옮김, 씨드북)은 달콤한 디저트로 세계의 생활사를 두루 살펴볼 수 있지요. 이 책은 2015년에 《뉴욕타임스》가 올해의 그림책으로 선정하기도 했는데요. 저학년은 물론 고학년까지 읽을 수 있는 아름다운 책이랍니다.

03

독서 편식이 배경지식을 넓혀 준다

지식정보책을 학습 도구로 여기고 읽히려는 학부모들이 많은데요. 아이는 이제 막 세상에 어떤 것들이 있고, 그것의 특징이 무엇인지 알아가기 시작하는 때인 만큼 욕심은 내려놓아야 합니다. 지식정보책이 지식 축적을 돕는다고 해서 끊임없이 지식을 주입하고 평가하려 해서는 안 됩니다. 어릴 때 공룡 이름과 천체 지식을 꿴 아이가 모두 과학 성적이 좋은 것은 아닙니다. 이 시기에는 지식정보책을 얼마나 재미있게 읽는지가 중요합니다.

지식정보책을 재미있게 읽으려면 아이가 흥미 있어 하는 주제여야 합니다. 지식정보책은 지리, 역사, 천체, 생물, 물리 등 영역 간 내용이 뚜렷하게 차이 나서 호불호가 분명하게 나뉩니다. 그래서 독서 편식이 강하게 일어나지요. 독자 입장에서 보면 좋아하는 주제의 책만 읽는 것

182

은 아주 자연스러운 일입니다. 독서 편식을 우려하는 목소리가 많지만 지식정보책은 오히려 좋아하는 분야를 더 많이, 더 넓고, 깊게 읽혀야 합니다.

많은 부모들이 자녀의 독서 편식을 걱정합니다. 하지만 독서 편식이 주는 몇 가지 효용이 있습니다. 부모는 특정 장르를 선호하는 아이를 통해 아이의 관심과 흥미, 취향을 알 수 있습니다. 독서 편식을 하는 아이는 좋아하는 분야의 책을 읽음으로써 해당 분야의 배경지식이 넓어지고 호기심도 해결합니다. 자발적인 독서 동기가 생기는 것이지요. 또 좋아하는 주제를 발견한 아이는 탐구 활동을 시작합니다. 탐구력은 꾸준히 공부할 수 있는 힘의 원천으로써 학령기의 필수 요건입니다.

요즘 아이가 푹 빠져 있는 주제의 책이 있다면 다 읽은 뒤 알게 된 내용을 설명해 달라고 해보세요. 표현이 서툴러도 설명하는 동안 읽은 지식이 더 명확해집니다. 만약 설명하기 어려워한다면 책에서 가장 신기하거나 재미있었던 내용 한두 가지만 이야기해 달라고 해보세요. 이때 이전에 읽었던 유사한 주제의 책 내용까지 곁들여 설명한다면 아이는 아는 즐거움을 깨닫고 있는 중입니다. 그리고 머지않아 그 분야의 전문가가 될 것입니다. 이 모든 게 책을 재미있게 읽었기 때문에 가능한 일입니다.

● 호기심 해결사 지식정보 그램책을 고르는 방법

    지식정보 그림책을 고를 때는 정확한 지식을 소개하는지, 독자의 수준에 맞게 설명하는지를 살펴야 합니다. 하지만 일반 사람들이 책에서 제공하는 지식의 정확성을 판단하기란 쉽지 않지요. 이럴 때는 작가가 그 분야의 전문가인지 혹은 전문가가 감수한 책인지 살피는 것이 좋습니다.

    지식이나 정보를 축적하는 데 그림책이 효과적인 이유는 시각 자료 때문입니다. 그림이나 사진과 같은 시각 자료는 문자를 통해 배우는 지식보다 명확하게 기억에 남습니다. 두뇌 속에 저장된 시각 이미지는 나중에 줄글로 된 책을 읽을 때 이해의 척도로 쓰입니다. 글을 읽을 때 시각 이미지가 같이 떠올라 가독력을 높이고 해당 지식의 이해를 돕지요. 그러므로 아이가 어려워하는 분야나 장르가 있다면 지식정보 그림책을 활용하는 것이 좋습니다. 아이의 학년보다 대상 독자가 낮은 책도 무방합니다.

    저학년에게는 일상에서 쉽게 볼 수 있는 동물이나 식물을 소개하는 책과 외국보다는 우리나라의 지리와 문화에 대해 소개하는 책이 좋습니다. 『같을까? 다를까? 개구리와 도룡뇽』(안은영 글그림, 이정모 감수, 천개의바람)은 얼핏 비슷하면서도 다른 개구리와 도룡뇽의 생태를 그림으로 상세히 알려 줍니다. 『갯벌이 좋아요』(유애로 글그림, 보림)는 갯벌에 사는 생물들에 관한 시각 자료가 풍성하고 밀물과 썰물의 현상도 배울 수 있습니다. 『누가 바다를 훔쳐 갔지?』(안드레아 라이트메이어 글그림, 박성원 옮김, 푸른숲주니어) 역시 밀물과 썰물의 변화를 쉽게 알려 주는 책입니다.

세밀화는 생물들의 생태를 정확하게 관찰하는 데 도움이 됩니다. 특히 이태수 작가의 그림이 돋보이는 『개구리가 알을 낳았어』(이성실 글, 다섯수레)와 『가로수 밑에 꽃다지가 피었어요』(비룡소), 『개미가 날아올랐어』(이성실 글, 다섯수레)는 생태 지식을 높여 주는 그림책입니다.

반려동물을 키우는 가구 수가 천만을 넘는다고 하는데요. 이와 대조적으로 유기 동물과 멸종 동물 역시 증가하고 있는 현실입니다. 어렸을 때부터 동물의 권익 보호가 곧 인권 보호임을 깨닫도록 동물권과 자연에 대한 인식을 바로 세워 줄 필요가 있습니다. 인간은 자연을 지배할 수 있는 권한이 없으며, 인간도 자연의 일부임을 알아야 하지요. 『모두의 개』(박자울 글그림, 밝은미래)와 『어느 개 이야기』(가브리엘 뱅상 글그림, 별천지)는 반려동물을 유기하는 과정을 그립니다. 사라져 가는 동물에 숨겨진 인간의 흉악함을 고발하고 있는 『명품 가방 속으로 악어들이 사라졌어』(유다정 글, 민경미 그림, 와이즈만북스)와 『우리 여기 있어요, 동물원』(허정윤 글, 고정순 그림, 킨더랜드)은 동물 보호와 복지에 대한 올바른 가치관을 심어 주는 데 도움을 줍니다.

시리즈는 모두 사야 할까?

지식정보 그림책 중에는 시리즈가 많습니다. 사회나 과학에서 다루는 주제가 워낙 방대하기 때문인데요. 시리즈에 속해 있더라도 시각 자료나 어휘의 수준이 모두 같지 않으므로 아이의 흥미와 수준을 고려하여 선택해야 합니다. 이 시기 아이들의 관심을 끌 수 있는 시리즈 중 몇 가지를 소개합니다.

〈자연은 가깝다〉 시리즈(비룡소), 〈권혁도 세밀화 그림책〉 시리즈(길벗어린이), 〈머리에서 발끝까지〉 시리즈(아이세움), 〈어린이 들살림〉 시리즈(보리), 〈똑똑똑 사회 그림책〉 시리즈(웅진주니어), 〈똑똑똑 과학 그림책〉 시리즈(웅진주니어), 〈보고 느끼는 도감〉 시리즈(진선출판사), 〈신나는 음악 그림책〉 시리즈(미래아이), 〈우리 문화 그림책〉 시리즈(사계절), 〈우리 문화 그림책 온고지신〉 시리즈(책읽는곰), 〈사시사철 우리 문화〉 시리즈(한솔수북), 〈과학 그림동화〉 시리즈(비룡소), 〈미래 환경 그림책〉 시리즈(미래아이)와 같은 책이 있습니다.

04

정말 만화책이 문제일까?

과연 만화를 싫어하는 아이가 있을까요? 모든 아이가 만화를 좋아하지만 학교나 도서관의 추천 도서 목록엔 만화책이 없습니다. 심지어 만화가 도서 시장의 절반을 차지하는데도 말입니다. 사실 많은 부모님들이 아이가 만화책만 본다며 걱정을 합니다. 만화책은 정말 안 좋은 걸까요?

한 방송에서 김영하 작가가 이미 절판된 책을 들고 나와 "사람의 마음을 움직인 진짜 이야기"라고 소개한 적이 있습니다. 바로 김은성 작가의 〈내 어머니 이야기〉(문학동네)란 만화책인데요. 덕분에 이 만화책은 재출간되었고, 이 책을 접한 사람들은 깊은 감동을 받았다고 합니다. 이처럼 만화책 가운데에서도 양서가 많습니다.

만화책은 이야기를 이미지로 만들어 내어 누구나 흥미롭게 읽을 수 있다는 장점이 있습니다. 표현이 자유로워 해방감마저 주지요. 이러한 해방감은 책에 대한 심리적 부담을 덜어 줍니다. 또 만화책은 전달하기 복잡하고 어려운 내용을 그림으로 쉽게 풀어 내어 이해를 돕고 독서 흥미를 부여한다는 순기능이 있습니다. 교육적 가치보다 오락성이 짙다고 생각하는 경우가 많은데, 교육성과 오락성을 모두 갖춘 책도 많지요.

학습만화의 장점만을 취하는 독서법

만화는 사물이나 현상, 인물의 특징을 과장하거나 생략하여 독자에게 재미와 감동을 줍니다. 코믹 요소를 곁들여 내용을 재미있게 전달해 주기 때문에 책 읽기가 힘든 아이도 쉽게 읽을 수 있지요. 이러한 만화의 형식과 장점을 빌려 과학, 역사, 사회 등의 지식과 정보를 전달해 주는 것이 학습만화입니다. 〈서바이벌 만화 과학상식〉 시리즈(아이세움), 〈마법 천자문〉 시리즈(아울북), 〈WHY?〉 시리즈(예림당), 〈한국사탐험 만화 역사 상식〉 시리즈(아이세움)와 같은 책이 학습만화에 속합니다.

〈새로 만든 먼 나라 이웃나라〉는 각 나라의 다양한 역사와 문화에 대해 재미있게 배울 수 있는 스테디셀러 시리즈입니다. 내용 면에서도 많은 인정을 받고 있지요. 〈마법 천자문〉은 활자보다 이미지에 강한 영상 세대의 눈높이에 맞추어져 있습니다. 손오공이 한자 부적을 사용하여 적을 물리치는 내용을 담고 있지요. "물 수!"를 외치면 물이 쏟아지고,

"바람 풍!"을 외치면 바람이 부는 등 무기와 한자를 결합하여 '한자 이미지 학습법'을 만들어 냄으로써 아이들이 한자를 재미있게 배울 수 있도록 했습니다.

이처럼 어려운 내용을 쉽고 재미있게 접할 수 있는 것이 바로 학습만화의 큰 장점입니다. 가령 배경지식이 없는 상태에서 '인체의 구조'에 관한 지식책을 읽는다면 제대로 이해하기 힘들 것입니다. 하지만 학습만화는 스토리를 가미해 어려운 지식을 쉽게 이해할 수 있도록 돕지요. 배경지식의 유무가 이해의 무기가 되는 역사 과목도 전체 흐름을 파악하는 데 학습만화가 유용합니다. 그럼에도 불구하고 교사나 부모들은 왜 아이가 학습만화를 즐겨 보면 불안해할까요?

그것은 아이들이 일반 도서는 멀리하고 학습만화만 보려고 한다는 데 이유가 있습니다. 특히 자극에 약한 아이들은 학습만화에 쉽게 빠져들어 다른 책은 보지 않고 만화만 보려는 경향이 있는데, 이 경우 독서 불균형을 초래할 수 있습니다. 또 학습만화에 담겨 있는 정보보다 만화적인 재미(스토리)에 치중하는 것도 문제입니다. 만화만으로 아이의 지적 호기심을 모두 채우기는 힘듭니다. 만화가 흥미와 감동, 재미와 관심을 갖게 하는 데는 효율적이지만 좀 더 폭넓고 깊이 있는 학습을 하게 하는 데는 한계가 있지요. 게다가 짧은 글과 이미지로만 이루어진 학습만화에 익숙해질 경우 눈으로 대강 훑고 넘기는 습관이 생겨 긴 줄글로 된 책을 읽는 데 필요한 능력과 인내심을 기르기 힘듭니다.

하지만 이러한 문제들 때문에 학습만화가 가진 장점을 포기하는 건 너무 아깝습니다. 학습만화가 가진 장점을 취하면서도 단점을 극복할 수 있는 방법을 활용해 보면 어떨까요? 학습만화를 통해 그 분야에 대한 관심을 키우고 전체적인 내용을 파악한 뒤 지식정보 그림책이나 백과사전을 활용해 학습만화에서 다루지 않은 부분을 접하도록 돕는 것입니다. 또 학습만화를 읽은 뒤 전체 내용을 요약하고 정리해 보거나 책에 나온 등장인물 간의 관계를 정리하게 하는 것도 좋습니다. 학습만화가 지식과 정보를 전달해 주는 책인 만큼 독서 감상문을 통해 새롭게 알게 된 사실이나 궁금한 점을 적도록 하는 것도 좋은 방법이지요.

학습만화를 보완해 줄 그림책으로 안내하라

1학년 때부터 〈마법 천자문〉을 좋아하더니, 〈서바이벌 만화 과학 상식〉 시리즈, 〈WHY?〉 등 유행하는 모든 학습만화를 섭렵하고 있는 호연이는 여전히 만화책을 사달라고 조르는 일이 많습니다. 처음에는 책을 읽지 않아서 만화라도 보는 게 낫겠다 싶었지만, 이제는 아예 다른 책은 거들떠보지 않아 부모의 고민이 시작되었습니다.

호연이는 한글을 익히지 못한 상태로 입학해 여전히 한글 학습이 뒤처져 있었습니다. 2학기가 되자 읽기는 했지만, 유창하지 못해서 소리 내서 읽는 것을 싫어하였습니다. 부모는 걱정이 되었지만,

아직은 저학년이라는 생각에 서두르지 않았습니다. 그래서 만화라도 읽는 아이가 오히려 대견했다고 합니다. '만화도 책이고, 게다가 학습만화라는데 원하는 대로 사주자.' 하고 생각했던 것이지요. 그러나 호연이가 1년 가까이 만화에만 빠져 있자 슬슬 걱정이 되는 중입니다.

호연이가 만화에 중독된 것은 읽기 유창성이 부족해서였지만 맞벌이인 부모님과 함께 책을 보는 시간이 없었던 것도 큰 이유였습니다. 한글 읽기가 익숙하지 않은 아이는 책을 스스로 읽는 데 재미를 붙이지 못합니다. 호연이 같은 경우 부모가 책을 읽어 주어 책에 대한 흥미를 높이고 문자 교육을 같이 해줬어야 했는데, 그러지 못한 탓이 크지요.

만화책 읽기에 익숙해지면 다른 책을 볼 때도 영향을 받습니다. 만화는 속독을 해도 스토리가 이해됩니다. 그림을 통한 스토리 전개 방식이 전체 내용을 빠르게 파악하도록 돕기 때문입니다. 그러나 교과서나 줄글로 된 책을 읽을 때는 한 페이지를 한번에 보는 방식이 아니라, 왼쪽에서 오른쪽으로, 위에서 아래쪽으로 읽어야 합니다. 찬찬히 읽어야 글의 내용을 파악할 수 있지요.

호연이는 만화책 보기에 익숙해져 있어 다른 책을 볼 때도 문장을 제대로 읽지 않는 습관이 생겼습니다. 게다가 읽기 유창성도 낮아 만화만큼 쉽게 읽히지 않는 책을 볼 때면 대충 읽어 버리거나 답답해하며 읽기를 거부했지요.

해결책으로 호연이 부모님에게 그림책을 읽어 주도록 했습니다. 어떤 내용이라도 무방합니다. 아이가 관심을 가질 만한 그림책이면 됩니다. 그림책을 읽어 주면 그림을 천천히 보면서 내용을 이해할 수 있고, 부모가 읽는 데 걸리는 시간만큼 한 페이지에 머무는 시간을 늘릴 수 있습니다. 자연히 천천히 읽기를 지도하게 되지요. 무엇보다 부모와 읽는 그림책은 재미있습니다. 충분히 읽어 주어야 합니다.

한편 아이가 즐겨 보는 만화에 지나치게 부정적인 시선을 보내면 아이는 죄책감이나 좌절감을 느껴 독서 흥미는커녕 자신감마저 잃게 됩니다. 따라서 그림책을 읽어 주며 서서히 변화하도록 돕는 지혜가 필요합니다.

● 2학년 아이들에게 추천하는 만화책

좋은 만화책, 재미있는 만화책은 보는 것이 이득입니다. 읽기의 즐거움을 알려 주고 상상력과 창의력을 기를 수 있기 때문입니다. 글 없는 그림책으로 오랜 세월 사랑을 받아온 레이먼드 브릭스 작가의 『눈사람 아저씨』(마루벌)는 만화 형식을 띠고 있습니다. 정지윤 작가의 〈출동! 약손이네〉 시리즈(보리)는 가정에서 따라 할 수 있는 간단한 치료법과 건강법을 알려 주는 만화책이지요. 〈캄펑의 개구쟁이〉(라트 지음, 박인하·홍윤표 옮김, 꿈틀)는 고학년까지 두루 볼 수 있는 책으로, 말레이시아에서 나고 자란 작가의 자전적 이야기입니다. 말레이시아의 전통적인 풍습과 문화를 해학적으로 표현하여 읽고 보는 재미가 있습니다. 그 밖에 〈내일은 발명왕〉 시리즈(아이세움), 〈마인드 스쿨〉 시리즈(고릴라박스)와 같은 책도 흥미를 유발합니다.

학습만화 말고도 명작이나 이야기를 만화로 엮은 책들도 많습니다. 보리에서 나온 〈개똥이네 만화방〉 시리즈 가운데 〈도깨비가 훔쳐간 옛이야기〉(하민석), 〈안녕, 전우치〉(하민석), 〈꼬깽이〉(김금숙), 〈바다 아이 창대〉(김종현 글, 이종철 그림), 〈김깡깡이 나타났다!〉(김한조), 〈아이코 악동이〉(이희재), 〈두근두근 탐험대〉(김홍모), 〈우리 학교 앞 전설의 컵볶이〉(김아라 외), 〈드라큘라 모기라〉(신명환)와 같은 만화도 편안한 재미를 줍니다.

『귀신 선생님과 진짜 아이들』(남동윤 글그림, 사계절), 〈귀신 선생님과 고민 해결〉(남동윤 글그림, 사계절), 아스트리드 린드그렌 작가의 동화를 만화로 엮은 『세상에서 가장 힘센 소녀 삐삐』(잉리드 방 니만 그림, 김영진 옮김, 시공주니어), 『롤러 걸』(빅토리아 제이미슨 글그림, 노은정 옮김, 비룡소), 〈시간 여행자 루크〉(애니작 원저, 대원키즈), 〈플란다스의 개〉(윈다 윈저 원저, 학산문화사), 〈외뿔 도깨비〉(박천 글, BOOKK)도 흥미로운 만화책입니다.

사회성은 학습을 통해 발달한다

2학년이 된 아이들은 비교적 안정된 상태에서 학교생활을 하며 친구를 사귀는 데 많은 에너지를 씁니다. 선생님의 권위가 절대적인 영향을 끼쳤던 1학년 때와는 달리 또래의 말에 상처를 받기도 하고 위로를 받기도 하지요. 다른 사람과 똑같이 생각하고 행동해야 한다고 여겨 친구나 부모의 행동을 모방하거나 차별에 민감하게 반응하기도 하는데요. 서서히 타인의 관점을 이해하게 되지만 아직은 사회화가 미숙하여 다른 사람을 배려하는 것이 자연스럽지 못합니다. 하지만 착하고 바른 행동을 하려는 의지가 강하지요.

사회성은 저절로 습득된다고 여기는 경우가 많은데요. 사회성 역시 학습을 통해 발달시켜야 하는 능력입니다. 사회성은 가족이나 또래와의 관계 속에서 자신의 역할과 책임을 인식하고 사회 규칙을 터득해 가며 발달합니다. 다른 사람과 어울리면서 자신의 행동을 조절하거나 통제하는 힘을 배워가는 것이지요. 그래서 사회성이 좋다는 아이들을 보면 대인 관계가 원만합니다. 이러한 아이들은 친화력이 좋고 환경에 대한 적응력과 공감능력이 뛰어나 긍정적이고 협동적인 사람으로 자랄 가능성이 큽니다.

공감능력은 사회성의 기초가 됩니다. 그러나 2학년은 아직 상대의 감정 상태에 반응해 주기 쉽지 않습니다. 자기중심성에서 벗어나고 있는 중이므로 협동, 양보, 규칙, 집단 활동에 점점 능숙해지고는 있지만, 아직은 공감과 소통이 부자연스러운 단계라 관계 맺기가 세련되지 않지요.

부모와의 대화를 통해 아이는 공감하고 소통하는 법을 배울 수 있습니다. 그러므로 아이와 대화를 나눌 때는 긍정적으로 공감해 주고 답변하도록 노력해야 합니다. 이러한 경험은 아이의 자존감을 함께 높여 줍니다.

남에게는 엄격하고 자신에게는 관대한 아이들

2학년 무렵 등하굣길이나 쉬는 시간에 주로 어울리는 친구가 생기기 시작합니다. 자연스럽게 친구들 사이에서 통솔력을 발휘하는 아이가 등장하지요. 이 시기 아이들은 경쟁 의식이 높아져 거짓으로라도 남을 이기고 싶어 합니다. 자신의 영향력을 과시하고 자신이 알고 있는 것을 남에게 드러내고 싶어 하는 마음이 앞서기 때문입니다. 따라서 아이들이 긍정적인 방법으로 이러한 심리를 해소할 수 있도록 낱말 풀이, 수수께끼와 같은 퀴즈를 통해 선의의 경쟁을 할 수 있는 기회를 자주 제공해야 합니다.

한편 이 시기 아이들은 규칙에 예민하지요. 놀이를 하다가 어느 한 명이 규칙을 위반하면 싸움을 벌이기도 하고 심한 경우에는 같이 놀지 않으려고 합니다. 규칙을 지키지 않은 사람에게는 강력하게 대응하고 처벌하려 하지만 본인이 규칙을 어겼을 때는 아주 관대하지요. 현상을 객관적으로 바라보는 힘이 부족해서 그렇습니다. 아이가 자신의 행동을 객관적으로 인식하고 잘잘못을 깨우치게 하는 데는 생활 동화가 효과적입니다.

아이가 가정이나 학교의 규칙을 하나씩 익히고 잘 지킬 수 있도록 지속적으로 살피며 격려해 주어야 합니다. 이때 규칙을 만들고 지켜야 하는 이유를 구체적으로 설명해 주는 것이 중요합니다. 부모가 규칙을 잘 지키는 모습을 보인다면 자연스럽게 바른 습관을 가질 수 있겠지요.

생활 동화로 기르는 사회성

사회성은 다른 사람과의 관계를 통해 터득합니다. 예전에는 형제자매와 어울리며 사회성의 기초를 쌓았지만 요즘에는 외동이 많다 보니 이러한 기회가 많이 사라졌습니다. 또래 친구들과의 다양한 만남을 통해 관계를 형성할 기회를 주면 좋겠지만 친구들과 할 수 있는 경험도 한정적일 수밖에 없습니다. 아이들은 경험이 적기 때문에 자신에게 닥친 문제를 스스로 해결하지 못하는 경우가 많습니다. 이럴 때는 이 시기 아이들의 터전인 가정과 학교에서 벌어지는 일들을 소재로 다루고 있는 생활 동화를 통해 간접 경험의 기회를 갖게 해야 합니다. 등하굣길에 사소한 일로 친구와 다투기도 하고, 형제자매 간에 시기와 질투로 갈등이 생기기도 하며, 부모에게는 말하고 싶지 않은 고민들이 생길 수 있지요. 이러한 문제들을 해결하는 데 생활 동화는 많은 도움을 줍니다.

생활 동화 읽기의 핵심은 등장인물의 경험을 자신의 문제와 연관시키는 것입니다. 등장인물과 비슷한 상황을 겪었던 경험을 떠올리며 읽으면 되지요. "어! 나도 그런 적 있는데." 하면서 말이지요. 이렇게 공감하며 읽어야 등장인물이 어려움을 극복하는 과정에서 어떻게 감정을 조절하는지, 어떻게 문제를 해결해 나가는지 배울 수 있습니다.

생활 동화 읽기는 아이에게 객관적이고 종합적인 관점에서 일련의 사건을 바라보는 눈을 길러 줍니다. 아이들은 책을 읽으며 주인공의 입장에 공감하면서도 누구의 잘못인지, 어떤 행동이 옳고 그른지 객관적이고 비판적으로 평가합니다. 이를 통해 타인과 소통하는 법과 관계를 유지하는 법을 자연스럽게 배웁니다.

한편 생활 동화를 통해 부모는 육아 팁을 얻을 수 있습니다. 수시로 거짓말하는 아이를 어떻게 해야 좋을지 고민일 때, 힘센 친구 때문에 아이가 고민하거나 발표를 지나치게 힘들어할 때 등 생활 동화 속 인물을 통해 아이의 입장에서 문제를 바라보고 가장 적절한 해결책을 발견할 수 있지요.

● 아이의 상황에 따라 골라 읽는 생활 동화

이 시기엔 가족의 소중함, 어른을 공경하는 마음, 규칙을 지키는 자세, 우정과 우애를 다룬 이야기책을 읽으며 공감능력을 키워야 합니다. 또 학교나 가정에서 빈번히 발생하는 갈등을 소재로 다룬 책 읽기는 문제해결력을 길러 줍니다.

가족의 소중함을 알려 주는 책

학교에서 '가족'에 대해 배우는 시간이 있습니다. 아이들은 부모가 자신을 위해 희생하는 것이 당연하다고 생각하는 경향이 있습니다. 부모에 대한 공경과 형제자매 사이에서 지켜야 할 예의를 배워야 하는데요. 2학년은 '나'라는 세계에서 벗어나 주변을 둘러보는 시기인 만큼 생활 동화 읽기로 가족의 의미와 가족을 대하는 올바른 태도를 배울 수 있습니다.

아이들은 때때로 부모에게 관심을 가져달라고 호소합니다. 유은실 작가의 『나도 예민할 거야』(김유대 그림, 사계절)는 그런 면에서 쉽게 공감할 수 있는 책입니다. 정이 엄마는 정이 오빠 혁이를 위해 침대를 사주기로 합니다. 예민한 혁이에게 침대라도 있으면 잠을 푹 자지 않을까 하는 마음에서지요. 침대가 갖고 싶은 정이는 오늘부터 예민해지겠다고 선언합니다. 부모에게 관심받고 싶은 마음을 잘 담아 낸 책입니다.

형제자매는 시기와 질투, 경쟁의 대상이자 최고의 호흡을 자랑하는 한 팀이기도 합니다.『그래도 나는 누나가 좋아』(강무홍 글, 김이랑 그림, 논장)와『누나면 다야?』(전경남 글, 한상언 그림, 미세기)는 사소한 일로 티격태격 다투다가도 위기가 닥치면 언제 싸웠냐는 듯 머리를 맞대는 남매의 이야기입니다. 누나는 동생의 밀린 일기를 대신 써주거나 엄마 몰래 대박 선물을 숨겨 주는 등 멋진 모습을 보일 때도 있지만, 꾀가 많아 마음만 먹으면 순진한 동생을 자기편으로 만들지요. 어느 집에서나 있을 수 있는 내용으로 남매가 있는 집에서는 공감할 내용입니다. 같은 주제로 자매가 있는 가정에는『우리 집엔 언니만 있다』(문정옥 글,이주미 그림, 스푼북)가 있습니다.

『비밀 가족』(최은영 글,이덕화 그림, 개암나무)은 가족의 비밀을 지키려고 본의 아니게 거짓말을 하게 되는 주인공의 도덕적 갈등을 담았습니다. 회사를 그만두고 빵집에 나가는 아빠는 민후에게 아빠의 실직을 할머니에게 비밀로 해달라고 부탁합니다. 민후는 할머니에게 걱정을 끼치고 싶지 않은 부모님의 마음을 이해하기에, 비밀을 지켜 주기로 마음 먹지요. 그러나 비밀을 지키려 하면 할수록 원치 않는 거짓말을 계속하게 되고, 조마조마한 나날을 보내게 됩니다. 과연 민후는 아빠의 부탁을 끝까지 들어줄 수 있었을까요? 이 책을 읽고 '진정한 가족애'와 '선의의 거짓말(착한 거짓말)'에 대한 생각을 나누어 볼 수 있습니다. 진정한 가족애란 무엇인지, 우리는 언제 거짓말을 하는지, 착한 거짓말을 해본 적이 있는지, 착한 거짓말은 살아가는 데 꼭 필요한 것인지 물어보세요. 부모의 생각도 덧붙이면 흥미로운 토의가 됩니다.

힘든 학교생활을 도와주는 책

짝꿍이 좋다고 하는 아이들이 몇이나 될까요? 짝꿍에게 불만이 많은 이 시기 아이들에게 공감을 주는 책에는 『내 짝꿍으로 말할 것 같으면』(임근희 글, 지우 그림, 좋은책어린이)이 있습니다. 학급의 규칙을 어길 때마다 선생님께 조르르 달려가 고자질하는 친구를 누가 좋아하겠어요? 선생님도 친구들도 기찬이의 고자질과 지적에 혀를 내두를 지경이지요. 이렇게 원칙을 중시하는 기찬이와 짝이 되었다고 생각해 보세요. 어떤 일들이 벌어질지 예상이 되나요? 이 이야기는 원활한 관계를 위해서는 융통성이 필요하다는 점을 이야기해 주고 있습니다.

단짝 친구가 만들어지는 2학년 때는 친구의 의미를 알려 주면 좋은데요. 즐겁고 기쁠 때만 친구가 필요한 게 아니라, 어렵고 힘든 일이 있을 때 서로 의지하고 돕는 사람이 진짜 친구라는 걸 알려 주어야 합니다. 또 친구를 잘 사귀지 못해 외로움을 겪는 아이도 있고, 단짝 친구를 만들지 못해 속상해하는 아이도 있습니다. 이런 아이들의 마음을 읽어 줄 『내 편이 필요해』(임정자 글, 이선민 그림, 아이세움)는 주인공이 단짝 친구를 사귀기까지의 과정을 담은 이야기입니다. 이 책을 읽다 보면 친구를 사귀는 일이 얼마나 어려운지 공감하고, 서툴렀던 자신을 위로하게 됩니다.

저학년 아이들에게 선생님은 친구 이상의 힘을 가집니다. 선생님이 좋아서 공부를 열심히 하기도 하고 선생님이 무서워서 학교 가는 발걸음이 무겁기도 합니다. 『나는 선생님이랑 친구한다』(천희순 글, 김아영 그림, 키다리)의 주인공 희경이는 고민이 하나 있습니다. 친구들과 있을 때는 수다쟁이인데, 왜 선생님 앞에만 서면 용기가 나지 않아 우물쭈물 망설이게 될까요? 선생님 앞에서도 말을 잘하는 친구들이 부럽기만 합니다. 그러던 어느 날, 아이들의 학교생활을 좀 더 즐겁게 만들기 위해 선생님이 마련한 행운별 뽑기 이벤트가 없어지게 될 위기가 발생합니다. 그리고 이 위기는 주인공에게 기회가 되어 선생님을 친구로 만드는 데 성공합니다. 그 비밀은 아이와 함께 책을 읽으며 풀어 보세요.

『잘한다 오광명』(송언 글, 윤정주 그림, 문학동네)은 선생님 덕분에 학교생활에 재미를 붙인 말썽쟁이 이야기입니다. 새 담임인 털보 선생님은 맨날 사고만 치는 오광명과 친구가 되기로 마음먹습니다. 그러고 나니 광명이가 한없이 사랑스러워 보입니다. 그리고 자신을 왜곡해서 보지 않는 선생님 덕분에 오광명은 학교생활이 즐거워지지요. 또 비밀친구가 생긴 것 같아 든든합니다. 아이들이 학교생활을 힘들어한다면 그 이유는 무엇 때문일까요? 대부분 공부, 선생님, 친구 때문인데요. 저학년 아이들에게는 선생님이 가장 큰 비중을 차지합니다. 이런 점에서 학교 선생님들에게 이 책을 권하고 싶습니다.

소통과 관계의 중요성을 배울 수 있는 책

『오 시큰둥이의 학교생활』(송언 글, 최정인 그림, 웅진주니어)은 학교생활에서 가장 중요한 것은 바로 친구 관계라는 사실을 알려 주고 있습니다. 이래도 시큰둥, 저래도 시큰둥. 모든 일에 시큰둥한 아이 '오 시큰둥이'는 학교생활이 재미없습니다. 학원에서 배운 걸 또 다시 배워야 하기 때문이지요. 말썽이라도 피우지 않으면 학교가 너무 재미없습니다. 이 말썽쟁이 때문에 선생님은 골치가 아플 지경이지요. 그런 시큰둥이에게 마음을 나눌 친구가 생기면서 학교생활이 즐거워집니다. 친구와의 상호 작용에 서툰 아이들이 읽으면 좋겠습니다.

저학년 아이들에게는 '우리 의식'이 싹트기 시작합니다. 우리 의식이란 같은 집단에 소속된 구성원들의 강력한 일체감과 동일화 의식을 뜻하는데요. 이 또래 아이들에게 우리 의식을 확인하고 단단하게 하는 것 중 하나가 바로 '생일 파티'입니다. 황선미 작가는 『초대받은 아이들』(황선미 글, 이명애 그림, 이마주)을 통해 생일 초대에서 늘 밀려나는 민서의 서운한 마음을 슬그머니 보듬어 줍니다. 또래 집단에서 어울림을 배워가는 이 시기 아이들의 서툰 인간관계 속에서 친구의 의미를 생각해 보게 하는 이야기입니다.

만약 친구가 내가 못하는 것만 보고 나를 미워한다면 어떨까요? 사람이라면 누구나 잘하는 일이 있는 반면 못하는 일도 있기 마련입니다.

내가 잘하는 것을 친구는 못할 수도 있고, 반대로 친구가 잘하는 것을 내가 못할 수도 있다는 것을 인정할 줄 알아야 합니다. 『환상의 불량 짝꿍』(박현숙 글, 윤태규 그림, 다림)은 진수와 동학이를 통해 친구를 있는 그대로 받아들여야 한다는 교훈을 줍니다. 아이들은 이 책을 읽고 좋은 관계를 유지하기 위한 방법을 배울 수 있는데요. 상대의 마음을 헤아리지 않고 감정에 따라 내뱉는 말이 친구에게 상처가 된다는 것을 알려 줍니다. 또 친구를 배려하는 진수의 행동을 통해 배려의 미덕을 일깨워 주지요. 이처럼 가르침을 훈계하지 않고 이야기로 들려주는 것이 바로 생활 동화의 장점입니다.

『연두의 난독증 극복기』(최은영 글, 최정인 그림, 바우솔)는 난독증이 있는 연두를 아이들이 놀려 걱정인 민규의 예쁜 마음이 담긴 책입니다. 저학년 교실에는 문자를 유창하게 읽지 못하는 아이들이 간혹 있습니다. 그런 아이들은 종종 따돌림을 겪게 되는데요. 민규와 같은 친구가 곁에 있다면 학교생활이 힘들지 않을 것입니다.

잘못을 고백할 수 있는 용기를 가르쳐 주는 책

아이들은 자라면서 조금씩 부모에게 자신이 행동을 숨기곤 합니다. 그것이 잘못된 행동일 때는 더욱 그렇지요. 하지만 잘못했다고, 실수였다고 고백하는 일은 생각처럼 쉽지 않습니다. 방법을 모를 수도 있고, 고백하고 용서를 구하는 과정에서 오해를 살까 봐 두렵기도 하지요. 이런 경우 책에서 슬기롭게 고백하는 방법을 배울 수 있습니다. 자신과 비슷한 상황에 놓인 주인공의 처지를 보며 마음이 힐링되기도 하지요.

『그림 도둑 준모』(오승희 글, 최정인 그림, 낮은산)에서는 뭐 하나 특별히 잘하는 게 없는 준모가 본의 아니게 거짓말을 하고, 다른 아이가 그린 그림으로 상을 받게 됩니다. 남의 그림으로 상을 받은 것이 들통날까 봐 괴로워하는 준모의 모습이 안쓰럽기도 한데요. 결국 솔직하게 털어놓는 용기 있기 태도가 깊은 감동을 줍니다. 남보다 잘해서 상을 받는 일보다 열심히 노력하는 태도가 중요하다는 점을 일깨워 줍니다.

『일기의 마지막 한 줄』(이붕 글, 송혜선 그림, 청어람주니어)에는 일기를 쓰지 않았지만 엄마에게 혼이 날 것 같아 살짝 거짓말을 하는 주인공이 등장합니다. 어차피 나중에 진짜 일기를 쓸 거니까 나쁜 거짓말이 아닌 듯합니다. 처음에는 떨렸지만 거짓말을 자꾸 하다 보니 아무렇지도 않습니다. 결국 '살짝 거짓말해도 괜찮지 않을까.' 하는 생각이 들지요. 작가는 옳지 않은 생각과 행동이 쌓여 그것이 습관이 되면 나쁜 일을 죄책감 없이 저지르게 된다는 점을 말하고 있습니다. 아이들은 책을 읽으며 작은 거짓말도 쌓이면 걷잡을 수 없이 커진다는 것을 깨달을 수 있지요.

사람은 누구나 잘못을 저지르거나 실수할 때가 있습니다. 그런데 사과할 시기를 놓쳐 버리면 상대방과 더 깊은 오해가 쌓입니다. 『현우에게 사과하세요』(백은하 글, 정경아 그림, 아이앤북)의 주인공 현우는 좋은 마음으로 어떤 일을 하였다가 상대방에게 해를 끼치게 됩니다. 그런데 제때 사과를 하지 못해 봉변을 당하게 되지요. 상처를 입은 현우는 상대에게 나쁜 마음을 먹고 소심한 복수를 저지릅니다. 이 일로 상대는 곤경에 처하게 되고 현우는 다시 고민에 빠집니다. 사과를 해야 할지 말아야 할지를 말이지요. 그러나 두 번의 실수는 없는 법. 현우는 용기를 내어 상대에게 사과를 한 개 주면서 진심을 담아 사과합니다. 책을 읽고 현우처럼 억울한 처지에 놓인 적이 있었는지 이야기해 보세요. 사과할 시기를 놓쳐 마음이 불편했던 적이 있다면 그때의 심경도 이야기해 보세요.

5장

3학년,
독서를 통해
자아효능감을 키워라

3학년은 교과 과정뿐만 아니라 독서에도 급격한 변화가 일어나는 시기입니다. 아이들이 어려워하는 사회와 과학 과목이 생기면서 수준 높은 독서력이 요구됩니다. 처음 접하는 시련 앞에서 아이들은 하나둘 포기해 버리기 쉽습니다. 따라서 부모는 독서를 통해 '어떤 일을 잘할 수 있다는 기대와 신념' 즉 자아효능감을 키워 줘야 합니다.

공부 스트레스가 늘어나는 아이들

3학년 아이들의 학교생활은 비교적 안정적입니다. 늘 즐겁고 의욕이 넘치며, 모둠 활동으로 이루어지는 협동 학습도 활발하게 참여합니다. 선악의 구별이 명확해지고 정의감이 싹트는 시기라 규칙을 지키지 않는 행위에 거침없이 질책을 가하곤 합니다. 또 아이 스스로 할 줄 아는 일들이 늘어나고, 부모의 인정과 지지를 받을 일이 많아지면서 가정에서도 무난하게 지내지요.

한편 이 시기 아이들은 대체로 넘치는 에너지를 어디에 어떻게 써야 할지 모를 정도로 기운이 남아도는데요. 태권도나 수영 및 축구, 줄넘기와 같은 운동을 적극 권유합니다. 보통 남자아이들은 학교에 입학하면서 축구나 야구 클럽에 가입하는 경우가 많은데, 3학년은 되어야 자발적인 승부욕이 생겨 팀별 게임을 본격적으로 즐길 수 있습니다. 그런데 정작 3학년이 되면 학업에 많은 시간을 할애하느라 운동 시간이 대폭 줄어듭니다. 운동은 신체적 성장을 도울 뿐 아니라 넘치는 에너지를 분산시켜 주므로 학습량이 늘었다고 운동을 등한시해서는 안 됩니다.

여자아이들은 친구들과 보내는 시간이 늘어나는 시기입니다. 이전에는 성격이나 취향이 비슷한 아이들과 어울렸으나 이제는 정반대의 성격을 가진 친구와도 잘 어울립니다. 자신이 가지지 못한 것을 가진 친구, 자신이 하지 못하는 일을 할 줄 아는 친구에게 대리 만족과 색다른 매력을 느낍니다. 그만큼 사회적 영역이 넓어진 것이지요. 남녀 모두 사회성이 발달하여 친구를 사귀는 데 적극적이며 거리낌이 없습니다. 또래 집단의 영향력이 점점 커지는 만큼 부모는 아이의 친구 관계에 주의를 기울여야 합니다.

문제는 3학년이 되면서 교과목이 많아지고 수업 시간도 늘어나는 등 학습량의 증가로 아이들의 사기를 떨어뜨리는 일이 생긴다는 것입니다. 놀이나 체험 위주의 수업을 하던 1~2학년 때와 확연히 달라진 학습량에 아이들은 학습 정체감을 느끼기 시작합니다. 이런 아이들을 보고 부모는 "네 친구 준수는 또 1등 했다며? 준수 좀 닮아 봐라." 하는 식으로 다른 아이와 비교하거나 "책 한 권 읽을 때마다 용돈을 줄게." "성적 올리면 스마트폰 사줄게."와 같이 잘못된 보상으로 동기를 부여하기도 합니다.

남과 비교당하는 것을 좋아하는 아이는 없습니다. 특히 형제자매나 친구처럼 가까운 사람과 비교당하면 마음이 상하여 오히려 의욕이 떨어지지요. 심한 경우 "나는 원래 못하는 아이야." "내가 그렇지 뭐. 난 해도 안 될 거야."라고 생각하기 쉽고, 비교 대상의 아이를 싫어하게 됩니다. 비교만 하지 않아도 신뢰하는 어른으로부터 인정받고 싶은 심리를 이용해 아이의 내적 동기를 진작시킬 수 있습니다. 또 잦은 보상은 부작용을 일으키기도 합니다. 보상 없이는 절대 하지 않으려고 하거나 보상에 따라 움직일 수 있지요.

요즘은 학교에서 성적이나 석차를 공개하지 않습니다. 그런데도 학력 평가나 단원 평가 등의 이름으로 치러지는 시험과 학원에서 치르는 시험으로 인해 아이들은 스트레스를 받습니다. 스트레스를 받는 아이들의 마음을 푸는 데 가장 좋은 방법은 재미있는 책을 읽게 하는 것입니다. 이야기 속의 주인공이 꼭 자신같이 느껴질 때 깊은 공감을 하면서 마음속의 응어리를 풀게 되지요.

환상의 세계에서 완전히 빠져나와 현실 인식이 싹트는 이 무렵 아이들은 생활 속에서 벌어지는 동화에 흥미를 갖습니다. 책 읽기가 오히려 학습 및 또래 관계에 도움이 되는 것이지요. 책 읽기로 얻는 마음의 안식은 다음 날 더 활기차게 살아갈 힘이 됩니다. 특히 책을 통한 간접 경험은 일상에서 일어날 수 있는 갈등 상황에 대한 대처법이나 해결법을 익히는 가장 안전한 방법입니다.

성향에 따라 독서 방법도 달라져야 한다

성향은 성질이나 기질을 의미하는 것으로, 사람마다 다릅니다. 쌍둥이도 다른 성향을 갖고 태어난다고 하니 이 세상에 완전히 똑같은 성향을 가진 사람은 없을 것입니다. 성향을 나누는 기준 또한 아주 다양합니다. 보통은 성격이나 개성, 취향을 기준으로 하는데 여기에 잠재력까지 포함하기도 합니다. 아이의 성향을 잘 모른다고 하여 전문가와 꼭 상담해야 하는 것은 아닙니다. 자녀를 가장 오래 봐온 부모는 세심한 관찰만으로도 자녀의 성향을 파악할 수 있습니다. 그리고 자녀의 말과 행동, 관심사를 통해 아는 만큼만 독서교육에 적용하면 됩니다. 책 읽기에 사활을 걸 필요는 없습니다. 꼭 아이의 성향에 따라 독서교육을 해야 하는 것도 아닙니다. 그만큼 독서는 안정적인 경험이라고 강조하고 싶습니다.

아이의 성향은 성별 특징을 기준으로 나누기도 하고, 내향적이거나 외향적인 성향으로 나누기도 합니다. 또 호기심과 모험심이 많은지와 안정을 추구하는지로 나누기도 하지요.

외향적인 아이는 혼자 가만히 앉아서 책을 읽거나 공부하는 걸 못 견 딥니다. 책을 읽을 때도 수시로 옆 사람과 이야기를 나누고, 공부를 할 때도 자주 질문하거나 수시로 설명하려고 하는 등 집중력이 부족해 보 이지요. 하지만 이런 아이들도 친구들과 함께하면 의욕이 생깁니다. 친 구들과 함께하는 독서 모임으로 동기 부여를 할 수 있는 것입니다. 이 때 책을 읽기 위해 친구들과 모이는 것이 아니라, 친구들과 이야기를 나누기 위해 책을 읽는다는 느낌을 주어야 합니다. 친구들과 같은 책 을 읽고 이야기 나누는 경험이 쌓이다 보면 어느새 다음 책 읽기 시간 이 기다려집니다. 그렇게 독서 습관이 자연스럽게 길러지는 것이지요. 3학년은 또래와의 협력 활동이 가능한 시기이므로 이런 모임을 효율적 으로 활용할 수 있습니다.

반면 내향적이면서 소극적인 아이는 자신의 의견을 표현하기 어려워 합니다. 부모는 안타까운 마음에 다른 아이와 비교합니다. "저 친구처 럼 씩씩하게 말해 봐. 틀려도 되니까 큰 소리로 발표해 봐." 하고 다그치 기도 합니다. 그러나 다른 사람 앞에서 주목을 받으며 발표하는 일이 어 려운 아이에게 이와 같은 부모의 반응은 오히려 독이 됩니다. 못하는 것 이 잘못처럼 느껴지지요. 이런 아이들은 글쓰기, 그림 그리기, 악기 연 주하기처럼 예체능 활동을 통해 내면의 에너지를 표현하도록 기회를 주는 것이 효과적입니다. 자신의 감정을 보다 솔직하게 표현할 수 있기 때문입니다. 책을 읽은 뒤에는 자기 의견을 말하게 하기보다 그림이나 글쓰기 등 아이가 좋아하는 활동으로 표현할 기회를 주어야 합니다. 아이가 춤을 좋아한다면 책을 읽고 난 뒤의 느낌을 동작으로 표현해 보라고 해보세요. 이때 다그치지 않고 생각할 시간을 충분히 주어야 합니다.

다양한 읽기 자료를 통해 견문을 넓혀라

3학년이 되면 조금씩 나와 세계를 분리해서 보게 됩니다. 그러면서 주변 세계에 대한 관심은 물론, 자기 자신에 대한 관심도 높아지지요. 자아 정체성을 확인하는 한편, 더 넓은 세계로 나아가고자 하는 것입니다. 이런 아이를 위해 부모는 세상에 대한 호기심을 충족시키고 다양한 관심을 불러일으켜야 합니다. 그런데 아이들의 성장을 막는 거대한 걸림돌이 있으니 바로 스마트폰입니다. 상상 속 인물들에게서 벗어나 이제 막 현실 세계에 눈을 뜬 아이들에게 게임과 동영상의 자극은 '세상의 재미'를 규정짓게 만듭니다. 즉각적인 반응이 나타나지 않는 교과서 속 지식이나 윤리적인 교훈에는 재미를 느끼지 못하지요. 앞에서도 언급했듯이 인간의 뇌는 보는 뇌이기 때문입니다. 그러므로 아이들에게는 자극적인 영상을 최대한 늦게 노출시켜야 합니다.

아이들에게 영상 자극에 대한 걱정 없이 세상을 알려 주려면 어떻게 하는 것이 좋을까요? 가장 바람직한 방법은 바로 경험입니다. 여행이나 체험 등 직접 경험도 좋지만 모든 것을 다 경험하기는 어렵지요. 이때 책 읽기를 통해 경제적이고 효율적으로 간접 경험을 할 수 있습니다. 학습에 필요한 배경지식을 습득하고, 즉각적이고 자극적인 재미에서 벗어나 세상의 다양한 모습을 알아가는 기회를 얻을 수 있지요.

지도는 최고의 읽기 자료

초등학생이 가장 어려워하는 과목이 무엇일까요? 바로 사회입니다. 사회는 아이들뿐 아니라 교사들도 난해한 과목으로 꼽는데요. 추상적인 내용이나 어휘들을 아이들 눈높이에 맞춰 설명하기 어렵기 때문입니다. 3학년이 되어 가장 처음 접하는 사회 과목 영역은 지리입니다. 지도의 함축적이고도 상징적인 기호는 단박에 이해하기 어렵습니다. 아직 추상화되지 않은 두뇌로 기호를 읽어 내야 하니 여간 어려운 게 아니지요.

지도는 거대한 읽기 자료입니다. 가정에서도 손쉽게 지도를 구할 수 있는 만큼 아이와 함께 다양한 방법으로 지도 읽기를 해보면 좋습니다. 교통 지도, 세계 지도, 특산물 지도, 기후 지도 등 종류도 다양합니다. 우리나라 전도를 보면서 할머니 댁이나 친척 집의 위치를 찾아보고 세계

지도에서 가고 싶은 나라의 위치를 찾아보면서 지도에 대한 관심을 유도해 보세요. 지도 읽기에 익숙해지면 편을 나눠 나라 빨리 찾기 게임이나 도시, 지역 빨리 찾기 게임을 해도 좋습니다.

유리 슐레비츠 작가의 그림책 『내가 만난 꿈의 지도』(김영선 옮김, 시공주니어)는 모든 것이 폐허가 된 전쟁터 속에서 당장 배고픔을 달래 줄 빵 한 조각보다 내일의 희망을 선물하고자 지도를 사온 아빠의 이야기로 시작됩니다. 아이는 빵이 아닌 지도를 건네받고 실망이 컸으나 아빠의 말대로 지도를 보며 희망을 키워 가지요. 진한 감동과 함께 지도의 의미를 깨닫게 하는 책입니다.

한 장짜리 지도라도 그 안에 담긴 내용은 무궁무진합니다. 아이들은 지도를 보며 지구촌 생활을 엿보고 세상에 대한 호기심을 키워 갑니다.

신문으로 보는 세상의 이모저모

매일 새로운 사건을 소개하는 신문은 읽기를 연습할 수 있는 최상의 도구입니다. 신문으로 정치, 경제, 사회를 포함한 다양한 분야의 지식을 얻을 수 있을 뿐만 아니라 논리력도 향상시킬 수 있기 때문입니다.

하지만 신문은 아이들에게는 쉽지 않은 읽기 자료입니다. 아이들 눈에는 신문의 활자가 익숙하지 않습니다. 따라서 처음에는 아이의 눈높이로 세상 이야기를 소개하는 어린이 신문으로 읽기 시작할 것을 권합니다. 또 아이가 관심을 보이는 분야부터 접근하는 것이 좋습니다. 스포츠를 좋아한다면 스포츠 면부터, 예술이나 문화를 좋아한다면 문화 면부터 보게 하는 것이지요. 신문과 친숙해지는 효과가 있습니다. 처음부터 아이에게 맡겨도 좋습니다. 관심이 가는 기사를 찾아 표시한 뒤 읽게 하는 것이지요. 그렇게 1~2주 정도 지속한 뒤 아이가 표시한 기사들을 살펴보면 어떤 분야에 관심을 갖고 있는지 알 수 있습니다.

신문을 함께 읽고 이야기를 나누는 과정에서 아이는 세상에 대한 관심과 이해가 한층 높아집니다. 대통령의 얼굴뿐 아니라 대통령이 하는 일, 국가가 하는 일, 외국과의 관계도 알게 되지요.

신문을 읽다 보면 궁금증이 생깁니다. 그 의문은 어떤 인물일 수도 있고, 역사적 내용일 수도 있으며, 시사적인 문제일 수도 있습니다. 예를 들어 노벨상은 다이너마이트 발명가이자 스웨덴의 화학자인 노벨의 유언에 따라 매년 평화·문학·화학·물리학·생리의학·경제학 부문에서 인류에 공헌한 사람에게 수여하는 상입니다. '노벨상 수상자'에 대한 소식은 매년 뉴스를 장식하지요. 이 기사를 본 아이는 "이번에 노벨상 받은 사람은 무슨 일을 했대요?" "우리나라에도 노벨상을 받은 사람이 있나요?" 하고 묻겠지요. 그러면 신문에 실린 내용을 읽어 준 뒤, 노벨 평화상을 수상한 바 있는 김대중 전 대통령을 소개해 주면 됩니다. 이렇듯 신문 읽기를 통해 아이의 궁금증을 해소하고 지식을 한층 넓힐 수 있답니다.

신문만큼 다양한 내용을 접할 수 있는 것이 있습니다. 바로 잡지입니다. 한 권 안에 제법 다양한 지식, 인문, 시사 상식을 다루고 있어 아직 문자 정보에 대한 이해력이 낮은 아이들도 손쉽게 읽을 수 있습니다. 과학 잡지, 수학 잡지, 시사 교양 잡지 등 종류도 다양해 아이의 관심사를 바탕으로 골라서 읽히면 됩니다. 단 자세한 배경지식을 얻고 싶다면 종합 잡지보다는 한 가지 주제를 다룬 전문 잡지가 좋습니다.

어휘를 아는 만큼 이해력이 높아진다

아이들은 어떻게 어휘를 획득할까요? 다른 사람과의 소통을 통해 습득하거나 책을 읽고 알아가는 방식이 가장 일반적입니다. 아이들이 일상생활에서 접할 수 있는 어휘는 한정적입니다. 공부를 해서라도 자기 것으로 만들어야 할 어휘는 대부분 추상어인데, 아이들이 익히기 쉽지 않다는 것이 문제입니다. 교과서에 추상어가 본격적으로 등장하는 시기는 4학년이지만, 3학년 교과서에도 한자말이나 추상어가 적지 않게 나옵니다. 머릿속으로 표상해야 하는 추상적 어휘는 뜻을 모른 채 지나치기 십상이지요.

아이들이 모르는 낱말의 뜻을 물을 때 부모는 보통 그 낱말이 나온 문장을 다시 읽어 맥락에서 유추하게 하거나, 그 낱말이 쓰이는 상황을 예로 들어 설명해 주곤 합니다. 그런데 간혹 정확하게 설명이 안 되어 아이들이 잘못 받아들이는 경우가 있습니다. 그럴 때는 사전을 활용해 보세요. 추상어를 이해하는 데 도움을 줍니다.

3학년 1학기 국어 교과서의 '반갑다, 국어사전'이라는 단원에서 처음으로 사전 찾기가 등장합니다. 4학년 국어 시간에도 사전 활용하는 법을 배우지만, 3학년부터 어린이 사전을 이용하여 종이 사전의 필요성과 중요성을 알려 주어야 합니다. 국어사전은 자음과 모음의 결합을 배우고 그 순서를 자연스럽게 익힐 수 있는 도구입니다.

사전은 연습을 많이 해야 빨리 찾을 수 있습니다. 거실이나 식탁에 두고 자주 찾아볼 수 있도록 해야 합니다. 사전 사용법을 가르쳤다면 익숙한 단어를 찾아보며 흥미를 높인 뒤 서서히 아이가 자발적으로 찾을 수 있도록 이끌어야 주세요. '30초 안에 찾기', '1분 안에 ○○ 단어 찾기' 등 놀이처럼 연습하면 좋습니다. 찾는 속도가 느려 답답할 수도 있지만, 느리다고 인터넷으로 검색하는 것은 금물입니다. 인터넷 검색은 언제든지 할 수 있는 간편한 방법이므로 미리 알려 줄 필요가 없습니다.

종이 사전이냐, 인터넷 사전이냐를 놓고 고민하는 부모가 많습니다. 초등 시기에는 종이 사전입니다. 종이 사전의 가장 큰 장점은 찾는 즐거움이 있다는 것입니다. 또 찾고자 하는 단어의 주변에 있는 낱말도 눈에 들어와 애초에 찾으려던 낱말보다 더 많은 어휘를 획득할 수 있습니다.

저학년은 시각 정보가 함께 실린 초등학생용 사전이 좋지만, 고학년은 성인용 국어사전이 유용합니다. 초등학생용 사전은 실린 낱말이 적어 활용도가 낮기 때문입니다. 국어사전을 처음 사용한다면 부모가 아이와 함께 사전 찾는 연습을 충분히 해야 합니다. 사전의 뜻풀이는 지극히 설명적이어서 이해하기 어려운 경우가 많습니다. 따라서 뜻풀이를 읽어 주거나 좀 더 이해하기 쉬운 용어들로 부연 설명을 해주어야 하지요. 사전이 익숙하고 친숙해져야 스스로 찾아보게 됩니다.

저학년 아이들에게 적절한 사전에는 『보리 국어사전』(보리), 『동아 연세 초등국어사전』(두산동아) 등이 있으며, 고학년 아이들에게 좋은 사전으로는 『동아 새 국어사전』(두산동아), 『보리 국어 바로쓰기 사전』(남영신 편저, 보리), 『새로 쓰는 비슷한 말 꾸러미 사전』(최종규 글, 철수와영희)이 있습니다. 이 밖에도 『초등학생을 위한 자신만만 지식사전』(주니어김영사), 『속뜻풀이 초등국어사전』(전광진 편저, 속뜻사전교육출판사)처럼 초등학생에게 필요한 지식과 정보들을 정리하여 소개한 사전도 있습니다.

3학년은 도서관을
가장 효율적으로 이용할 수 있는 시기

저학년 때까지 아이들은 부모의 손을 잡고 도서관 나들이를 합니다. 하지만 정작 독서의 세계에 빠져들어야 할 고학년 아이들은 도서관에서 만나기 쉽지 않습니다. 조금은 안타까운 일이지요.

고학년이 되어도 스스로 책 읽는 아이로 만들기 위해서는 아이의 관심사가 넓어지는 시기인 3학년을 놓치지 않아야 합니다. 이때 도서관을 적극적으로 활용하면 다양한 책을 효율적으로 제공해 줄 수 있습니다. 일일이 사주려면 도서 구입비도 만만치 않을 뿐더러 심사숙고하여 구입한 책이 마음에 안 들 때도 있습니다. 하지만 도서관을 이용하면 그런 부담을 줄일 수 있지요.

저학년 때까지는 부모의 취향대로 책을 읽혀도 되었지만, 3학년쯤 되니 어떤 책을 사주어야 할지, 어떤 분야를 더 읽혀야 할지, 요즘 아이들의 관심사는 무엇이고, 아이의 읽기능력에 적합한 책은 무엇인지 헤아리기 어렵습니다. 하지만 도서관에서는 사서의 도움을 받을 수 있습니다. 게다가 신문과 잡지, 사전을 비롯해 전집과 시리즈물까지 종류별로 구비되어 있어 선택의 폭이 아주 넓지요. 최근에는 다문화 가정이 증가하면서 외국 원서들도 다양하게 접할 수 있습니다.

책이 너무 많아 골라 주기 힘들다면 아이에게 맡겨도 됩니다. 3학년쯤 되면 책을 직접 고를 수 있는데요. 서가에 자주 드나드는 아이들은 도서의 종류에 따른 분류 코드도 꿰차고 있어 자신이 원하는 책이 어디에 있는지를 알고 있습니다. 도서관 지도를 머릿속에 갖고 있는 셈입니다. 서가에서 책을 고르는 일부터 자신이 선택한 책을 완독하기까지 아이에게 이 모든 과정은 흥미로운 경험입니다. 책도 못 고르냐고 질책하기 전에 도서관에서 책을 직접 고를 수 있는 기회를 주어야 합니다. 독서 습관은 이렇게 시작되는 것입니다.

달라진 교과목, 자아효능감이 필요하다

2장에서도 밝힌 바 있지만, 자아효능감이 높은 아이는 어려운 과제를 선택하는 데 주저하지 않고 이를 해결하려 노력합니다. 반면 자아효능감이 낮은 아이는 실패에 대한 두려움으로 과제에 몰두하지 못하여 결국 실패하고 맙니다. 이처럼 자아효능감이 높으면 성취하려는 욕구가 강해지지만, 자아효능감이 낮으면 해도 안 된다는 불안감에 빠지기 쉽습니다.

학년이 올라갈수록 특정 과목을 포기하는 아이들이 많아지는데, 그 시발점이 바로 3학년입니다. 수학, 과학, 사회를 포기하는 아이들이 생기고 4학년 때 이미 수포자가 생깁니다. 독포자가 수포자로 이어진다는 점은 잘 알고 계실 겁니다. 학생이 몰두해야 할 학습을 포기한다는 것은 자아효능감과 직결됩니다.

학년이 올라갈수록 아이에게는 더 많은 능력이 요구됩니다. 하지만 배운다고 하여 뭐든 이해하거나 기억할 수 없으며, 잘하는 과목이 있는 가 하면 흥미가 없어 뒤떨어지는 과목도 생기기 마련입니다. 이때 자아 효능감이 낮은 아이는 잘할 수 있다는 확신이 없어 어렵다고 느껴지는 대상을 포기하거나 회피하는 경향이 있습니다. 문제가 생길 때마다 무기력하고 나약해지다 보니 성적 하락과 낮은 자존감으로 대인 관계마저 힘들어집니다.

3학년 1학기에 두드러진 변화 가운데 하나는 사회와 과학 과목의 편성입니다. 이 두 과목은 흥미와 배경지식의 차이에 따라 좋아하는 아이와 싫어하는 아이가 극명하게 나뉩니다. 처음 배우는 시기인 만큼, 첫인상이 대단히 중요합니다. 사회는 낯선 용어와 많은 학습량으로 아이들을 괴롭힙니다. 과학은 실험 관찰이 주가 되어 수업은 흥미롭지만, 어려운 용어와 방대한 분량 때문에 학년이 올라갈수록 어려운 과목으로 손꼽힙니다. 좋아하는 아이들이 아니라면 여간 정 붙이기 어렵습니다.

하지만 어릴 때부터 관련 영역들의 책을 많이 읽어 왔다면 이야기는 달라집니다. 책에서 읽은 내용이 교과서에 나오니 반갑기까지 하지요. 수업 시간에 자신감이 상승합니다. 이러한 자신감은 사회와 과학을 점점 더 좋아하는 과목으로 만들어 줍니다. 책 읽기가 부족했던 아이라도 포기하기엔 이릅니다. 관련 주제의 책을 읽어 해당 과목에 대한 이해를 높여 주면 됩니다. 관련 주제를 알기 어렵다면 교과서의 학습 목표를 참고하면 됩니다. 그 단원에서 아이들이 획득해야 할 내용들을 알려주므로 교과 내용 전체를 보지 않아도 학습 목표만으로 관련 도서들을 찾아 줄 수 있습니다.

학습에 대한 자아효능감은 공부를 하면 좋은 결과가 나올 거라는 확신이 우선돼야 합니다. 그리고 이는 책 읽기로 충분히 높일 수 있습니다.

어떤 책을 읽혀야 할까?

이 시기의 아이를 둔 가정에서는 사회와 과학 등 교과 지식을 집중적으로 다루는 전집 구매율이 높아집니다. 학교에서 배울 내용을 미리 접하게 하려는 의도지요.

주의해야 할 점은 전집이든 단행본이든 아이의 수준 향상에 따라 꾸준히 제공해 주어야 한다는 것입니다. 한꺼번에 많은 책을 사들이면 자칫 심리적 부담감을 가질 수 있습니다. 따라서 전집을 구매했다면 한두 권씩 순차적으로 읽도록 권하면서 도서관 책을 함께 읽히는 것이 현명한 방법입니다.

또 지식책을 고를 때는 한 권에 너무 많은 지식을 다룬 책을 피해야 합니다. 많은 내용을 전부 이해할 수도 없거니와 과도한 정보에 치여 책 읽기가 싫어질 수 있습니다. 특히 배경지식이 부족한 분야는 그림이나 사진처럼 시각 자료가 많은 책을 선택해야 합니다. 지식책은 재미있고 부담이 없어야 읽습니다.

그렇다면 3학년 아이들에게 자아효능감을 키워 주면서도 교과목 공부에 도움이 되는 지식책들에는 무엇이 있을까요?

● 사회 교과의 자아효능감을 키워 주는 책

3학년 사회 교과서에서는 우리 고장의 과거와 현재의 모습, 교통과 통신 수단의 변화, 환경에 따라 다른 삶의 모습, 가족의 형태와 역할 변화를 배웁니다. 사회를 처음 접하는 때이므로 관련 내용을 다룬 책 읽기로 낯설지 않게만 해주어도 수업 시간이 흥미로워지지요.

사회 교과서에 등장하는 지리 수업의 이해를 돕기 위한 책으로는『손으로 그려 봐야 우리 땅을 잘 알지』(구혜경·정은주 글, 김효진 그림, 토토북)가 있습니다. 지도를 직접 따라 그리며 우리나라 지리를 알 수 있도록 한 책입니다. 인류 역사에 등장한 다양한 지도와 그 의미를 소개한『지도는 언제나 말을 해』(김희경 글, 크리스티나 립카-슈타르바워 그림, 논장), 우리 땅 이곳저곳을 살펴보는『우리 땅 방방곡곡』(박승규 글, 김용연 그림, 웅진주니어)과『난 어디에 살고 있을까?』(홍난숙 글, 지문 그림, 아이안북)를 함께 읽어도 좋습니다.『우리나라 우리 땅』(양대승 글, 배성연 그림, 거인)은 지리의 의미, 우리 국토를 한반도라고 부른 까닭 등 지리의 개념부터 우리나라 인구 및 자연환경에 대해 상세히 알려 줍니다.

『내가 원래 뭐였는지 알아?』(정유소영 글, 남주현 그림, 창비)는 민속학자 임재해 선생님이 감수한 책으로, 우리 옛 물건의 쓰임새와 전통의 실체를 옛이야기로 맛깔나게 풀어냈습니다. 옛사람들이 쓰던 생활 도구를 재미있게 배울 수 있습니다.

『말 달리고 횃불 피우고 옛 교통과 통신』(이향숙 글, 김이솔 그림, 주니어RHK)은 꼬마 보부상을 통해 교통수단이 발달하지 않았던 시대의 탈 것과 통신을 소개하고 있습니다. 〈놀면서 배우는 세계 축제〉(유경숙 글, 송진욱 그림, 봄볕)는 세계축제연구소장이 세계의 다양한 축제들을 취재하여 소개한 책으로, 축제의 의미와 필요성을 알려 줍니다. 스페인의 토마토 축제 '라 토마티나'를 배경으로 한 그림책 『깔끔쟁이 빅터 아저씨』(박민희 글그림, 책속물고기)는 지나치게 깔끔한 주인공이 축제를 통해 성격까지 바뀌는 이야기입니다. 토마토를 던지며 흥겹게 즐기는 장면 하나로 축제 분위기를 느낄 수 있지요.

『내 가족만 소중한 건 아니야』(베라 티멘칙 글, 스베틀라나 필립포바 그림, 이경아 옮김, 꼬마이실)는 현대 사회 가족의 의미와 다양한 가족의 형태를 이야기하고 있습니다. 우리 가족과 다른 형태의 가정을 이해할 수 있습니다. 『어느 날 우리 반에 공룡이 전학 왔다』(서지원 글, 박정섭 그림, 길벗스쿨)는 전학 온 공룡 친구를 통해 조금 다르다는 이유로 소외되고 따돌림당하는 친구, 혼혈인 친구, 장애인 친구를 이야기하고 있습니다. 다문화 가정이 많은 우리의 현실을 반영한 책이지요. 다문화는 교과서에만 등장하는 지식이 아니라 우리 주변의 이야기임을 반드시 알아야 합니다.

『웰컴 투 코리아, 알렉스』(류호선 글, 윤지회 그림, 시공주니어)는 홈스테이를 신청한 한국인 가정의 아이들과 한국계 미국인 알렉스의 우정을 다룬 이야기입니다. 다양한 문화가 공존하는 현대 사회의 모습을 보여 주지요. 『차별 없는 세상을 위한 평등 수업』(소피 뒤소수와 글, 자크 아잠 그림, 권지현 옮김, 다림)은 불평등의 문제를 어떻게 해결해야 할지 알려 줍니다.

● 과학 교과의 자아효능감을 키워 주는 책

3학년 과학 교과서에서는 과학자의 탐구 방법, 물질의 성질, 동물의 한살이, 자석의 이용과 지구의 모습 등 과학의 전 영역인 화학, 생물, 지구과학, 물리의 기초 지식을 배웁니다. 매우 방대한 주제들을 다루지요. 과학을 좋아하던 아이들조차 처음 접하는 내용이 있을 정도입니다. 이럴 때 시각 자료가 풍부한 책을 권하면 좋습니다.

과학을 좋아하는 아이들은 특정 주제의 책만 선호하는 경향이 있습니다. 예를 들어 천체에만 빠져 있다든지 물고기만 좋아한다든지 하는 식으로 말입니다. 아이가 과학책만 읽는다면 한 가지 주제의 책만 읽지는 않는지 살펴 다른 주제의 책도 권해 줘야 합니다.

과학지식책은 백과사전식 도서와 스토리텔링 기법을 활용한 도서로 나뉩니다. 백과사전식 도서는 그림이나 사진과 같은 시각 자료와 정확한 설명으로 해당 지식을 안내합니다. 따라서 참고서 역할로 충분하다는 장점이 있지만, 학습서라는 느낌을 주어 친밀감을 떨어뜨린다는 단점이 있습니다.

반면 스토리텔링 기법을 활용한 도서는 이야기를 가미하여 동화인지

지식책인지 단박에 구분하기 어렵습니다. 딱딱해 보이는 지식책의 단점을 보완해 주어 인기가 많지요. 다만 책을 읽은 뒤 아이들의 기억 속에 지식이 아닌 허구만 남는 경우가 있어 주의를 기울여 읽어야 합니다. 가령 타임머신을 타고 조선 시대로 여행을 떠난 아이들이 장영실을 만나는 이야기라면, 장영실의 업적보다 장영실을 만나 즐거웠다는 허구만 기억하는 식이지요. 정보와 정보가 아닌 것을 구분하여 읽을 수 있어야 합니다.

『알고 보면 더 재미있는 곤충 이야기』(함윤미·김태우 글, 공혜진·고상미 그림, 뜨인돌어린이)는 전문가들이 직접 찍은 생태 사진과 생태 연구원들이 그린 세밀화 등 시각 자료가 풍부한 책입니다. 또 『곤충 세계로 사라진 팽 박사를 찾아라』(정재은 글, 김석 그림, 주니어RHK)는 꿀벌 실종 사건을 해결하기 위해 탐험을 떠난 팽 박사를 통해 지구상에서 점점 사라지고 있는 곤충들과 만날 수 있습니다. 아이들로 하여금 생태계 보전의 중요성을 깨닫게 해주지요. 『미생물은 힘이 세! 세균과 바이러스』(김희정 글, 이창우 그림, 아르볼)는 전 세계를 공포로 몰아넣은 신종 코로나바이러스와 같은 다양한 미생물의 세계를 다루고 있습니다. 만화와 그림, 사진을 적절히 사용하여 어려운 용어나 현상의 이해를 돕습니다.

잦은 로드 킬과 유기동물의 증가는 사람들이 살기 편하자고 동물의 생태를 무시한 결과겠지요. 『생태 통로』(김황 글, 안은진 그림, 논장)는 사람과 동식물 모두가 어울려 살아가는 세상을 만들기 위해 필요한 것이 무엇인지 배울 수 있는 책입니다.

『화학원소 아파트』(이영란 글, 우지현 그림, 아이세움)를 읽다 보면 우리가 사는 세상은 온통 화학으로 이루어져 있다는 것을 알 수 있습니다. 화학은 사람에게 많은 영향을 끼치는데요. 화학 원소들 가운데 가장 널리 알려지고, 기본적으로 배워 두어야 하는 24개의 원소를 소개한 책입니다.

『나의 탄소 발자국은 몇 kg일까?』(폴 메이슨 글, 마이크 고든 그림, 이충호 옮김, 다림)에는 지구 온난화를 막을 수 있는 실천 가능한 방법이 제시되어 있습니다. 책을 읽은 뒤 작가가 제시한 방법들 가운데 우리가 실천할 수 있는 것에는 무엇이 있을지, 실천하기 위해 어떤 노력이 필요한지 이야기해 보세요.

교과서 읽기가 어려운 아이, 단편집으로 극복하라

학교에서 요구하는 독서 수준은 점점 높아지는데, 책 읽기 경험이 적은 아이라면 어떻게 해야 할까요? 성공적인 읽기 경험을 쌓고 성취감을 얻을 수 있도록 단편집을 권합니다.

단편집은 한 권 안에 여러 편의 짧은 이야기를 묶은 책입니다. 단편집의 장점은 짧은 이야기 몇 편을 보았을 뿐인데, 두꺼운 책 한 권을 모두 읽었다는 뿌듯함을 느끼게 한다는 점입니다. 이러한 성취감이 모이면 꾸준히 책 읽는 습관이 생기고 자연스럽게 다음 단계의 책 읽기로 넘어

가는 바탕이 됩니다.

다음 단편집들을 추천합니다.

『빨래는 지겨워』(하서찬 글, 애슝 그림, 웅진주니어)는 가족 간에 느끼는 미묘한 감정을 털어 버릴 기회를 주는 재치 넘치는 책입니다. 서정오 작가의 『멍 서방과 똑 서방』(신병근 그림, 토토북)은 어리숙하고 수더분하여 오히려 인간미를 느끼게 하는 바보들의 이야기로, 웃음과 지혜를 주지요.

안미란 작가의 『너만의 냄새』(사계절)는 다른 사람을 이해하고 존중하는 것이 얼마나 소중한 가치인지를 알려 주는 동화입니다. 현대 영국 어린이 문학의 대표 작가인 필리파 피어스의 단편집 『우리 이웃 이야기』(고경숙 그림, 햇살과나무꾼 옮김, 논장)은 아이의 눈에 비친 어른들의 세계를 유쾌하면서도 쓸쓸하게 그려 독자의 마음을 두드립니다. 동화 어법을 가장 잘 구사한다고 알려진 김기정 작가의 『금두껍의 첫 수업』(허구 그림, 창비)은 아이들이 저마다 품은 절실한 소원을 이루는 이야기입니다.

위기철 작가 특유의 명쾌한 문체로 읽는 재미를 더해 주는 『생명이 들려준 이야기』(이희재 그림, 사계절)는 부모와 함께 읽으며 생명의 가치와 존엄성에 관해 이야기할 수 있는 책입니다. 구드룬 파우제방 작가의 단편 『평화는 어디에서 오나요』(민애수 그림, 신홍민 옮김, 웅진주니어)는 평화의 진정한 의미를 다룬 이야기로, 조금은 무거운 주제지만 평화란 한 사람 한 사람의 배려에 의해 만들어진다는 올바른 가치관이 담겨 있습니다.

06

독서 편식을 이용하여 책벌레 만드는 법

3학년이 되면 영구치가 하나둘 늘면서 발음이 정확해집니다. 말하기 능력이 발달하여 나름대로 체계적인 화법을 구사하며 자신의 의사 표현도 정확하게 합니다. 사회성이 발달해 때와 장소를 가려 가며 해야 할 말과 하지 말아야 할 말을 구분합니다. 하지만 아직 경험이 적고 어휘력이 부족해 생각한 바를 정확하게 표현하지 못하는 경향이 있습니다. 독서를 통해 다양한 표현 방법과 예문들을 접하게 하여 아이의 표현력 향상에 도움을 주면 좋습니다.

그런데 저학년 때까지는 책을 곧잘 읽던 아이가 이 무렵부터 서서히 책에서 멀어지기 시작합니다. 2학년 말부터 슬슬 소수의 '책벌레 부류'와 다수의 '책 싫어 부류'로 나뉘더니, 3학년이 되면 이 현상이 확연하게 드러납니다. 변화의 시기를 맞이했기 때문입니다. 활동 범위도 넓어저 친구들이 많아지고, 교육 과정이 어려워지면서 학원에서 보내는 시간이 늘어납니다. 해야 할 공부가 많아지고 숙제가 늘면서 쉬는 시간이 줄어듭니다. 책 읽기 시간은 당연히 찾기 어렵지요. 유아기부터 꾸준하게 책을 읽어 온 아이라면 여전히 독서하는 아이로 남겠지만, 독서 습관이 몸에 배지 않은 아이는 자연스럽게 '책 싫어 부류'에 속하게 됩니다. 그러나 독서의 중요성을 아는 이상 아이를 그대로 둘 수는 없습니다.

> 3학년 승찬이 어머니는 아이의 책 읽기가 전과 다르다며 찾아왔습니다. "유치원에 다닐 때는 매일 책도 읽어 줬고, 1학년 때는 학교에서 하는 독서 감상문 100권 쓰기에서 상도 받았어요." 하지만 이제는 스스로 책을 꺼내 읽는 모습을 좀처럼 보기 어렵다고 합니다. 원인을 찾아보니 갑자기 늘어난 학습량 때문이었습니다.

승찬이네와 같은 경우는 무궁무진하게 많습니다. 하지만 '책벌레 부류'의 아이들에게는 이제부터가 본격적인 책 읽기 시기입니다. 호기심이 늘어나고 읽기능력이 더욱 탄탄해지면서 다양한 도서에 관심을 갖게 되지요. 그동안 해온 책 읽기 덕분에 수업 시간이 즐겁다고 느끼며 학교에서 배우는 교과목이 점점 재미있어집니다. 이때야말로 도서관을 본격적으로 이용할 수 있는 시기입니다.

책벌레 부류의 아이들은 자발적 독서 동기가 충만하므로 적절한 책을 제공해 주는 것만으로도 유능한 독서가로 성장합니다. 부모가 할 일은 적절한 책을 찾아 제공해 주는 일뿐이지요. 이때도 부모가 다 결정할 필요는 없습니다. 책의 수준은 아이가 판단하면 됩니다. 너무 낮은 수준의 책은 대충 훑고 말 테니 그대로 두어도 됩니다. 수준이 높은 책은 읽다가 어려움을 호소할 것입니다. 만약 어려운 내용일지라도 읽을 필요가 있다고 생각될 때는 함께 읽거나 읽어 주면 됩니다. 책 한 권을 끝까지 몽땅 읽어 줄 필요는 없습니다. 도입 부분이나 핵심 부분만 읽어 줘도 충분히 아이의 독서 동기를 자극할 수 있습니다. 독서 편식을 하는 아이라면 좋아하는 분야는 더 많이, 깊게 읽을 수 있도록 하고, 별로 좋아하지 않는 분야는 그림책을 통해 흥미를 높여 주는 것이 좋습니다.

문제는 책 싫어 부류의 아이들입니다. 독서를 포기할 수도 없고, 포기하기에도 이른 나이입니다. 가장 효과적인 방법은 관심 분야를 활용하는 것입니다. 책을 즐겨 읽지 않는 아이라도 좋아하는 분야가 있습니다. 스스로 꺼내 읽지 않는다면 아직은 부모가 읽어 줄 수 있는 시기인 만큼 아이가 좋아하는 주제나 분야의 책을 읽어 주세요.

독서에 대한 관심을 높이려다 보니 때때로 어리석은 행동을 하게 되는데요. 사내아이 둘을 키우느라 정신없는 나날을 보내는 어머니가 아주 뿌듯한 표정으로 이런 이야기를 했습니다.

"아이들이 싸우길래 벽에 나란히 서 있으라고 하다가 문득, 벌 서는 동안 뭐라도 시켜야겠다는 생각이 들었어요. 왠지 시간이 아깝더라고요. 그래서 그 시간을 활용해 책과 친해질 수 있도록 책꽂이 앞에 아이들을 세우고 책 제목을 읽게 했어요. 정말 기발하지 않아요?"

그 어머니 생각처럼 벌 서는 동안 책 제목을 읽게 하면 시간도 절약되고 책과 친해질 수 있을까요? 아이에게 벌을 주는 목적을 잊은 게 아닐까요? 잘못한 점을 반성하게 하고 행동을 수정하게 하는 것이 목적이라면 아이 스스로 무엇을 잘못했는지, 앞으로 어떻게 행동할지 생각하는 시간을 주어야 합니다. 책과 친숙해지기 위한 목적이었다 해도 벌을 서며 책 제목을 읽게 해서는 안 됩니다. 실컷 야단을 맞은 뒤 속상한 상태에서 책 제목을 읽는 것은 오히려 책에 대한 부정적인 생각을 갖게 합니다.

이와 같은 상황은 학교에서도 벌어집니다. 대학생이 된 한 제자는 지금도 초등학교 시절 벌칙으로 『명심보감』을 베끼던 기억을 떠올리며 치를 떱니다. 개구쟁이였던 아이는 수업 중 친구들과 쪽지를 주고받는 등 장난을 수시로 쳐 담임 교사에게 벌을 받았습니다. 선생님은 벌칙으로 『명심보감』의 특정 문장을 열 번씩 쓰게 했습니다. 덕분에 제자는 거의 매일 『명심보감』을 썼지요. 무슨 뜻인지 모른 채 억지로 쓰다 보니 지금은 『명심보감』이란 말만 들어도 달아나고 싶다고 하더군요.

책 읽기를 좋아하게 만들려면 아이의 정서를 고려해야 합니다. 아이의 기분이 좋을 때, 아이의 마음이 편안할 때 함께 읽는 책 읽기가 아이의 마음을 돌리는 가장 좋은 방법입니다.

07

그림책에서 이야기책으로 넘어가는
전략을 가르쳐라

자아효능감은 그림책에서 이야기책으로 이행하는 이 시기 아이들에게 아주 중요하게 작용하는 심리적 요인입니다. 그림책은 그림의 도움으로 내용을 상상하고 추론할 수 있을 뿐 아니라 글의 길이도 비교적 짧아 읽는 데 부담이 덜합니다. 그러나 이야기책은 그림이 거의 없을 뿐더러 글의 길이가 길어 자아효능감이 낮은 아이들은 도전을 꺼립니다. 한 단계 높은 독서로 넘어가기 위해서는 작은 것부터 성공 경험을 많이 쌓아야 합니다. 다음의 감정을 느꼈다면 성공적인 책 읽기를 했다고 할 수 있습니다.

- 뒷이야기가 궁금해서 책을 손에서 놓을 수가 없다.
- 읽고 있는 책에서 학교에서 배운 내용을 다시 보니 반갑다.

- 다음 편을 읽고 싶은 마음이 강렬하다.
- 주인공의 생각과 내 생각이 똑같아 공감이 갔다.
- 같은 주제의 다른 책을 읽고 싶다.
- 다 읽은 뒤에도 인물이나 책 내용이 머릿속에 맴돈다.
- 여러 번 반복해서 읽고 싶다.

3학년이면 그림책에서 이야기책으로 넘어가야 합니다. 여전히 그림책을 읽지만 이야기책도 함께 읽지요. 개인의 읽기능력에 따라 다르지만, 100쪽 이상의 책을 술술 읽는 아이들도 많습니다. 책 읽기가 즐거운 아이들은 자연스럽게 이야기책으로 옮겨 가지만, 그렇지 않은 아이들은 독서와 점점 거리가 멀어집니다. 만약 이제까지 책을 읽으면서 재미있다는 생각을 하지 못했던 아이라면 어떻게 해야 할까요? 독서 습관이 형성되지 않은 아이일수록 잦은 성공 경험을 해봐야 합니다.

저학년 때까지 독서 흥미를 느껴 보지 못했던 경민이는 3학년이 되어서도 책 한 권을 끝까지 읽어 본 적이 없고, 늘 띄엄띄엄 들춰보는 식이었습니다. 축구를 좋아하고 언제나 활달해 친구들과는 늘 사이좋게 지내지만 이대로 가면 학교 수업조차 따라가지 못할 것 같아 부모의 걱정이 컸습니다.

경민이처럼 읽기의 즐거움을 맛보지 못한 경우에는 일단 그림책 읽기로 책과 친해지는 시간이 필요합니다. 어느 정도 책에 익숙해지자 경민이의 관심 분야를 고려하여 김옥 작가의 『축구 생각』(윤정주 그림, 창비)과 키르스텐 보예 작가의 『레나는 축구광』(질케 브릭스-헨커 그림, 박종대 옮김, 계림북스쿨)을 추천해 주었습니다. 『축구 생각』에는 축구 금지령을 내린 선생님의 지시에도 아랑곳하지 않는 축구광 대용이가 나옵니다. 어느 날 수학 시험에서 50점을 받자 엄마는 90점을 받을 때까지 축구를 허락하지 않겠다고 합니다. 열혈 축구 소년 대용이는 어떻게 했을까요? 『레나는 축구광』(현재 절판된 책이지만, 아이에게 도움을 준 책이라서 소개합니다.)에서도 구구단을 외우지 못해 축구단에서 제외될 위기에 몰리는 레나가 등장합니다. 경민이는 "우아! 모두 제 이야기 같아요. 진짜 재미있어요." 하며 격한 반응을 보였습니다.

이후 경민이는 스스로 도서관을 찾아가 축구와 관련된 책을 빌려 읽기 시작했습니다. 두 달쯤 지나자 160쪽에 달하는 『희망의 숯을 쏴라, 아프리카 축구단』(헤르만 슐츠 지음, 소복이 그림, 한경희 옮김, 미세기)과 240쪽의 『나는 브라질로 간다』(한정기 글, 비룡소)를 읽어 냈습니다. 고학년 수준의 책도 포기하지 않고 끝까지 읽은 경민이는 이후 독서에 자신감이 생겼습니다. 다른 책을 읽을 때도 예전만큼 힘들어하지 않았지요. 읽기 효능감이 높아진 것입니다.

책 읽기에서 실패와 좌절을 겪은 아이들은 독서를 점점 싫어하게 됩니다. 이때 부모는 아이에게 읽으라고만 할 게 아니라 적절한 책과 읽을 시간을 함께 주어야 합니다. 그리고 끊임없이 격려하여 읽고 싶은 마음이 들게 해야 하지요. 자아효능감이 높은 아이는 저절로 만들어지지 않습니다. 성공적인 독서 경험을 통해 아이 스스로 느껴야만 길러지는 힘입니다.

환상과 현실이 결합된 이야기를 읽혀라

이 시기 아이들의 읽기 단계는 '동화기'에 속합니다. 개인의 읽기 수준에 따라 차이가 있지만, 동화기에 속한 아이들은 몇 명의 인물이 어떤 사건에 연루되어 함께 해결하는 이야기를 좋아합니다. 그러나 그림책만 보던 아이에게 긴 이야기책을 주었을 때 처음부터 좋아하는 아이는 많지 않습니다. 이때 부모의 동기 부여가 대단히 중요하지요.

글을 읽을 줄 안다고 하여 책의 모든 내용을 이해하는 건 아닙니다. 책을 읽다가 어려운 말이 자주 나오면 싫증이 나기 마련이지요. 다소 긴 글을 읽기 어려워한다면 부모가 읽어 주는 것도 좋은 방법입니다. 아이는 처음 몇 장을 읽을 힘이 없습니다. 인물과 배경을 소개하는 도입 부분을 넘기고 나면 흥미진진해지는데 늘 도입부에서 무너집니다. 이때 부모가 앞부분만 읽어 주어도 아이는 스스로 책을 잡고 읽습니다. 이야기책을 읽는 데 여러 차례 실패하다 보면 점차 이야기책 읽기와 멀어집니다. 그래서 한 번이라도 책을 끝까지 읽어 본 경험이 중요합니다. 부모가 한두 번 읽어 주는 한이 있어도 긴 이야기의 재미를 맛보게 할 필요가 있습니다.

원유순 작가의 『모하메드의 운동화』(김병하 그림, 봄봄출판사)나 마시 캠벨 작가의 『에이드리언 심콕스는 말이 없다』(코리나 루이켄 그림, 김경미 옮김, 다산기획), 『똥 전쟁』(오미경 글, 영민 그림, 시공주니어)과 같은 100쪽 안팎 분량의 책은 읽어 줄 만합니다. 처음부터 끝까지 이야기의 흐름을 맛본 아이는 긴 이야기의 재미에 빠지게 됩니다. 그러면서 점차 '조금 더 긴 이야기'를 찾게 되지요. 아이의 한 단계 높은 책 읽기는 이런 식으로 시작되는 것입니다.

아이들의 눈에만 보이는 가게에서 벌어지는 이야기를 다룬 김선정 작가의 『세상에 없는 가게』(유경화 그림, 라임), 기발한 패션 감각의 소유자인 소피의 엉뚱발랄한 이야기를 담은 수지 모건스턴 작가의 『엉뚱이 소피의 못말리는 패션』(최윤정 옮김, 비룡소), 부모 세대가 더 반길 만한 아스트리드 린드그렌 작가의 『내 이름은 삐삐 롱스타킹』(잉리드 방 니만 그림, 햇살과 나무꾼 옮김, 시공주니어)도 추천합니다. 또 욕 시험을 통해 화를 풀어 준 지혜로운 선생님의 이야기 『욕 시험』(박선미 글, 장경혜 그림, 보리), 괴물을 키우는 11세 아이의 일상을 담은 그라시엘라 몬테스 작가의 『내 주머니 속의 괴물』(최정인 그림, 배상희 옮김, 푸른숲주니어)도 권합니다. 괴물의 존재가 무엇일지 궁금해하며 읽게 되는 책이지요. 즐거운 상상을 맘껏 펼칠 수 있는 이야기책입니다.

그림책에서 이야기책으로 넘어가는 시기의 아이들에게는 환상과 현실이 결합된 이야기가 좋습니다. 대표적인 것이 신화와 전설이지요. 다소 긴 분량이라도 판타지 요소가 읽기 흥미를 불러일으켜 상상하는 즐거움을 줍니다. 이제까지 마법사와 마녀, 날아다니는 용 이야기에 젖어 있던 아이들은 단군 신화와 주몽 신화를 비롯한 국가의 시조, 천지 창조, 특정 마을의 전설을 이야기로 접하면서 그동안 상상 속에서만 존재했던 것들이 점차 현실이 되어 가는 것을 경험합니다. 강화도 마니산에 가서 단군왕검이 제사를 드렸다는 참성단을 확인하고, 고분 벽화에 남아 있는 시조와 관련된 그림이나 유물 그리고 전설에 등장하는 산이나 바위들을 본다면 책으로 읽은 내용을 더 생생하게 전달받을 수 있습니다.

강숙인 작가의 『하늘의 아들 단군』(전필식 그림, 푸른책들)은 장편 역사동화로, 다소 길지만 책 읽기에 재미를 느낀 3학년이라면 무난히 읽을 수 있는 분량입니다. 김일옥 작가의 『고구려를 아로새긴 비석』(박지윤 그림, 개암나무), 서정오 작가의 『우리 신화로 만나는 처음 세상 이야기』(허구 그림, 토토북), 김주현 작가의 『나랑 같이 밥 먹을래?』(홍선주 그림, 만만한책방), 정혜원 작가의 『모두의 집이 된 경복궁』(정경아 그림, 개암나무), 처음 읽는 역사동화 시리즈 중 『이선비, 장터에 가다』(세계로·황문숙 글, 경혜원 그림, 미래엔아이세움)는 실제와 환상을 구분하는 눈을 갖게 도와주며 사실과 허구 사이에서 읽는 재미를 느끼게 하지요. 이런 재미는 책을 끝까지 읽게 하는 힘이 됩니다.

6장

4학년,
본격적인 공부가
시작되는 시기,
학습독서를 준비하라

이 시기 아이들은 무엇이든 받아들일 준비가 되어 있습니다. 이러한 자신감은 논리적이고 비판적인 사고력 발달의 바탕이 되지요. 생각의 깊이가 더해지도록 다양한 책을 전략적으로 읽을 수 있는 학습독서를 배워야 할 때입니다.

초4병, 독서로 극복할 수 있다

4학년 민해는 일주일에 한 번씩 수업에서 만나는 학생으로, 평소 조용한 편이지만 짜증 난다는 말을 습관처럼 했습니다. 아침에 일어날 때부터 "짜증 나."를 외칩니다. 친구들과 의견이 맞지 않아도 "짜증 나." 책을 읽는 중에도 "짜증 나." 숙제를 하려고 앉으면서도 "짜증 나." 짜증 난다는 말 때문에 친구들과의 사이도 점점 멀어졌습니다. 민해 어머니 말에 의하면 4학년 여름부터 사춘기 증상이 보이면서 학습 부진 현상이 두드러졌다고 합니다. 민해는 학습이나 친구 관계에서 오는 스트레스를 해소하지 못하자 '짜증 난다'는 말로 자신의 상태를 표현하고 있는 듯 보였습니다.

아이에 따라 다르지만 보통 4학년 혹은 5학년 무렵에 아이들은 슬럼프를 겪습니다. 일명 초4병이라고 하는 이 슬럼프는 급격히 늘어난 학습량과 과제를 회피하고 싶은 마음에 생기는 현상입니다. 사춘기 증상과 유사한 초4병은 실제로 사춘기를 일찍 겪는 4~6학년 아이들에게서 많이 나타납니다. 이 시기에는 기억력과 사고력을 담당하는 새로운 뉴런이 만들어지면서 전두엽에 흐르는 도파민의 분비가 원활하지 않아 의욕이나 감동이 줄어듭니다. 흥분이나 쾌락을 관리하는 도파민의 분비가 줄어든 탓에 웬만한 자극이 아니면 의욕이 생기지 않습니다. 친구들과 스마트폰 게임을 할 때가 아니라면 말이지요.

정서와 인지는 상호 발달을 촉진합니다. 말하자면 정서적인 안정이 인지 발달을 가져오며, 인지 발달은 정서 발달을 돕습니다. 그리고 발달 속도는 빠름과 느림을 반복하지요. 의욕이 저하된 아이에게 끊임없이 공부와 과제 해결을 강요하면 아이의 인지력에 부정적인 영향을 주게 됩니다. 또 인지 발달이 더딘 시기에 접어든 아이에게 이전의 과도한 학습량을 고수하는 것도 의욕을 떨어뜨리는 원인이 됩니다.

아이의 변화가 당황스러울 때는 어떻게 해야 할까요? 아이의 발달 속도를 알고 인정해 줘야 합니다. 이제까지 잘 자라서 알아서 척척 과제를 해내는 아이를 보면 절로 흐뭇해집니다. 그런 아이가 갑자기 과제를 미루기 시작하더니 급기야 수업 시간에 딴짓을 한다는 말이 들려옵니다. 학교 준비물을 빼놓고 가기 일쑤고, 과제가 무엇이었는지도 기억하지 못하는 걸 보면 부모는 속이 터집니다. 당연히 잔소리가 늘고, 알게 모르게 명령과 협박이 잦아지다 보니 아이는 부모를 피해 친구에게 하소연을 하는 일이 늘어납니다. 이러한 현상은 아주 자연스럽게 일어납니다. 안 그래도 늘어난 학습량에 스트레스가 심한데, 부모의 잔소리까지 더해지면 아이들의 슬럼프는 애초의 원인이 무엇이었는지조차 헷갈리며 미궁 속으로 빠지게 됩니다.

만약 자녀가 초4병의 증상을 보이고 있다면 마음을 굳건하게 다져야합니다. 그리고 스트레스를 다른 방향으로 풀 수 있도록 도와야 합니다. 가령 친구를 만나 영화를 보거나 게임을 하거나 떡볶이를 사 먹는 등의 일들은 너그럽게 허락해 주어야 하지요. 부모도 아이와 함께 자랍니다. 아이의 슬럼프를 함께 겪는다고 생각해야 합니다.

더불어 아이에게 스스로 마음을 다스리는 법을 알려 주어야 합니다. 아이들도 스마트폰 게임을 하거나 친구들과 수다를 떤다고 해서 마음이 채워지는 게 아니라는 걸 압니다. 아이의 마음을 보듬어 줄 책을 읽고 공감할 기회를 만들어 주세요. 책을 통해 다양한 세계를 접하다 보면 '나만 이런 고민이 있는 게 아니구나. 다른 사람들도 고민이 있고 어려움이 있구나.' 하는 마음을 갖게 됩니다. 책이 삶의 지혜를 배울 수 있는 창구가 되는 것입니다.

이 시기 아이들에게는 또래 아이들이 주인공으로 나오는 책, 모험이나 탐험, 추리 등 아이의 흥미를 붙잡아 둘 수 있는 책, 새로운 세계에 대한 동경심을 심어 주는 책, 아이가 좋아하는 분야의 책을 적극 추천합니다.

공부해야 할 시기에 놀 생각만 하는 것 같아 걱정이 되는 부모님들이 있을 것입니다. 이제 본격적으로 공부해야 할 텐데, 책도 읽지 않고 공부도 안 하다 뒤처질까 우려되지요. 그런데 다른 아이들도 다 그러고 있다고 생각해 보세요. 마음이 한결 편안해지지 않나요? 모두가 언젠가는 꼭 겪는 과정입니다. 다그치지 않아도 됩니다. 아이도 무엇을 해야 하는지 너무 잘 알고 있답니다.

02

지시와 명령은 대화가 아니다

평소에 아이와 대화를 많이 하느냐는 질문에 환하게 웃으며, 그렇다고 대답할 부모는 별로 없을 것입니다. 아이들에게 물어도 마찬가지입니다. 고학년 아이들에게 부모님과 무슨 대화를 하느냐고 물으면 "엄마, 아빠는 잔소리만 해요!" 하고 대답합니다. 무슨 말인가 물었더니 "얼른 일어나."라는 소리로 아침을 시작하여 "공부해라." "숙제해라." "게임 그만해라." "빨리 자라."로 하루가 끝난다는 것입니다.

혹시 뜨끔했다면 지시와 명령을 대화라고 착각하고 있지는 않은지 되돌아볼 필요가 있습니다. 물론 아이들 탓도 있습니다. 오늘 뭐 했는지, 친구랑 잘 지냈는지 물어봐도 4학년쯤 되면 "그냥 늘 똑같죠." 하는 식으로 성의 없이 대답합니다. 아이들의 일상이 늘 비슷하다 보니 틀린 말은 아니지만 이런 식의 대화가 지속되면 부모와 자녀 간에 공감대가 형성되지 못하겠지요.

만약 자녀와의 소통이 줄어들고 있다고 생각된다면 독서 토의를 권합니다. 서로 같은 책을 읽고 새롭게 알게 된 내용을 이야기하거나, 느낀 점을 나누는 정도면 족합니다. 독서 토의를 하다 보면 자연스럽게 아이의 생각을 알게 되고 저절로 친밀감이 높아집니다.

독서 토의는 서로에게 신선한 이야깃거리를 가져다주기도 하지만, 책을 대충 읽는 아이에게는 생각하며 읽는 습관을 길러 줍니다. 오독을 방지하는 효과도 있지요.

부모와 자녀가 독서 토의를 하기 위해서는 몇 가지 유의해야 할 점이 있습니다. 부모는 무심결에 책의 줄거리를 묻습니다. 그러나 글의 요약은 쉽지 않지요. 아이마다 성향이 달라 주인공 이름도 모른 채 전체 내용의 줄기만 콕 짚어 말하는 아이가 있는가 하면, 주인공의 성격부터 사건의 내용을 상세히 설명하는 아이도 있습니다. 또 시작하는 말도 다 달라서 주인공의 성격부터 말하는 아이, 배경부터 말하는 아이, 사건의 특징부터 설명하는 아이 등 같은 책이라도 모두 다르게 이야기합니다. 따라서 아이가 줄거리를 이야기할 때는 인내심을 갖고 끝까지 들어 주어야 합니다. 또 아이가 말하는 도중에는 생각을 고쳐 주려 하거나 비판을 해서도 안 됩니다. 아이의 말을 끝까지 경청한 뒤 질문을 하여 보충해 주거나 부모의 생각을 이야기해야 합니다.

독서 토의를 하려면 부모도 반드시 책을 읽어야 합니다. 대강의 줄거리만으로는 토의를 즐길 수 없습니다. 만약 읽지 못했다면 솔직하게 고백한 뒤 아이에게 내용을 알려 달라고 하세요. 아이에 따라 반응이 다르겠지만, 부모와 독서 토의를 할 정도의 아이라면 허세를 부리더라도 내용을 이야기해 줄 것입니다. 이런 경우 "엄마도 읽지 못한 책을 끝까지 읽은 네가 정말 자랑스럽다"고 칭찬하고 격려하는 것을 잊지 말아야 합니다. 아이에게 엄청난 독서 성취감과 자신감을 선사할 것입니다.

평소 책 읽기를 즐기지 않던 아이라도 그림책을 활용하면 독서 토의를 할 수 있습니다. 그림책은 읽기 부담도 적으며 그림만으로도 이야기 소재가 풍부해 가족 간의 토의 자료로 적합하지요. 유타 바우어 작가의 『고함쟁이 엄마』(이현정 옮김, 비룡소)를 읽고 이야기 나누어 보세요. 엄마가 소리를 지를 때 아이는 커다란 공포와 혼란을 느낀다는 내용입니다. 엄마 펭귄이 소리를 지르자 아기 펭귄은 너무 놀라 온몸이 전 세계로 흩어지고 마는데요. 결국 두 발만 남은 아기 펭귄은 정처 없이 방황하게 됩니다. 책의 마지막에는 아기 펭귄이 엄마의 깊은 사랑을 느끼고 안정감을 찾는 내용이 나옵니다. 함께 읽다 보면 부모는 자신을 성찰하고 아이는 통쾌함을 느낄 것입니다. 물론 부모가 소리 지른 데에는 이유가 있겠지만 아이 역시 하고 싶은 말이 있겠지요. 서로의 이야기를 들어 보는 시간을 가질 수 있습니다.

독서 토의는 올바른 독서 습관을 만들어 주고 의사소통능력을 향상시킵니다. 독서 토의를 할 때는 색다른 분위기를 연출하는 센스를 발휘하면 더욱 좋습니다. 조명 하나만 켜도 분위기가 확 달라집니다. 탁자 위에 차와 과자를 올려 두는 것만으로도 아이는 존중받는 느낌을 받습니다. 그러나 무엇보다 이야기를 자연스럽게 나눌 수 있는 열린 마음을 가지는 것이 가장 중요합니다.

어느 날 수업 중 혜진이가 "선생님, 복숭아는 불을 끄고 먹어야 한대요."라며 신이 나서 말을 했습니다. 어떻게 알았느냐고 묻자 며칠 전 엄마와 『지도로 만나는 우리 땅 친구들』(전국지리교사모임 글, 조경규 그림, 뜨인돌어린이)이라는 책을 함께 읽었는데, 지역 특산물로 복숭아가 나오자 엄마가 들려주었다는 것입니다. "엄마가 어렸을 적에 불을 끄고 복숭아를 먹다가 자고 있던 이모를 밟아 난리가 났었대요. 근데 왜 불을 끄고 먹었냐고 물었더니, 복숭아 벌레를 먹어야 예뻐지는데, 밝으면 벌레가 징그러워서 못 먹으니 깜깜할 때 먹는 거래요. 진짜 신기한 거 있죠. 헤헤."

이처럼 부모가 자신의 경험을 들려주면 아이는 책에서 얻은 정보를 더 정확히 이해하고 기억합니다. 부모에게 친근함마저 느끼게 되어, 다소 딱딱하고 따분해질 수 있는 토의 시간이 흥겨워지지요. 토의라고 해서 부담을 느낄 필요는 없습니다. 토의는 서로 자신의 경험과 생각을 나누는 데서 시작하면 됩니다.

03

학습독서를 할 수 있어야 공부를 잘하게 된다

초등학교 저학년까지 글 읽는 방법을 배우는 learning to read 단계였다면 고학년부터는 학습을 위해 읽는 reading to learn 단계입니다. 4학년이면 본격적인 학습독서기에 접어듭니다. 학습독서기라고 하면 학습에 도움이 되는 교과 연계 도서를 읽는 시기라고 생각할 수도 있는데요. 물론 독서와 학습의 연관성은 깊지만, 그보다는 글을 읽고 이해하며 이를 학습과 연결시킬 수 있다는 의미입니다.

독서는 막연히 공부를 돕는 수단이 아니라 모든 교과 공부의 바탕입니다. 대부분의 학습이 듣기와 읽기로 이루어지기 때문이지요. 공부를 잘하고 못하고는 학습 기능을 얼마나 잘 활용하느냐에 따라 좌우됩니다. 학습 기능이란 책에서 중요한 정보를 찾는 능력, 크고 작은 정보를 조직화하는 능력, 그림이나 도표, 그래프, 지도를 잘 해석하고 이용할 줄 아는 능력, 다른 교과목과 연결할 줄 아는 능력을 말합니다. 학습독서의 효율은 학습 기능을 얼마나 잘 활용하느냐에 따라 다르게 나타나지요.

학습 기능의 활용 능력은 상위인지능력metacognition과 깊은 관계가 있습니다. 상위인지능력은 지식에 대한 능동적이며 의식적인 통제를 의미합니다. 인지는 우리 머릿속에 저장된 지식을 의미하는데요. 상위인지는 자신이 무엇을 알고 있는지, 모르는 것은 무엇이며, 어떤 방법으로 습득해야 하는지에 관해 총체적으로 점검하고 해결할 수 있는 능력을 뜻합니다.

책을 읽다가 어려운 어휘가 나오면 뜻을 몰라도 그냥 넘어가는 아이가 있는가 하면, 사전을 찾거나 다른 사람에게 물어서라도 정확히 알고자 하는 아이가 있습니다. 상위인지능력이 높은 아이는 후자이지요. 상위인지능력이 높은 아이들은 책을 읽거나 공부를 하면서 무엇을 알고 모르는지 스스로 점검할 수 있습니다. 그리고 모르는 것을 알려면 어떻게 해야 하는지 모색할 수 있지요. 당연히 상위인지능력이 높은 아이가 탐구력이 높고 공부도 잘합니다.

흔히 지식책 읽기를 학습독서의 지름길로 착각하곤 합니다. 지식책을 얼마나 읽었는지가 공부를 잘하고 못하고의 기준이 되기도 하지요. 하지만 지식의 주입보다는 스스로 생각하는 훈련이 얼마나 되어 있느냐가 중요합니다. 검색으로도 알 수 있는 단편적 지식을 저장하기보다 책에서 얻은 지식을 응용하고 활용할 수 있어야 하지요. 융합의 시대에 살고 있기 때문입니다. 다음 영석이의 사례처럼 책 속의 지식을 있는 그대로 암기하는 방식의 독서는 상위인지능력을 향상시키지 못합니다.

> 영석이는 어릴 적부터 책에서 얻은 지식을 곧잘 말하여 주변 어른들로부터 칭찬이 자자했습니다. 아이는 열을 올려 책의 내용을 외웠고 그 결과 학교에서 발표도 잘하고 똑똑한 아이로 인정받았습니다. 문제는 고학년이 되면서 드러났습니다. 다양한 배경지식을 바탕으로 추론하고 비판하는 능력을 요구할 때조차 영석이는 교과서에 있는 지식을 암기하여 나열하기만 했습니다. 책을 읽은 뒤 생각을 전개하는 능력을 키우지 못해 어디까지가 책의 내용이고 어디부터가 자신의 생각인지조차 구분하지 못했습니다.

지금까지 영석이의 부모는 아이에게 책을 읽힌 후 책 내용을 확인하는 방식으로 독서 지도를 해왔습니다. 이제부터라도 많이 읽기보다 한 권의 책이라도 생각하며 읽는 연습을 해야 합니다. 그래야 학습독서가 가능해집니다.

상위인지능력을 향상시키는 '깊이 생각하며 읽는 방법'은 크게 두 가지로 집약됩니다. 먼저, 읽다가 모르는 말이 나오면 적극적으로 묻거나 찾아서 알고자 하며, 원리나 개념이 이해되지 않을 때는 '왜 그럴까?' 하고 의문을 가지는 방법입니다. 의문을 품는 일은 비판적 사고능력을 길러 줍니다. 비판적 사고능력은 책의 지식을 있는 그대로 받아들이기보다 다른 지식들과 연결하고 비교해 융합독서를 가능하게 합니다.

다음으로 책에서 습득한 지식을 가족이나 친구들에게 이야기해 보는 방법입니다. 특히 책에서 읽은 내용을 요약하여 설명해 보거나 글로 써 보는 일은 사고력을 확장시키는 가장 훌륭한 방법입니다. 책 내용을 있는 그대로 수용하는 방식이 아니라, 지식의 도구로 활용하는 능동적인 독서법을 가르쳐야 합니다. 이렇게 길러진 상위인지능력은 학습독서의 바탕이 됩니다.

교과서가 쉬워지는 추상어 학습법

4학년은 묵독이 안정기에 접어드는 시기입니다. 읽는 속도가 빨라지고 점점 책 읽기의 즐거움을 느끼며, 긴 이야기도 읽을 수 있습니다. 지식책 또한 좋아하는 장르를 중심으로 빠져들어 읽기 시작하지요. 하지만 어휘력이 낮으면 독서의 즐거움을 경험하기 어렵습니다.

추상어는 실물이 없는 만큼, 그 의미를 머릿속으로 그릴 수 있어야 합니다. 사랑을 받아 본 아이가 '사랑'이라는 말의 의미를 알 수 있는 것처럼, 구체적 사물이 없는 대상을 표상하려면 경험이 풍부해야 합니다. 4학년부터 공부가 어려워진다고 하는 이유는 수학이나 과학 등의 특정 과목이 어려워서라기보다 추상적인 어휘가 많이 등장하기 때문인데요. 어떤 과목이든 어휘력이 뒷받침되어야 이해하고 배울 수 있습니다.

추상어를 이해하는 가장 쉬운 방법은 자신의 경험과 연관 짓는 일입니다. 어휘력을 확장할 때 종종 쓰는 방법인데 사실 쉽지는 않습니다. 아이들에게 경험을 떠올려 보라고 하면 대부분 "그런 일 없어요." "한 번도 해본 적이 없어요."라고 하면서 생각하는 것 자체를 힘들어합니다. 이럴 때는 몸으로 해본 일이 아니어도 본 일, 들은 일 혹은 텔레비전이나 책에서 본 일도 모두 경험이라고 설명해 주세요. 그리고 아이들이 경험한 일을 이끌어 낼 수 있도록 적극적으로 개입해야 합니다. 부모는 아이와 공유한 경험이 많기 때문에 충분히 가능합니다.

가령 '전락'이라는 낱말을 가르친다고 가정해 봅시다. "며칠 전에 역사책 읽을 때 '소작농으로 전락한 농민들'이라는 내용 있었잖아. 기억하지?" 하는 식으로 함께 읽은 책을 거론할 수 있습니다. 또 '자초하다'라는 낱말의 의미를 익힐 때는 스스로 저질러서 문제가 되었던 일을 떠올려 보게 합니다. 안 된다고 했음에도 아끼는 물건을 들고 외출했다가 잃어버린 경우나, 시험이 코앞인데 공부를 하지 않아 성적이 저조했던 일들을 함께 떠올리면서 '자초'라는 말의 의미를 이해하도록 도울 수 있습니다.

어휘는 사전의 뜻을 암기해도 이해하기 어렵습니다. 말이나 글로 써 봐야 자기 것이 되지요. 어휘와 관련된 경험을 떠올려 보게 한 뒤 말해 보라고 하면 잘 이해했는지 알 수 있으므로 부모가 충분히 지도할 수 있습니다.

또 관용어와 속담 및 격언도 어휘력 향상의 열쇠입니다. 관용어는 둘

이상의 낱말이 결합하여 전혀 새로운 뜻을 가지게 된 말로, 원래 가지고 있던 뜻이 아닌 습관적으로 쓰이는 표현을 말합니다. 인맥이 넓은 사람을 '발이 넓다'고 하거나, 시험에 떨어진 사람을 두고 '미역국 먹었다'고 하는 표현이 이에 해당합니다.

아이가 책을 읽다가 모르는 용어가 나왔을 때 무조건 사전을 찾아보게 하기보다 먼저 맥락 속에서 유추해 본 다음 정확한 뜻을 찾아보게 하는 것이 좋습니다.

> '양반도 아닌 상인이 피땀 흘려 모은 재산을 제주도 사람들을 구하겠다고 모두 내놓다니 정말 <u>어진</u> 사람이구나.' …중략… 제주도 사람들은 모이기만 하면 김만덕의 업적과 <u>어진</u> 덕을 칭찬하였다.

위 글은 4학년 국어 교과서에 나오는 내용으로, 제주도 출신의 거상 김만덕 이야기입니다. 밑줄 그은 '어질다'는 말은 추상적인 어휘로 아이들이 이해하기 어려운 낱말입니다. 이러한 말은 다음처럼 문장에 제시된 내용으로 뜻을 짐작할 수 있습니다.

1. 문장을 다시 읽어 본다.
2. 어진 사람은 누구를 뜻하는지 유추한다.
→ 김만덕의 어진 덕을 칭찬하였다니 김만덕이 곧 어진 사람이구나.

3. 김만덕은 무슨 일을 했는가?

→ 제주도민을 위해 자신의 재산을 내놓았다.

4. 그렇다면 어진 사람이란 어떤 사람인가?

→ 남을 위해 희생할 만큼 착하고 바른 사람

5. 사전에서 '어진'의 기본형인 '어질다'의 정확한 뜻을 찾아본다.

→ 마음이 너그럽고 착하며 슬기롭다.

부모의 반응이 상위인지능력의 발달을 좌우한다

학년이 올라갈수록 다뤄야 할 정보와 지식이 많아지므로 상위인지능력은 점점 더 중요해집니다. 상위인지능력은 3, 4학년 무렵에 서서히 발달하기 시작합니다. 그 까닭은 지식과 경험이 어느 정도 누적된 상태라야 더 많은 것을 알기 위한 방법을 모색할 수 있기 때문입니다. 저학년 때까지는 주어진 정보를 이해하고 받아들이는 정도에 머물렀다면, 이제는 새로운 지식과 정보를 받아들일 때 아는 것과 모르는 것을 구분하여 습득할 수 있습니다. 습득하는 방법이 한 차원 높아진 것이지요. 국어 교과에서 사전의 종류와 사전 찾는 방법을 배우는 것도 상위인지능력 계발과 관련이 깊습니다.

상위인지능력은 스스로 모르는 것을 인지하고 그것을 알기 위한 방법들을 반복적으로 활용하면서 발달합니다. 그러다 보니 경험이 어느 정도 쌓인 만 10세 무렵부터 발달합니다. 물론 나이가 되었다고 저절로 발달하는 것은 아닙니다. 쓰면 쓸수록 발달하는 특징을 가지고 있지요. 상위인지능력이 발달한 아이는 추상어와 같이 어려운 어휘를 공부할 때 사전을 찾거나 누군가에게 물어서라도 익힙니다.

부모 자녀 간 상호 작용의 중요성을 다시 강조할 수밖에 없는 이유인데요. 부모와의 상호 작용이 원활해야 상위인지능력이 높아집니다. 책을 읽다가 모르는 낱말이 나와 부모에게 물었을 때 '아니, 이런 것도 몰라?'가 아니라 '우리 아이의 상위인지능력이 자라고 있구나.' 하고 생각을 바꾸면 됩니다. 상위인지능력은 모르는 것을 묻는 행위를 통해 길러지니까요.

또한 아이가 책을 읽다가 "어? 이거 지난번 사회 시간에 배운 건데. 엄마, 이거 알아?" 하며 학교에서 배운 내용을 말하거나, 자신이 알고 있는 것들을 설명하려 할 때 적극적으로 들어주세요. 이때 질문을 하거나 적절히 맞장구를 쳐주면 더욱 좋은데요. 평가하는 질문을 하거나 설명을 좀 더 잘해 보라고 다그쳐서는 안 됩니다. 간혹 아이의 설명하려는 행동을 잘난 척한다고 생각하거나 '또 시작이네' 하며 지겨워하는 분들이 있는데요. 아이의 사고력에 비상등이 켜집니다. 부모 앞에서 아는 척한다고 하여 밖에서도 그러는 것은 아니니 여유를 갖고 들어 주세요.

독서력을 높일 수 있는 절호의 시기

고학년 대열에 접어드는 4학년은 학교생활에 능숙하고, 새 친구를 사귀는 데도 별 어려움이 없습니다. 자기가 해야 할 일이 무엇이며 어떤 방법을 사용해야 하는지 잘 알기 때문에 부모의 도움이 없어도 알아서 척척 해내지요. 과제를 해결하지 못했다고 하여 부모에게 도와 달라고 하거나, 친구 사귀기가 어려우니 아이들을 초대해 파티라도 열어 달라는 4학년은 드물 것입니다.

생활이 전반적으로 안정되었다는 것은 책 읽기에 아주 적합한 환경이 되었다는 의미입니다. 말하자면 독서력을 높일 수 있는 절호의 시기가 된 것이지요. 그동안 책과 멀리했거나 띄엄띄엄 읽어 오던 아이들도 놓쳐서는 안 되는 시기입니다.

이제까지 다양한 책을 접했던 아이들은 자신이 좋아하는 장르가 분명해집니다. 관심의 정도에 따라 지식의 편차도 벌어지기 때문에 좋아하고 싫어하는 과목, 즉 재미있고 어려운 과목이 3학년 때보다 더 또렷해집니다. 그래서 간혹 "수학은 내가 잘할 수 있는 과목이 아니야." "사회가 이렇게 어려운 과목이라니, 생각도 하기 싫어." 하고 포기해 버리거나 "책 읽기는 내 적성에 안 맞는 것 같아." 하는 식으로 회피해 버리는 아이들이 생깁니다.

만약 초4병을 동반하고 있다면, 자신의 부족한 부분을 인정하고 극복하려 노력하기보다는 "이런 건 쓸데없는 공부야. 인생에 도움이 안 돼." "내가 못해서가 아니라, 이 과목이 어려운 거지." 하며 허세를 부리기도 합니다. 이러한 좌절감이나 회피가 반복되면, 특정 과목에 대한 열등감으로 이어지다가 공부마저 포기하게 됩니다. 그래서 4학년 때 수포자와 독포자가 생기는 것이지요. 그러고는 자신이 좋아하는 과목만 공부하려는 경향을 보입니다. 과학이나 수학을 좋아하는 아이, 사회와 역사를 좋아하는 아이, 국어를 좋아하는 아이로 나뉘지요. 이 무렵에 특정 과목을 좋아하는 아이는 중학생이 되어서도 "저 아이는 과학을 잘하는 아이." "저 아이는 수학을 잘해." "쟤는 글쓰기를 잘해."와 같은 수식어를 달게 됩니다. 그렇게 남들의 시선에서 벗어나지 못하는 일이 생기고, 잘하는 과목만 열심히 하게 됩니다.

어느 한 분야만 읽는다고 하여 독서력이 낮다고 할 수는 없습니다. 책을 학습의 도구로 생각하다 보니, 독서 편식을 하면 특정 과목의 학습을 뒷받침할 수 없다는 오해 때문에 골고루 읽게 하려는 것이지요. 그러나 아이들에게 억지로 골고루 읽을 것을 강요해서는 안 됩니다. 좋아하는 과목은 독서로 더욱 탄탄하게 다져 학습 성취감을 갖게 해야 합니다. 기피하는 과목은 그림책으로 도움을 받으면 됩니다. 그림책은 풍부한 시각 자료로 이해를 돕기 때문에 짧은 시간 안에 여러 권을 읽을 수 있습니다. 그림책으로 소소한 성취감을 쌓다 보면, 자신도 모르게 향상된 독서력으로 깊이 있는 책 읽기를 할 수 있습니다.

다시 그림책 읽기부터 시작하라

우리는 몸의 감각 기관을 통해 세상의 지식과 정보를 받아들입니다. 그중 90퍼센트가 시각 정보인데요. 대상에 대한 지식이 없어도 시각은 대상 그 자체의 이미지를 전달해 줍니다. 아주 짧은 시간만으로도 가능한 일이지요. 언어에 비해 시각 정보의 기억력은 2배 이상이며, 언어와 시각이 조합되면 언어만으로 기억하는 양보다 5배 이상 차이가 난다고 합니다. 아이들에게 시각 자료를 많이 보여 줄수록 지식의 기초가 되는 이미지를 많이 쌓아 줄 수 있지요. 그림책을 권하는 이유도 바로 이 때문입니다.

3학년부터 교과목에 사회와 과학이 추가되면서 개인별 배경지식의 차이가 극명하게 드러납니다. 이미 독서 편식이 심한 경우나 책을 읽지 않던 아이라면 사회와 과학 영역을 이해하기 어렵겠지요. 책을 꾸준히 읽어 왔던 아이들은 책 읽기에 흥미와 필요성을 더욱 크게 느끼는 반면, 그렇지 않은 아이들은 늘어난 학습량과 넓어진 친구 관계로 인해 책과 점점 더 멀어집니다.

만약 사회와 과학 영역을 어려워한다면 지식그림책을 이용해 기본 지식을 이해하도록 도와주면 됩니다. 시각 이미지는 직접적이고 구체적이기 때문에 그림책의 시각 정보는 대부분 별도의 설명 없이도 이해할 수 있습니다. 텍스트만으로 이해가 안 되거나 교과서만으로 내용 파악이 어렵다면 관련 그림책을 함께 보는 일이 가장 빠른 방법이지요.

예를 들어 생활 속에서 쓰는 에너지원이 무엇이며 각각 어떤 원리에 의해 만들어지는지 모른다면, 에너지를 절약해야 환경을 보호할 수 있다는 주제를 배우기 쉽지 않을 것입니다. 익숙한 주제인 만큼 당연하게 에너지 사용을 줄여야 한다고 주장할 수도 있지요. 그러나 교과서에 나온 말만 나열하는 데 그칠 것입니다. 이 분야의 지식이 부족한 아이는 에너지원이나 발전소 등을 주제로 한 그림책을 통해 쉽게 정보를 전달받을 수 있습니다. 어렵게 느낄 수 있는 청정에너지나 핵에너지의 원리도 그림책으로 보여 주면 한결 쉽습니다.

평소 우리나라 지도를 통해 지방의 위치나 특산물, 지역 간의 거리를 종종 보았던 아이들은 바다와 접한 곳, 수도와 멀리 떨어져 있는 곳들이 머릿속에 자연스럽게 그려질 것입니다. 그러면 바다나 산에 인접한 지역의 기후를 배울 때 위치에 따른 기온의 변화를 그만큼 쉽게 이해하겠지요. 그러나 강릉이 어디에 있는지, 울산에서 서울까지의 거리가 얼마쯤 되는지 전혀 알지 못한다면, 사회 수업에서 지리나 기후를 공부할 때 이해하는 시간이 오래 걸릴 것입니다. 머릿속에 이미지가 부족한 아이들의 수업 시간은 얼마 가지 않아 잊어버리게 될 단편적인 지식들로 가득 찰 뿐입니다.

고학년이라도 사회나 과학과 관련된 내용을 어려워한다면, 지금부터라도 그림책을 펼쳐 시각 자료를 충분히 보여 주세요. 이미지는 지식을 이해하는 가장 기본적인 텍스트이기 때문입니다.

세상일에 관심을 가져야 목표가 생긴다

아이들은 어떤 과정을 통해 진로나 진학에 눈을 뜨게 될까요? 또 언제 쯤이면 앞으로 다가올 미래에 대해 진지하게 고민할까요? 성인이 된 우리들도 어릴 적에는 코앞에 닥친 시험 걱정을 하느라 바빴고, 친구와 무엇을 하고 놀 것인지로 머릿속이 가득했습니다.

그런데 간혹 사회 현상을 궁금해하는 아이들이 있습니다. 그런 아이들은 다른 아이들에 비해 좀 더 성숙한 모습을 보이며 진로를 일찍 결정하곤 하는데요. 4학년 아이들에게 지금 당장 자신의 미래를 설계하고 진로를 결정하라는 말이 아닙니다. 그럴 이유도 없고, 필요도 없지요. 다만 아이들도 자신을 둘러싼 환경에 대해 어느 정도는 알고 있어야 합니다. 그래야 자신이 이 사회에서 어떤 존재로 살아가야 할지에 대해 고민할 수 있기 때문입니다.

사회 현상을 아는 것은 사회 구성원으로서 당연한 권리이며, 사회 현상을 바라보는 시각은 가치관 형성과 밀접한 관련이 있습니다. 따라서 논리적이고 비판적인 사고의 싹이 트는 4학년 때부터는 사회 현상에 대해 조금씩 배울 필요가 있습니다. 여기서 말하는 사회 현상이란 정치와 경제, 인권, 가족의 다양한 형태, 장애, 입양, 다문화, 기부 및 환원, 환경오염, 생명공학을 비롯한 유전자 조작 및 지엠오 식품과 같은 내용입니다. 이러한 사회적 주제들은 책을 읽거나 누군가에게 배워야만 관련된 지식을 얻을 수 있습니다.

다소 어렵고 무겁게 느껴질 수 있는 주제인만큼 지식책보다는 가볍게 읽을 수 있는 동화책으로 시작하는 것이 좋습니다.

차별과 차이의 의미를 알려 주는 책

장애를 주제로 한 『가방 들어주는 아이』(백남원 그림, 사계절), 『경찰오토바이가 오지 않던 날』(윤정주 그림, 사계절), 『안내견 탄실이』(김동성 그림, 대교북스주니어), 『괜찮아』(최호철 그림, 낮은산), 『아주 특별한 우리 형』(김효은 그림, 대교북스주니어)은 모두 고정욱 작가의 작품입니다. 고정욱 작가는 1급 지체 장애인으로 다리에 힘을 쓸 수 없어 지팡이에 의지해 어린 시절을 보냈답니다. 그의 어머니는 장애를 가진 아들의 교육을 위해 초등학교에 다니는 6년간 아들을 업고 등하교를 도운 것으로 잘 알려져 있지요. 작가의 어린 시절 이야기는 동화의 모티브가 되었고, 작가의 책은 장애인들의 어려움이 무엇인지 알려 주는 눈높이 교육서가 되고 있습니다. 만약 장애의 의미와 현실을 지식책으로 읽는다면 어떨까요? 지식은 얻을 수 있겠지만 가슴에 와닿지는 않을 테지요.

이러한 동화를 읽음으로써 아이들은 장애인을 차별하는 사회적 모순을 정확하게 알 수 있고, 그 모순을 제대로 비판할 수 있는 근거를 마련합니다. 특히 지체 장애의 경우 이동의 불편으로 문제가 생긴다는 것을 깨닫게 됩니다. 지체 장애인의 가장 큰 문제는 이동권이 보장되지 않아 겪는 어려움입니다. 학교에 가서 교육을 받는 일, 영화관에 가서 영화를 감상하는 일은 모두 몸을 움직여야 할 수 있습니다. 이동을 할 수 있어야 가능한 일이지요. 이동권을 보장받지 못하면 어떤 어려움이 있을지 아이들과 이야기를 나누어 본 뒤, 이동권 보장을 위해 우리 사회가 어떤 노력을 해야 하는지 토의해 볼 수 있습니다.

그 밖에도 『경민이의 아주 특별한 친구』(윤수천 글, 원유미 그림, 북스토리아이)는 안내견 미담이의 도움으로 꿈을 이룬 시각 장애인 김경민 교사의 실화를 바탕으로 한 작품입니다. 『아름다운 아이』(R. J. 팔라시오 글, 천미나 옮김, 책과콩나무)는 선천적 안면기형으로 태어나 스물일곱 번의 얼굴 수술을 받은 주인공의 등장만으로도 관심을 끄는 이야기입니다. 헬멧 속에 자신을 숨겨오던 아이가 세상의 편견에 맞서며 진짜 자신을 마주하는 용기를 전해 주고 있습니다. 장애인 언니 때문에 친구들과 갈등하는 소녀의 이야기를 다룬 재클린 윌슨 작가의 『잠옷 파티』(닉 샤랫 그림, 지혜연 옮김, 시공주니어), 발달 장애 자녀를 키우는 열한 명 엄마들의 이야기 『우리 아이를 소개합니다』(박정미 외 글, 봄의정원)도 추천하고 싶습니다. 이러한 책을 통해 우리 아이들은 이 사회가 특권을 지닌 일부 계층의 것이 아니며 누구나 함께 어울려 살아가야 하는 곳임을 알게 됩니다.

인간은 자연의 일부임을 알려 주는 책

'환경'과 '생태계'는 아이들이 좋아하는 주제지만 의외로 깊이 알지 못하는 영역입니다. 따분한 지식이라는 생각이 들어 챙겨 보지 않기 때문인데요. 과학지식책으로 환경의 중요성과 문제를 알아볼 수 있지만, 문학 작품을 통해서도 환경 문제와 그로 인한 생태계 불균형에 대해 배울 수 있습니다. 아이들은 일반적으로 이야기에 더 깊이 몰입합니다. 따라서 다소 딱딱한 지식이나 무거운 주제들은 문학 작품으로 접하는 것이 좋지요.

수잔 제퍼스 작가의 『시애틀 추장』(최권행 옮김, 한마당)은 1850년경 인디언 연맹국으로부터 땅을 사려는 미국 정부에게 "이 땅은 우리의 소유가 아니다. 우리가 이 땅의 일부일 뿐"이라고 한 시애틀 추장의 명연설이 담긴 그림책입니다. 잔잔한 서사시로 인간은 자연의 일부임을 깨닫게 해줍니다. 이철환 작가의 『엄마가 미안해』(김형근 그림, 미래아이)는 환경이 파괴되어 살 곳을 잃은 쇠제비갈매기 가족의 이야기입니다. 사람들이 바다의 모래를 퍼갈 때마다 쇠제비갈매기들의 터전이 점점 사라지고 있음을 경고하고 있습니다. 이상권 작가의 『하늘로 날아간 집오리』(이윤희 그림, 웅진주니어)를 통해서는 생태계 균형의 중요성을 알 수 있습니다.

이미애 작가의 『행복해져라 너구리』(이상규 그림, 파랑새어린이)는 눈물 없이 읽을 수 없는 토종 너구리 남매의 이야기입니다. 2004년에 희귀종인 흰 너구리가 발견되었다는 기사 내용을 모티브로 한 동화로, 동물원에 갇힌 동물들의 슬픔을 다루고 있습니다. 조원희 작가의 『이빨 사냥꾼』(이야기꽃)이나 예영 작가의 『닭답게 살 권리 소송』(수봉이 그림, 뜨인돌어린이)과 함께 읽으면 사고의 확장을 기대할 수 있습니다.

반려동물에 대한 인식을 높여 주는 책

최근 동물을 함부로 취급하거나 유기하는 사람들로 인해 크고 작은 문제가 발생하고 있습니다. 이런 추세를 반영해 반려동물에 대한 의식을 높여 주는 책을 권하고 싶습니다. 이제 우리나라도 마이크로칩을 주입하여 반려동물의 거주지와 주인을 정확하게 인식하는 시스템이 자리 잡아 가고 있습니다. 그러나 여전히 인간에 의해 생명을 위협받는 동물들이 많습니다. 동물을 보호하는 일이 얼마나 중요한지 알아야 합니다. 인간은 동물과 함께 살아가야 하는 자연의 일부라는 것을 알려 주어야 합니다.

김우경 작가의 『머피와 두칠이』(지식산업사)는 다양한 개의 모습을 통해 인간의 추한 모습들을 고발합니다. 언제 봐도 매력적인 이야기입니다. 송재찬 작가의 『돌아온 진돗개 백구』(이혜란 그림, 대교북스주니어)는 1993년 진도에 살다 대전으로 팔려 갔던 진돗개 한 마리가 목줄을 끊고 7개월 만에 다시 진도의 주인집으로 돌아와 화제가 된 기사를 바탕으로 만들어진 동화입니다. 주인을 향한 진돗개의 마음에 진한 감동을 받게 될 것입니다.

강정연 작가의 『건방진 도도군』(소윤경 그림, 비룡소)은 뚱뚱하다고 주인에게 버려진 개가 스스로 누군가에게 도움이 되기 위해 동반자를 찾아 나선다는 이야기로, 우리 사회를 풍자한 이야기입니다. 이 책은 유설화 작가의 그림책 『으리으리한 개집』(책읽는곰)과 함께 읽어도 좋습니다. 주인의 사랑을 받았지만 덩치가 커지면서 버림을 받은 개를 통해 가족의 의미를 되새겨 볼 수 있는 그림책으로, 반려동물의 의미를 깨닫게 하지요. 수지 모건스턴 작가의 『개똥클럽』(최윤정 옮김, 바람의아이들)은 개를 키우는 일은 결국 자기 자신을 바꿔 나가는 일임을 알려 주는 책입니다.

다양한 가족의 모습을 보여 주는 책

『파란 눈의 내 동생』(이지현 글, 이수연 그림, 청어람주니어)은 입양되어 온 형제자매를 받아들이는 가족의 심정을 그린 작품입니다. 『내 가슴에 해마가 산다』(김려령 글, 노석미 그림, 문학동네)는 입양으로 맺어진 가족이 마음 깊숙이 온전한 가족으로 자리 잡기까지 겪는 갈등과 이를 극복하는 모습을 그린 이야기입니다. 책을 읽고 입양이 무엇인지, 왜 공개 입양이 자리 잡아야 하는지 등을 이야기해 봄으로써 우리 사회에는 혈연으로 맺어진 가족 외에도 여러 형태의 가족이 있다는 것을 배울 수 있습니다.

『가족 더하기』(최형미 글, 한지선 그림, 스콜라)는 일찍 철든 딸 예나와 나약한 엄마가 갈등을 겪으며 성장하는 이야기입니다. 또 현대 사회의 다양한 가족 형태를 인정하지 않고 여전히 전통적인 가치관을 우선시하는 사회적 인식으로 인한 갈등과 상처를 다룹니다. 『수리가족 탄생기』(황종금 글, 이영림 그림, 파란자전거)는 한 부모 가정의 아이가 새로운 가족을 받아들이는 과정을 그린 이야기입니다. 진정한 가족이란 어떤 것인지에 대해 생각해 보게 합니다.

『세상의 모든 가족』(알렉산드라 막사이너 글, 앙케 쿨 그림, 김완균 옮김, 푸른숲주니어)은 평범한 듯하면서도 특별하고, 특별한 듯하면서도 평범한 세상 모든 가족들의 이야기입니다.

아이의 모험 심리를 대리 만족시켜라

이 시기 남학생들은 서로 어깨에 팔을 올리거나 걸치고 다니며 자신들만의 우정을 과시하려는 경향이 있습니다. 힘에 의한 서열이 만들어지기도 하지만, 같은 학교에 다니거나 같은 반이라는 소속감에 의리가 생기는 시기지요. 여학생들 역시 액세서리나 문구류를 사러 다니고 간식을 함께 사 먹는 등 끼리끼리 몰려다닙니다. 초4병을 동반한 아이들도 꽤 있어서 부모와의 갈등이나 학업 스트레스에 관한 이야기를 털어놓느라 친구들과 시간을 보내고 싶어 하지요.

이 시기에 또래와의 결속력이 강해지고, 함께 시간을 공유한 친구들끼리 더 똘똘 뭉치는 것은 모험 심리와 영웅 심리가 작용하기 때문입니다. 현실적으로 불가능한 일이거나 부모의 잔소리에 못 이겨 실행하지못할 뿐이지 호기심이 증폭되는 시기라 눈앞에 보이는 모든 것이 궁금

합니다. 혼자서는 두렵지만 친구와 함께라면 뭐든지 할 수 있을 것 같은 마음이 이러한 욕구를 부추깁니다.

모험이나 도전이라는 말은 새로운 일에 선뜻 덤벼들 수 있는 힘을 연상케 합니다. 아이들은 학교생활과 친구 관계에서 모험과 도전을 경험할 수 있습니다. 새 친구, 새 학교, 새 학급과 같은 첫 경험이 모두 이에 해당합니다. 모험심이나 도전감은 새로운 일에 두려움 없이 다가가게 하는 힘의 근원입니다. 앞으로 아이가 겪을 이 세상의 수많은 일들을 이해하는 데도 꼭 필요한 소양입니다. 그래서 모험 심리, 영웅 심리가 작용하는 이 시기 아이들에게는 모험심과 도전감을 적극 길러 줘야 합니다.

이때 책 읽기를 통한 간접 경험은 대리 만족을 선사하고, 언젠가는 꼭 해보리라는 기대감을 갖게 합니다. 「15소년 표류기」, 「보물섬」, 「톰 소여의 모험」, 「해저 2만 리」, 「로빈 후드」, 「꿀벌 마야의 모험」, 「허클베리 핀의 모험」, 「로빈슨 크루소」, 「피노키오의 모험」과 같은 문학 작품들을 읽으며 대리 만족할 시기가 된 것입니다. 아이와 함께 읽으며 어린 시절에 느꼈던 감상에 젖어 보세요. 문학 작품을 통해 세대 공감을 경험할 수 있답니다.

정유리 작가의 『굿바이! 타임피아』(김규택 그림, 책속물고기)는 이 시기 아이들의 심리 상태를 그대로 반영하고 있는 이야기입니다. 세상 급한 일이 없는 주인공 유노는 느긋한 성격으로 쪽지 시험을 망치자 느린 것이 문제라는 것을 느낍니다. 유노가 빨라지는 능력을 키우기 위해 타임피아에 가기로 결심하면서 벌어지는 좌충우돌 이야기를 담고 있습니다. 독일의 현대문학을 대표하는 에리히 캐스트너 작가의 『에밀과 탐정들』(발터 트리어 그림, 장영은 옮김, 시공주니어)은 사려 깊은 주인공 에밀이 친구들과 함께 추리와 모험을 펼치는 이야기로, 전 세계 아이들의 사랑을 받으며 안데르센상을 수상하기도 했지요. 막스 폰 테어 그륀 작가의 『악어클럽』(정지창 옮김, 창비)은 장애인과 외국인 노동자에 대한 사람들의 편견을 사랑과 우정으로 극복하는 아이들의 이야기입니다. R. A. 몽고메리 작가의 〈끝없는 게임〉(송진욱 외 그림, 이혜인 옮김, 고릴라박스)은 독자가 직접 결말을 선택할 수 있습니다. 일종의 인터랙티브 독서 Interactive Reading가 가능한 책입니다. 이를테면 다음 상황에서 '도망칠래? 맞닥뜨릴래?' 하고 묻는 식이지요. 선택이 탁월했다면 모험을 성공적으로 할 수 있습니다. 사건의 과정이나 결론을 마음대로 선택해 가며 읽을 수 있어 보다 적극적으로 독서를 할 수 있습니다.

성^性이 궁금해지는 나이, 정확히 알려 줘라

남녀 구분 없이 친구 사이이던 아이들이 차츰 남녀 차이를 느끼기 시작합니다. 남녀 짝보다는 동성 짝을 원하고, 동성 친구들하고만 어울리려고 하지요. 남녀가 손을 잡는 등의 가벼운 신체 접촉은 꺼리면서도 이성에 대한 호기심이 싹트는 시기입니다. 그렇다고 하여 이성에 대한 특별하고도 각별한 감정을 느끼는 것은 아닙니다. 그저 자신과 다른데 어떻게 다른지, 왜 다른지를 알지 못하다 보니 성에 대한 호기심과 의문이 들 뿐입니다. 세상이 워낙 각박하고 몰지각한 사람들 때문에 해괴망측한 사건 사고가 일어나다 보니 이성에 대한 부정적인 감정을 느끼는 아이도 있습니다. 따라서 성에 대한 거부감이나 불결함을 느끼지 않도록 바람직한 성교육이 이루어져야겠지요.

미란다 폴 작가의 『탄생』(제이슨 친 그림, 안지원 옮김, 봄의정원)은 자신이 어떻게 태어났는지 묻는 아이들에게 읽어 주면서 이야기를 나누기에 좋은 그림책입니다. 임신과 출산 과정을 함께 보면서 아이의 탄생이 얼마나 큰 기쁨을 주는지 이야기 나눌 수 있습니다.

과거보다 이른 시기에 생리를 시작하는 아이들과 아직 준비가 안 된 부모에게는 유미 스타인스 작가와 멜리사 캉 작가의 『생리를 시작한 너에게』(제니 래섬 그림, 김선희 옮김, 다산어린이)를 추천합니다. 생리가 무엇인지, 생리통은 왜 생기는지를 비롯해 생리대 사용법, 학교나 수영장 등에서 생리할 때의 대처법들을 알려 줍니다. 박성우 작가의 『사춘기 준비 사전』(애슝 그림, 창비)과 『사춘기 성장 사전』(애슝 그림, 창비)은 사춘기 아이들의 특징을 사전 형식으로 그려 낸 책으로, 아이들의 이해를 돕기 위해 부모가 함께 보면 좋습니다.

구드룬 멥스 작가의 『루카-루카』(미하엘 쇼버 그림, 김경연 옮김, 풀빛)는 사춘기 소녀의 첫사랑 이야기입니다. 파니와 루카는 처음부터 서로를 맘에 둔 것은 아니었지만, 집에 갈 때도 같이 가고 놀이터에서도 손을 잡고 시간을 보내며 조금씩 가까워집니다. 새로운 친구와의 사랑과 기쁨, 슬픈 감정을 고스란히 보여 주는 이야기입니다.

그 밖에 베치 바이어스 작가의 『첫사랑 진행 중』(박진아 그림, 김영욱 옮김, 보림)은 우정과 사랑 사이에 펼쳐지는 교묘한 심리전을 담고 있어 흥미진진하게 읽을 수 있습니다. 또 『사춘기 내 몸 사용 설명서』(안트예 헬름스 글, 얀 폰 홀레벤 사진, 박종대 옮김, 이마주)는 솔직하고 올바르게 성지식을 전달하기 위해 노력한 책입니다. 『그럼 안 되는 걸까?』(왕대나무 글, 배현선 그림, 예림당)는 사춘기 아이들의 변화무쌍한 감정과 호기심 가득한 성 이야기를 다룬 동화집입니다. 책에는 이제 막 생리를 시작해서 불안해하는 아이, 포경 수술이 뭔지 궁금한 아이, 남보다 빠른 발육 혹은 늦은 성장으로 고민하는 아이가 나옵니다. 아이들은 책을 읽으며 궁금증이 해결되고, 자신에게 찾아온 변화를 편안한 마음으로 받아들일 수 있을 것입니다.

7장

5학년,
자기중심적인 사고에서
벗어난 아이들,
비판적 사고력을 쌓아라

논리적 사고가 발달하여 비판하고 따지기 좋아하는 한편 아직 자신의 생각에 대한 확신이 없어 주변 분위기에 휩쓸려 행동하는 경향이 있습니다. 어떨 때는 어른스러워 보이고 어떨 때는 한없이 아이처럼 보이는 이 시기 아이에게는 멘토 역할을 해줄 사람과 비판적 사고력 훈련이 필요합니다. 이때 인물을 소개한 책은 아이의 성장에 필요한 도움을 줍니다.

부모와의 대화가 독서하는 아이를 만든다

삼 남매의 맏이인 윤진이는 평소 엄마에게 "네가 잘해야 동생들도 잘한다. 언니가 공부를 잘하면 동생도 따라 하고, 언니가 배려심이 있어야 동생들도 보고 배운다."라는 말을 종종 들었습니다. 사실 윤진이는 어릴 적부터 동생들에게 양보만 하고 살아온 것 같아 억울합니다. 공부를 잘해도 엄마의 칭찬을 받지 못하고, 친구들과 놀고 싶어도 그럴 수 없습니다. 엄마가 외출하면 동생들을 돌봐야 하거든요. 그러다 보니 갈수록 동생들이 미워집니다. 엄마는 동생들과 시간을 보내라고 하지만, 윤진이는 친구들과 보내는 시간이 부족해 불만입니다.

윤진이는 순응적인 성격이며 학교에서도 모범생입니다. 담임 선생님은 윤진이가 있어서 교실이 평화롭다는 말을 자주 하고, 친구들 사이에서는 언니 같은 친구로 통하지요. 그러나 윤진이는 엄마와 동생들 사이에서 자기 자리를 찾지 못했습니다.

윤진이처럼 순응적이고 모범적인 아이는 부모의 기대에 부응하기 위해 늘 노력합니다. 공부도 열심히 하고, 엄마의 자랑이 되기 위해 쉴 새 없이 자신을 다그치지요. 윤진이는 '나' 자신이 아닌 딸이나 언니와 같이 자신에게 주어진 역할에 충실했습니다. 그러다 보니 자아를 챙기지 못해 지치고 말았습니다. 이러한 경우는 부모가 조금만 도와주어도 쉽게 문제가 해결됩니다. 아이의 심리 상태를 인정하고, 아이의 의견을 존중해 주면 되지요. 아이에게 주어진 책임감을 조금만 덜어 주면 됩니다.

지금까지 성실하고 모범적이던 아이가 180도 달라질까 걱정돼 아이의 변화를 막는 부모도 있습니다. 아이는 믿는 만큼 성장한다고 합니다. 부모의 틀에 가두는 일은 아이의 성장을 방해할 뿐입니다. 이제까지와는 조금 다른 성향의 친구를 사귀고, 다른 것들을 좋아하며, 한 차원 다른 방식으로 대화하는 아이를 보면 '쟤, 내 자식 맞나?' 하는 생각이 듭니다. 하지만 아이의 기를 눌러 봤자 돌아오는 것은 대화 단절뿐입니다. 부모가 아이에게 좋은 세계라면, 아이는 절대로 비뚤어지지 않습니다.

사춘기에 진입한 아이들이 많아지며 아이들이 모인 학교나 학원에서는 각양각색의 모습이 연출되곤 합니다. 갑자기 말이 없어지는 아이, 감정 조절을 못하여 쉽게 흥분하는 아이, 화를 벌컥 내거나 소리를 지르는 아이가 있는가 하면 친구들을 괴롭히는 아이도 있습니다. 심지어 무기력증에 빠져 공부도 싫고 노는 것도 싫다는 아이도 있습니다. 아이마다 모두 다른 형태의 모습을 보여 교사나 부모가 당황하는 일들이 종종 생기지요.

아이들이 사춘기 증상을 보인다고 해서 해야 할 일들이나 학업에 충실하지 않은 것은 아닙니다. 다만 아이들은 성장 중이고, 성장하는 동안 별의별 일들이 일어나고 있을 뿐입니다. 그때마다 유연하게 대처하면 되지요. 유연하고 융통성 있는 교육이야말로 가장 현명한 방법이 아닐까요? 그러기 위해서는 자녀의 현재 마음 상태를 잘 알아야 합니다.

그런데 부모만 마음먹으면 되는 걸까요? 하루종일 종알종알 떠들던 아이의 모습은 온데간데없고, 이제 더 이상 부모에게 자신의 마음을 털어놓지 않습니다. 이럴 때는 부모가 먼저 나서야 합니다. 우선 그동안 아이와 어떤 말들을 했는지 되돌아보세요. 서로의 마음을 나누었는지, 아이의 할 일에 대해서만 책임을 묻지는 않았는지 말입니다. 이제부터라도 책임은 조금 덜 묻고, '오늘 기분은 어땠는지, 학교에서 즐거운 일은 없었는지'와 같은 긍정적인 이야기와 감정을 나누어 보세요. 자신의 마음을 읽어 주려는 부모의 노력을 느끼면 아이는 곧 마음을 열고 자신의 이야기를 할 것입니다.

부모와 자녀의 대화가 원활한 가정이라야 아이의 미래를 함께 고민할 수 있습니다. 어떤 공부를 할지, 어떻게 살아갈 것인지를 말이지요. 사춘기 자녀가 책 읽기를 바란다면 먼저 대화가 많은 가정부터 만들어야 합니다.

02

사고력을 높이는 대화법은 따로 있다

　사고력이란 생각하고 궁리하는 힘입니다. 운동을 하면 근육이 발달하여 건강을 유지할 수 있듯이 우리 뇌도 자주 써야 두뇌 근육이 발달합니다. 생각하는 능력은 무한하여 훈련하면 누구나 향상됩니다. 하지만 생각할 시간이 없다면 사고력 향상을 기대하기 어렵겠지요.

　5학년은 사물이 눈앞에 없더라도 그릴 수 있고, 남의 입장에서 생각할 줄 알며, 추상적 사고능력이 발달해 경험하지 않은 일도 추론을 통해 결론을 예측할 수 있습니다. 이제 자신 앞에 닥친 공부나 과제 등 해야 할 일들에 대해 스스로 판단하고 결정할 수 있는 시기가 된 것이지요. 이런 일련의 일들을 경험해 보지 못한다면 의존적인 아이로 자랍니다. 고학년이 되어서도 "엄마, 오늘은 뭐 입어요?" "내일 시험인데 뭐 공부해요?" 하는 등 아주 기본적인 일조차 스스로 결정하지 못할 게 뻔하지요. 이를 방지하기 위해 생각을 유도하는 질문을 해야 합니다. "엄마, 오늘 뭐 입어요?" 하고 묻는다면, "비가 오는구나. 뭘 입으면 될까?" 하고 되물어 아이 스스로 답을 내리고 결정하도록 도와주세요. "내일 시험인데 뭐 공부해요?"라고 묻는 아이에게는 답답한 마음을 내려놓고 "무엇부터 하면 좋을까?" 혹은 "준비는 얼마나 되어 있어? 아직 남아 있는 공부가 무엇인지 체크해 볼까?" 하고 되물으면 됩니다. 그러면 아이는 스스로 해야 할 일들을 확인하게 되지요.

아이의 사고력을 높이는 첫걸음은 아이가 질문했을 때 성심성의껏 응대해 주는 일입니다. "무슨 뜻이에요?" 혹은 "왜 이런 일이 일어났어요?" 하고 묻는다면, 당장 답변해 주기보다는 아이의 생각을 먼저 물어봅니다. 부모가 먼저 대답하면, 정답만 알려 주는 셈이 됩니다. 물론 아이는 확장된 사고를 하지 못할 수 있습니다. 하지만 아이의 생각을 먼저 묻는다면 답변을 듣고 새로운 질문을 던지거나 또 다른 이야기로 대화를 확장해 갈 수 있습니다. 가령 "넌 왜 그렇게 생각했어?" "왜 그런 결과가 나온 것 같아?" 하고 물으면 "예" 혹은 "아니오"와 같은 단답형으로 답할 수 없습니다. 아이가 고심하며 대화를 이어가는 과정에서 사고력이 향상됩니다.

말하자면 꼬리에 꼬리를 무는 질문으로 아이의 답변을 유도하고, 아이의 답변에 따라 새로운 질문을 만들어 대화를 이어가야 합니다. 그러기 위해서는 먼저 아이의 마음이 열려 있어야 합니다. 대답을 잘하지 못한다고 핀잔을 주거나 책을 읽지 않으니 그렇다는 등의 비난 섞인 말을 해서는 안 됩니다. 아이의 마음이 닫히게 됩니다.

아이의 질문에 질문으로 응답하라

간혹 아이가 부모도 잘 모르는 분야를 물을 때 답변을 못 하면 아이가 실망할 것 같아 길게 이야기하기 두렵다는 부모를 만납니다. 그래서 열심히 공부하고 있는 부모도 있는데요.

30대 후반의 성희 씨는 유치원에 다니는 아들을 둔 평범한 전업주부입니다. 그녀의 아들은 총명하여 말도 빨리 배우고 책 읽기도 좋아하며 유치원에서 똑똑한 아이로 불립니다. 성희 씨는 그런 아이를 뒷바라지하려면 엄마가 똑똑해야 한다며 열심히 공부합니다. 육아 서적도 많이 읽고, 아이에게 책을 더 잘 읽어 주기 위해 독서지도사 자격증과 책놀이 지도사 자격증도 취득했지요. 때때로 아들이 모르는 것을 물으면 성의껏 답변해 주려 애쓰는데요. 그녀는 아이가 학교에 들어가서도 똑똑한 엄마가 되고 싶다는 소망을 밝혔습니다.

성희 씨는 열혈 엄마입니다. 아들을 잘 가르치고 잘 키우기 위해 많은 노력을 합니다. 그런 성희 씨에게 저는 지치지 않을 정도만 하라고 조언해 주었습니다. 엄마가 모르는 분야는 아이와 함께 책을 읽으며 알아 가면 됩니다. 엄마는 아이와 함께 성장해 가는 존재라고 편안하게 생각하는 편이 낫습니다.

책을 보다가 모르는 내용이 나오면 앞뒤를 다시 읽으며 생각해 보라고 하세요. 여러 번 읽다 보면 저절로 이해되는 경우가 많거든요. 그래도 모르겠다면 함께 찾아보면 됩니다. 인터넷을 검색할 수도 있고, 사전이나 다른 책을 찾아볼 수도 있습니다. 모르는 것들을 함께 찾다 보면 아이의 상위인지능력이 길러집니다.

예를 들어 텔레비전에서 입양 관련 프로그램을 보던 아이가 "입양이 뭐예요?" 하고 물었다면, 부모는 아는 범위 내에서 답변해 주면 됩니다. 만일 입양의 역사나 현황에 대해 설명하기 어렵다면 "글쎄, 입양은 언제부터 시작되었을까? 함께 찾아보자."라고 해보세요. 아이가 "사람들은 왜 입양을 할까요? 아이를 낳으면 되지." 하고 자신의 생각을 말할 수도 있습니다. 이럴 때는 입양의 필요성이나 중요성에 대해 바로 답변하기보다 "네 생각은 어때? 사람들이 왜 입양을 한다고 생각하니?" 하며 아이의 생각을 물어보세요. 입양에 관한 생각을 확장시킬 수 있도록 "입양은 공개적으로 하는 게 나을까? 비밀로 하는 게 나을까?"와 같은 질문을 던지는 것도 좋습니다. 이처럼 다양한 질문을 통해 아이에게 입양의 문제점과 해결책까지 생각해 볼 기회를 마련해 줍니다. 검색의 시대인 만큼 지식 전달은 큰 의미가 없습니다. 서툴고 어눌하더라도 자신의 생각을 말할 기회를 주어야 사고력이 발달합니다.

생각하는 능력은 훈련하면 할수록 발달합니다. 가정에서도 아주 효율적이고 경제적인 방법으로 훈련할 수 있는데요. 그것은 책 읽는 아이로 기르는 일, 아이의 생각을 자주 표현하도록 기회를 주는 일입니다. 주입식 교육이나 사교육만으로는 절대 이룰 수 없지요. 발달 단계에 맞는 적기독서와 그에 따른 적절한 코칭이야말로 사고력 확장의 가장 큰 기반입니다.

03

모순되는 아이들, 멘토가 필요하다

이 연령대 아이들은 자신이 잘하는 것과 잘하지 못하는 것을 분명하게 알고 있습니다. 그래서 남과 비교를 할 때도 나름 객관적인 기준을 세우려 하지요. 이러한 특징 때문에 남들이 인정해 주는 분야에서는 자신감이 넘치고 더 잘하려는 의욕을 보이지만, 그렇지 않은 분야에는 열등감을 가져 포기하려 합니다. 심지어 아이들은 자신이 가진 지능이나 재능을 탓하기도 하는데요. 실제로 성적이 오르지 않는다며 부모에게 지능 검사를 해달라고 요구하는 아이들이 있을 정도입니다.

또 부모보다는 친구와 이야기하기를 좋아하며, 혼자 사색하는 일도 즐깁니다. 그래서 종종 딴생각을 한다는 핀잔을 듣기도 하지요. 합리적 사고가 발달하면서 객관적인 잣대로 사물이나 현상을 평가하는 등 어른스러운 행동을 하기도 하지만, 반대로 부모나 교사로부터 인정받기 위해 편법을 쓰거나 현실 문제를 회피하는 등의 모순된 행동을 합니다. 친구들과 어울리다가 주변 분위기에 휩쓸려 생각지도 못한 일에 연루될 때가 많으며, 넘치는 에너지를 어찌할 바 몰라 하다가도 잘 못한다 싶으면 금방 좌절해 버립니다. 한마디로 좌충우돌 격변기를 보내고 있습니다. 그래서 사춘기 아이를 둔 부모들을 위로하는 책이 많이 출간되나 봅니다. 책을 읽으며 위로도 받고, 마음의 준비도 하라고 말이지요. 부모가 책을 통해 도움을 얻듯이 아이도 도움 받을 수 있는 멘토가 필요합니다. 부모도 좋고 친척이나 이웃집 사람도 좋습니다. 하지만 멘토를 찾는 일은 그리 쉽지 않습니다. 이때 가장 마음 편하게 접근할 수 있는 멘토는 책 속의 인물입니다. 책 속의 인물은 독자를 늘 긍정적으로 응원해 주기 때문입니다.

세계적으로 인정받는 위대한 인물이어도 좋고, 문학 작품 속의 캐릭터여도 무방합니다. 아이들은 자신과 비슷한 상황에 처한 인물이 문제를 어떻게 해결해 나가는지를 보며 해결책을 얻고 희망을 발견합니다. 또 인물의 삶에 감동하여 하고 싶은 일이나 꿈을 찾기도 하지요. 책에서는 현실에서 만나기 어려운 다양한 인물들의 이야기를 들을 수 있는데요. 무엇보다도 훌륭한 인물들의 삶의 태도와 가치관을 배울 수 있다는 점이 큰 매력입니다.

선규는 유명한 만년필 회사를 설립한 조지 새포드 파커의 이야기를 통해 꿈을 갖게 되었습니다. 파커는 1888년에 회사를 설립하고 잉크병을 가지고 다닐 필요가 없는 만년필을 개발하여 필기구의 혁신을 가져

온 사람입니다. 파커가 살던 당시에 널리 사용되던 만년필은 잉크가 멋대로 흘러서 글을 쓰려면 애를 먹었습니다. 파커는 이를 개선하고자 온갖 시행착오 끝에 직접 자신의 이름을 딴 파커 만년필을 만들었지요.

파커의 이야기를 읽고 난 후, 선규는 상품을 기획하고 개발하는 일을 하고 싶다고 했습니다. 사실 선규 아버지의 직업은 상품 디자이너입니다. 평소 집에서 상품을 개발하고 디자인하는 일에 관해 자주 이야기했다고 합니다. 아빠가 하는 일을 막연히 동경하고 있던 차에 파커의 이야기를 읽고 꿈이 명확해진 것이지요. 이를 계기로 아빠와의 대화가 더욱 즐거워졌다고 합니다. 이제 중학생이 된 선규는 자신의 꿈을 성취하기 위해 공부와 동아리 활동 모두 열심히 하고 있습니다. 이야기 속의 인물이 아이에게 꿈과 희망을 주었습니다. 이렇게 책 속의 인물은 아이에게 인생의 방향을 안내하는 멘토가 됩니다.

04

자기중심적인 사고에서 벗어났을 때
인물 이야기를 읽을 수 있다

우리나라 학부모 사이에서 가장 인기 있는 책은 무엇일까요? 흔히 위인전이라고 부르는 전기문입니다. 위인 전집은 없을지라도 인물 이야기가 한 권도 없는 가정은 아마 없을 것입니다. 부모는 전기문에 소개된 인물의 삶이 아이에게 긍정적인 영향을 줄 것으로 기대합니다. 아이가 인물의 삶의 태도와 가치관, 세계관 등을 배우기를 바라지요. 설령 제대로 이해하지 못하더라도 '인물의 이름과 업적'을 알기만 해도 큰 수확이라고 여깁니다.

〈한국을 빛낸 100명의 위인들〉이라는 노래는 인물이 살던 시대와 업적, 특징을 가사로 전달하는 노래입니다. 따라 부르기 쉽고 학습 효과까지 있어서 꾸준히 사랑받고 있지요. 그런데 이 노래의 가사에 등장하는 인물들을 알려면 역사를 대략적으로 이해하고 있어야 합니다. 아이 스

스로 노랫말의 의미가 궁금하여 찾아본다면 모를까 일부 상위인지능력
이 높은 아이를 제외하고는 궁금증을 해소하기 위해 관련된 내용을 찾
아보는 아이는 드물 것입니다.

　노래 가사를 흥얼거리다 보면 '사육신과 생육신이 사람 이름인가?'
'김유신은 왜 말 목을 잘랐지?' '이수일과 심순애는 어느 시대 인물이
지?'처럼 이해할 수 없는 내용이 나옵니다. 그러니까 이 노래는 역사에
대한 배경지식을 갖고 있는 고학년이 되어서야 비로소 제대로 음미할
수 있는 노래인 것이지요. 그전에는 즐겁게 따라 부르기만 해도 충분합
니다.

　인물 이야기는 역사에 관심을 보일 때 읽기를 권합니다. 5학년은 되
어야 과거에 일어난 사건을 시간의 흐름에 따라 이해할 수 있습니다.
4학년 때 일화 중심의 인물 이야기를 맛보기로 읽었다면, 이제는 인물
의 생애를 읽을 차례입니다. 인물의 일대기는 일화 중심의 책과 달리 인
물의 업적을 알리는 데 그치지 않고 당대에 끼친 영향까지 알려 줍니
다. 그래서 책을 읽는 아이들은 인물을 사회 구성원의 일원으로 바라보
게 됩니다. 그리고 자신의 삶에 투영해 보지요. 전기문의 인물은 아이들
의 멘토가 되어 미래 사회에서 어떻게 살아가야 할지 방향을 제시해 줍
니다. 그래서 이 시기가 전기문을 읽는 적기입니다. 또한 아무리 뛰어난
역사 속 인물일지라도, 혹은 아무리 학습에 도움이 되고 세상을 살아가
는 데 힘이 되는 이야기일지라도 자기중심적 사고에서 벗어나 다른 사
람의 입장과 처지를 생각할 줄 아는 시기에 읽어야 감동을 받습니다. 자

기중심적 사고에서 벗어나는 시기를 보통 만 10세 전후로 봅니다.

저학년 때 억지로 전기문을 읽게 하면 정작 제대로 읽어야 할 고학년 때 인물에 대한 호기심마저 잃기 쉽습니다. 그렇다고 무조건 지양하라는 의미는 아닙니다. 아이들은 인물을 통해 살아가는 방식을 배우고, 자신의 이상을 확립해 가지요. 때로는 평생 함께할 멘토를 만나기도 하고요. 인물의 일대기를 다룬 책보다는 일화 중심의 책으로 시작하면 독서 흥미를 쉽게 북돋을 수 있습니다.

모든 전기문이 좋은 건 아니다

고학년을 상대로 감명 깊게 읽은 전기문을 조사해 보았습니다. 그 결과 남학생들은 이순신, 광개토 대왕, 안중근을 손꼽았고, 그다음으로는 정조와 장영실을 언급했습니다. 여학생들은 세종대왕과 신사임당을 꼽았고요. 인물 이야기에는 아무래도 영웅담이 많다 보니 여학생보다는 남학생이 더 선호하는 경향을 보였는데, 외국의 인물 이야기보다 친숙한 우리나라 인물을 더 좋아하는 것을 알 수 있었습니다. 전기문을 접한 시기는 주로 유치원 때부터 저학년 사이로, 고학년이 되어서는 교과서에서 다루는 인물을 확인하는 정도에 머물러 있었습니다.

그동안 전기문 읽기를 멀리했다면 이제부터라도 신경을 써야 합니다. 특히 인물을 선택할 때는 태생부터 돋보이는 사람보다는 평범하지만 남다른 생각을 하거나 노력을 통해 성공한 인물 이야기가 좋습니다. 천부적인 재능과 높은 지능으로 성공한 인물 이야기를 읽다 보면 '난 태어날 때부터 평범했기 때문에 나와는 상관없는 이야기야.'라며 공감하지 못하거나 '위인은 타고나는 것이므로 나는 성공하기 틀렸어.'라고 생각할 수 있기 때문입니다.

나폴레옹이나 칭기즈 칸 같은 전쟁 영웅을 다룬 이야기 역시 신중해야 합니다. 전쟁 영웅 중에는 시대적 상황 때문이라 해도 자국의 이익을 위해 수많은 사람을 희생시킨 인물이 많습니다. 이러한 인물 이야기는 자칫 가치관을 왜곡시킬 우려가 있습니다. 사춘기 아이들 중에는 히틀러가 존경스럽다고 말하는 아이도 가끔 있는데요. 일종의 허세로 보이지만 위험한 생각입니다. 따라서 역사적 업적뿐 아니라 그 인물에 대한 현대 사회의 평가를 함께 고려하여 책을 골라 주어야 합니다.

전기문을 고를 때는 유명하지는 않으나 귀한 일을 한 사람을 소개한 책, 유명한 인물을 사실적으로 다룬 책, 정보가 정확한 책을 기준으로 삼아야 합니다. 꼭 세계적으로 유명한 사람만이 아이들에게 긍정적인 영향을 끼치는 것은 아닙니다. 비가 오나 눈이 오나 학교 앞 횡단보도에서 교통 지도를 해주는 동네 태권도장 관장님처럼 '주변의 귀한 사람 이야기'도 아이들에게 선한 영향력을 끼칩니다.

잘 알려지지 않았으나 착한 눈으로 세상을 바라본 사람들의 이야기를 담은 책들을 소개합니다. 바브 로젠스톡 작가의 『진실을 보는 눈』(제라드 드부아 그림, 김배경 옮김, 책속물고기)은 어릴 적 소아마비를 앓아 장애인이 된 사진작가 도로시아 랭의 이야기입니다. 베아트리체 마시니 작가의 『소에게 친절하세요』(빅토리아 파키니 그림, 김현주 옮김, 책속물고기)는 동물에게도 편안한 죽음을 맞이할 권리가 있다고 세상에 알린 동물학자 템플 그랜딘의 이야기입니다. 크리스티아나 풀치넬리 작가의 『옥수수를 관찰하세요』(알레그라 알리아르디 그림, 김현주 옮김, 책속물고기)는 아웃사이더 유전학자 바버라 매클린톡의 생애를 그린 이야기입니다. 옥수수에서 생명의 비밀을 발견한 그녀는 당시 냉대를 받았지만, 이에 흔들리지 않고 연구에 몰입해 유전학에 위대한 업적을 남겼습니다. 『세상에서 가장 가난한 대통령 무히카』(미겔 앙헬 캄포도니코·천지은 글, 안지혜 그림, 을파소)도 추천합니다.

그 밖에도 아이들에게 조금은 낯설지만 감동을 주는 인물 이야기를 소개합니다. 『남극의 마지막 영웅 섀클턴』(두그루 글, 양지훈 그림, 뜨인돌어린이)은 아무도 살아 돌아올 것을 장담할 수 없는 극한의 상황에서 선원들에게 희망과 용기를 북돋아 준 어니스트 섀클턴의 이야기입니다. 우리나라 과학자로서 남극의 별이 된 사람의 이야기 『과학자 전재규 남극의 별이 되다』(전신애 글, 이상권 그림, 청어람미디어)는 우리나라 과학자로서 남극의 별이 된 전재규의 이야기입니다. 젊은 과학자의 고뇌와 열정을 고스란히 엿볼 수 있지요. 『니 꿈은 뭐이가?』(박은정 글, 김진화 그림, 웅진주니어)는 날고 싶다는 간절한 꿈을 이루기 위해 수많은 장벽들을 넘어서고, 독립운동가로서, 비행사로서, 그리고 여성으로서 항상 뜨겁게 살았던 권기옥의 이야기입니다.

비판적 사고력을 향상시키는 전기문 읽기와 쓰기

전기문을 읽을 때는 인물의 업적보다는 삶의 태도를 중심으로 읽어야 합니다. 인물의 업적만 강조한 책은 과정보다 결과를 더 중요하게 여기게 되므로 피해야 합니다. 다음의 질문을 통해 비판적 읽기를 도울 수 있습니다.

- 인물이 살았던 시대의 배경은 어떠한가?
- 인물의 성장 과정은 어떠한가?
- 인물은 어떤 시련을 겪었는가?
- 인물은 시련을 어떻게 극복했는가?
- 인물의 행동(혹은 업적)이 당시 사회에 어떤 영향을 끼쳤나?
- 오늘날의 사람들에게 인물은 어떤 영향 혹은 교훈을 주고 있는가?
- 비슷한 업적을 남기거나 동시대에 살았던 인물이 있는가? 있다면
  공통점과 차이점은 무엇인가?
- 인물의 주된 업적은 무엇인가?
- 인물이 성공한 까닭은 무엇인가?

인물 이야기는 비판적 사고를 기르는 데 효과적입니다. 비판적 사고란 대상을 꾸준히 관찰하고 비교해 어떤 결론을 얻어 낼 수 있는지 알아내는 능력입니다. 어떤 정보나 사실을 그대로 받아들이는 것이 아니라

합리적이고 논리적으로 평가하고 분석해서 받아들이지요. 비판적 사고력은 고학년이 되어야 서서히 발달하며, 적절한 질문과 토의, 토론이 큰 도움이 됩니다.

책을 읽으며 인물들이 어떤 노력을 하였는지 찾다 보면 공통의 결과가 도출됩니다. '아, 부지런해야겠구나.' '그래, 흔들리지 않고 노력하는 자세가 중요해.' '나도 이 사람처럼 능동적으로 행동해야겠어.' 등의 깨달음을 얻게 되지요. 인물의 행동에서 옳고 그름을 찾아내고, 그들의 공통점을 통해 하나의 결론을 이끌어 낼 수 있습니다.

따라서 아이가 책을 읽을 때 비판적 사고를 돕는 질문을 하면 좋습니다. 인물의 가치관이나 인생관에 대해 물으며 "그 상황에서 왜 그런 행동을 했을까?" "문제를 어떻게 해결했어?" "그렇게 행동한 까닭은 무엇일까?"와 같이 이유와 방법을 중심으로 묻습니다. 그러면 인물의 가치관이나 인생관을 좀 더 집중하여 읽을 것입니다. 다음 질문을 참고해도 좋습니다. 이 질문들은 근거를 세워 대답해야 하기 때문에 생각할 시간을 주어야 합니다.

- 인물이 시련을 극복한 방법은 그가 처한 환경과 어떤 관련이 있는가?
- 다른 인물과 비교했을 때 삶의 태도는 어떠한가? 또는 어떤 점이 다른가?
- 다른 인물의 성장 과정(혹은 시련을 극복해 낸 과정)과 비교해 보았을 때 어떤 공통점이 있는가?

- 만약 그 인물이 다른 시대에 태어났다면 어떤 삶을 살았을까?(가령 이순신 장군이 고구려 5세기 장수왕 때의 인물이었다면?)
- 만약 내가 인물과 같은 처지에 놓였다면 특정 상황에서 문제를 어떻게 해결할 것인가?
- 인물의 선택이 옳았다고 생각하는가? 그 까닭은 무엇인가?

인물 이야기를 읽고 독서 감상문을 쓸 때 많은 아이들이 인물의 일생이나 업적을 요약한 뒤에 "위대하다" 또는 "본받아야겠다"는 말로 마무리 짓습니다. 그래서 아이들의 독서기록장은 인물의 이름만 달라질 뿐 내용이 비슷합니다. 이럴 때는 질문을 활용해 인물의 어떤 점을, 왜 본받겠다는 것인지, 왜 위대하다는 것인지를 쓸 수 있도록 도와주세요. 그러기 위해서는 아이가 인물의 삶을 자신의 상황과 견주어 생각해 볼 수 있어야겠지요.

예를 들어 장기려 박사는 한국의 슈바이처로 알려진 인물로, 인술을 베풀고 간 성자로도 불립니다. 우리나라 간 절제 수술 분야의 선구자이며 일생을 가난한 환자들을 위해 봉사한 분이지요. 그분의 이야기를 읽고 쓴 어느 학생의 독서 감상문입니다.

최고의 의사 장기려 박사님은 변변한 집 한 채도 가지지 않고 남을 위해 봉사하는 삶을 사셨다. 그런데 나는 오는 길에서 돈을 구걸하는 사람을 봤지만 그냥 지나쳤다. 내 돈이 아까웠기 때문이다. 반성이 되었다. 장기려 박사님처럼 남을 위해 내 모든 것을 줄 순 없지만, 앞으로는 힘든 사람을 도와줘야겠다.

아주 잘 쓴 글은 아니지만, 자신의 구체적인 경험담을 보태어 쓰니 읽는 맛이 납니다. 여기서 한 가지 유의할 점은 "이분은 의사로서 성공했는데도 끊임없이 노력했지? 너는 앞으로 어떻게 해야 할 것 같아?" "이분은 아주 어려운 환경에서도 성공했잖아. 너는 얼마나 좋은 환경이니. 더 열심히 해야겠지?" 하는 식으로 인물의 성공을 강조하면서 심리적인 부담을 주어서는 안 됩니다. 전기문도 이야기책입니다. 무언가 배우고 얻어야 한다는 생각 이전에 재미있게 읽을 수 있어야 합니다. 유연해야 사고력이 발달합니다.

역사, 전체 흐름을 읽어야 한다

5학년 시원이는 역사라면 치를 떱니다. 고개를 절레절레 흔들며 역사는 절대로 공부하지 않겠다고 선언까지 했습니다. 처음부터 그런 것은 아니었습니다. 시원이가 고학년에 접어들자 어머니는 '한국사능력검정시험'에 도전하게 했습니다. 기출문제집에 간략하게 요약되어 있는 내용을 읽고, 문제를 풀게 했지요. 구석기 시대의 유물조차 잘 알지 못하는 아이에게 고구려나 조선의 역사까지 달달 외우게 하니 시원이는 많이 버거워했습니다. 반복해서 읽어도 이해하기 어려운 데다 양도 많아서 결국 엄마와 하는 한국사 공부에 치를 떨게 되었습니다. 이후 시험에서도 좋은 성적을 거두지 못했고, 역사에 대한 인식만 나빠진 채 역사 과목과 멀어지고 말았습니다.

5학년 사회 과목의 두드러진 특징은 본격적으로 역사를 다룬다는 점입니다. 5학년 2학기, 한 학기 동안 고조선부터 6·25 전쟁까지 시대의 특징과 왕조의 업적을 중심으로 배웁니다. 아직은 개괄적인 역사의 흐름을 익히는 정도에서 그치지만 그만큼 시대의 흐름을 잘 이해해야 하기 때문에 배경지식이 부족한 아이들은 대단히 어려워합니다.

역사는 단편적 지식이나 특정 시대 혹은 사건의 일면만으로는 이해할 수 없습니다. 전체 흐름을 알아야 하며, 사건의 원인이나 결과를 추론하는 힘이 필요합니다. 보통 5학년은 되어야 생기는 사고능력이지요. 아이들은 통사를 접하면서 과거의 관습과 문화를 익히고 사회적인 통념을 이해합니다.

역사를 가장 쉽고 재미있게 시작하는 방법은 역사책 읽기입니다. 시원이처럼 달달 외우며 공부를 하면 재미없고 지루합니다. 이 시기의 역사책 읽기는 이후 역사에 대한 아이의 흥미를 좌우합니다. 따라서 역사는 어렵고 힘든 과목이 아니라 자신의 정체성을 알아가는 흥미로운 과목이라는 것을 알려 주면 좋겠습니다. 그러기 위해서는 역사를 흥미롭게 전달하거나 재미있는 이야기 형식으로 소개하는 책으로 관심을 높여 주는 게 먼저입니다.

어떤 역사책이 좋을까?

4학년 민주는 겨울방학을 맞이하여 엄마와 50권의 역사책을 읽기로 했습니다.

"이번 겨울방학에 엄마랑 한국사 전집을 읽기로 했어요. 다 읽으면 컴퓨터 사용 시간을 늘려 주신대요."

"겨울방학 동안? 그럼 지금부터라도 조금씩 읽는 게 낫지 않을까?"

"혼자 읽기엔 너무 많아서 엄마가 도와주기로 했어요."

부모들은 종종 무리한 독서 계획을 세우는데요. 5학년 사회 과목을 대비하고자 한 민주 어머니의 마음은 충분히 이해되지만, 평소 책 읽기를 힘들어하는 아이가 한 달여 만에 과연 50권의 책을 읽을 수 있을까요? 어떤 책인지 궁금하여 살펴보니 처음 역사를 접하는 민주에게는 버거운 책이었습니다. 분량도 많거니와 참고서처럼 사실 위주로 서술된 다소 딱딱한 책이었습니다. 역사 지식이 없는 아이에게 이런 책은 오히려 역사가 어렵고 재미없다는 인식을 심어 줄 수 있어 주의가 필요합니다.

역사책은 구성 방식에 따라 이야기 중심의 역사 동화와 지식이 강조된 책으로 나뉩니다. 역사적 사실을 근거로 한 동화는 스토리텔링 기법을 활용하여 동화책을 읽듯이 술술 읽힙니다. 교과서처럼 사실을 중심으로 전달하는 지식책은 역사에 배경지식이 있는 아이들이 읽으면 좋습니다. 반면 역사를 어려워하는 아이들에게는 만화와 그림의 비중이 큰 역사책이 적합하지요.

어떻게 읽어야 할까?

역사책도 책입니다. 따라서 읽는 방식에 따라 비판적 사고와 창의적 사고의 발달을 기대할 수 있습니다. 역사책을 읽고 더 잘 이해하게 하려면 읽은 내용을 주제로 아이와 함께 이야기 나누는 것이 가장 좋습니다. 아이 혼자서는 질문을 만들거나 깊이 생각하기가 어렵기 때문입니다.

가장 일반적인 방법은 역사적 사건이 일어난 배경과 원인을 살펴보고, 그 결과를 추론해 보며 인과 관계에 집중하는 것입니다. 스토리텔링 기법을 도입한 책이라면, 책에 쓰인 내용 중 사실과 허구를 가려서 말해 보도록 하는 방법도 좋습니다.

'만약에'라는 가정을 해보아도 좋습니다. '만약에 정조 임금이 좀 더 오래 살았다면 정약용은 어떤 삶을 살았을까? 그 밖에 더 많은 업적을 남겼을까?'와 같은 가정을 해보는 겁니다. '만약에 정약용이 귀양살이를 하지 않았더라면 어떤 인물로 남았을까?' '만약에 정약용이 귀양을 가지 않았어도 그가 남긴 수백 편의 책들이 세상에 나왔을까?' 등의 가정을 통해 생각을 다양하게 해볼 수 있습니다.

간혹 "어차피 이미 일어난 일인데 뭐하러 뒤집어 봅니까?" 하며 귀찮아하는 아이들도 있습니다. 이 활동은 단순히 이미 일어났던 과거의 일들을 뒤집어 보는 데 그치지 않습니다. 정약용의 삶을 되짚다 보면 당시 그가 임금에게 총애를 받았던 까닭이나, 고단했던 백성들의 삶을 안타깝게 여긴 실학자로서의 인생관이 드러납니다. 이러한 활동을 통해 아이들은 다각적인 측면에서 역사를 살펴볼 수 있으며, 단순히 역사적 사실을 암기하는 수준을 넘어 사건의 인과 관계를 이해할 수 있습니다. 이 과정에서 비판적 사고와 창의적 사고가 발달합니다.

시작은 역사 동화로

역사 과목에 부담을 안고 있지만, 책 읽기를 즐기는 아이라면 역사 동화를 추천합니다. 이야기책을 곧잘 읽는 아이들은 마치 드라마처럼 전개되는 역사책을 읽으며 시간 여행을 하는 듯한 경험을 할 수 있습니다.

역사 동화는 보통 스토리텔링 기법을 도입하여 읽기 부담을 줄여 줍니다. 스토리텔링 기법은 이야기 형식을 빌린 기법으로, 주로 학습 도서에서 지식과 정보를 효과적으로 전달하기 위한 방편으로 널리 쓰입니다. 스토리텔링 기법의 장점은 지식이나 정보를 나열하는 백과사전식 서술과 달리, 지식을 한결 가볍고 재미있게 전달함으로써 독서 동기를 강화해 준다는 점이지요.

이러한 책은 타임머신을 타고 과거로 여행을 떠나는 이야기가 많습니다. 또 흥미로운 캐릭터를 등장시켜, 캐릭터와 함께 역사 현장을 찾아가는 서술 방식을 도입하기도 합니다. 만약 재미에 치중해 책을 선택했다면 사실과 허구를 가려 읽는 연습이 필요합니다. 흥미로운 이야기에만 집중하면 지식 전달에 실패할 수 있으므로 이 점을 유의해야 합니다. 비판적 사고가 발달하는 시기이므로 사실과 허구를 충분히 가릴 수 있습니다. 따라서 이 시기 아이들은 사실과 거짓, 중요한 정보와 그렇지 않은 내용을 구분하는 연습이 필요합니다.

한국어린이문화연구소에서 엮은 『광개토대왕』(이관수 그림, 영림카디널)은 동북아시아를 호령했던 위대한 임금, 광개토 대왕의 이야기를 동화 형식으로 담은 책입니다. 김일옥 작가의 그림책 『천년의 꿈을 담은 평화의 부처님』(구연산 그림, 개암나무)은 석굴암을 통해 통일 신라에 대해 알려 주는 그림책입니다. 일 년에 단 하루 일반인의 출입을 허락하는 석가 탄신일에 석굴암을 찾은 작가가 영감을 얻어 쓴 작품입니다.

이현 작가의 『해동성국 발해』(경혜원 그림, 휴먼어린이)는 발해의 건국 과정과 해동성국으로 불릴 만큼 강한 나라였던 발해의 이야기를 생생하게 들려주는 그림책입니다. 그림에 공을 많이 들인 책으로, 보는 재미가 있습니다. 한석청 작가의 『바람의 아이』(양상용 그림, 푸른책들)는 당나라의 압제를 물리치고 발해를 세우는 과정을 배경으로 한 장편 동화입니다. 『소년 명탐정 정약용』(한 이 글, 오윤화 그림, 청어람주니어)은 정약용의 특별했던 어린 시절을 모티브로 한 역사 동화로, 재치 넘치는 명탐정의 활약이 흥미진진합니다.

배유안 작가의 『초정리 편지』(홍선주 그림, 창비)는 한글 창제라는 역사적 사실을 바탕으로, 초정에 사는 사내아이가 한글을 깨우치고 현명한 석수장이로 성장해 가는 이야기가 흥미롭게 전개됩니다. 이영서 작가의 『책과 노니는 집』(김동성 그림, 문학동네)은 조선 시대의 천주교 탄

압이라는 역사적 사건을 배경으로 한 동화로, 필사쟁이의 삶을 통해 지식 계층의 문제와 힘없는 백성들의 고충을 전해 주고 있습니다.

김민영, 김민정 작가의 『할머니를 부탁해』(송효정 그림, 사계절)는 한국 전쟁, 산업화, 민주화 운동, 외환 위기 등 현대사의 굵직한 사건을 치매에 걸린 할머니의 기억을 통해 전달하는 이야기입니다. 한 나라의 역사가 개인의 삶을 어떻게 규정하는지 깨닫게 하는 가슴 아픈 내용입니다. 정명섭 작가의 『역사탐험대, 일제의 흔적을 찾아라!』(노란돼지)는 역사를 왜 배우는지 잘 모르겠다는 중학생 동찬이와 평생 역사 공부에 전념한 노교수가 만나 일제의 흔적들을 찾아 떠나는 이야기입니다.

그 밖에 황선미 작가의 『희망의 단지 DMZ』(이마주)는 분단의 아픔을 안고 사는 민통선 주민들의 이야기입니다. 디미트리 델마 작가의 『역사로 통하는 맛의 항해』(기욤 레이나르 그림, 김수진 옮김, 책속물고기)는 한국의 역사는 아니지만, 새로운 맛을 찾아 배를 타고 떠난 탐험가들의 이야기를 다루고 있어 역사에 대한 흥미를 높일 수 있습니다. 고추와 파인애플, 바나나와 감자 등 아이들이 아는 음식 재료들이 각국에 유입되고 전파되는 과정을 들려줍니다.

친숙해졌다면 역사 지식을 확장시켜라

동화책으로 역사와 친숙해졌다면, 이제 지식책으로 역사 지식의 기반을 탄탄하게 다지면 됩니다. 가장 정직한 책은 교과서처럼 사실을 중심으로 기록한 책입니다. 역사 입문기인 초등학생에게는 역사에 대한 관심과 흥미를 갖게 하는 것이 우선입니다. 따라서 그림이나 사진 등의 시각 자료가 풍부한 책을 골라 주어야 합니다.

최근 역사 인식이 높아지면서 초등학생 눈높이에 맞는 책이 많이 출간되고 있습니다. 다음에서 소개하는 책들은 참고용으로 아이의 수준을 가늠하여 선택하길 바랍니다.

『우리나라 구석구석 지도 위 한국사』(정일웅·표정옥 글, 이케이북)는 다소 따분한 교과서식 방식이지만 도표를 많이 활용하여 한눈에 보기 쉽습니다. 박은봉 작가의 〈한국사 편지〉(류동필 외 그림, 책과함께어린이)는 오랫동안 읽혀 온 편지 형식의 통사입니다. 엄마가 아이에게 전달해 주는 형식으로, 선사 시대부터 현대까지 아우르고 있지요.

배성호, 최인담 작가의 『선생님, 대한민국은 어떻게 시작되었나요?』(김규정 그림, 철수와영희)는 대한민국 임시 정부가 어떻게 세워졌는지, 어떤 활동을 벌였는지, 오늘날의 대한민국과는 어떤 관계가 있는지를 알려 줍니다. 우리나라의 시작을 알 수 있지요. 이기범, 김동환 작가의 『3·1 운동의 불씨, 독립 선언서를 지켜라!』(윤정미 그림, 사계절)에서는 제1차 세계 대전이 끝나고 미국 윌슨 대통령의 민족 자결주의에 영향을 받아 일어난 독립운동사 최대의 만세 시위인 3·1 운동을 소개합니다.

정인수 작가의 『우리가 지켜낸 문화재』(이선주 그림, 풀빛미디어)는 조선왕조실록, 금동미륵보살반가사유상처럼 빼앗겼던 우리 문화재를 어떻게 지켜냈는지, 또 우리 문화재를 지키는 일이 왜 소중한지를 알려 주는 책입니다. 『한국사 사전』(책과함께어린이)은 김한종 외 여러 명의 작가들이 집필한 책으로, 한국사 개념어와 용어들을 찾아볼 수 있는 사전 형식의 책입니다. 『어린이들의 한국사』(역사교육연구소 글, 이경석 그림, 휴먼어린이)는 실제로 존재했던 아이들의 이야기를 통해 어린이가 역사의 주인공이라는 점을 알려 주고 있습니다.

과도한 정보가 부담된다면 역사 만화를 읽혀라

과도한 지식이 부담된다면 역사 만화를 추천합니다. 역사 만화는 역사를 싫어하거나 관심이 없는 아이들에게도 흥미를 부여해 줍니다. 역사는 전체 흐름을 아는 것이 제일 중요합니다. 역사 만화를 읽다 보면 세부 내용을 잘 몰라도 전체 흐름을 이해할 수 있기 때문에 긴 역사를 지루하지 않게 훑을 수 있습니다.

혹여 만화만 볼까 우려하는 분들도 있을 겁니다. 학습만화의 맹점에 대해서는 앞에서 안내했습니다. 방치하지만 않는다면 문제가 생기지 않습니다. 만화로 역사에 대한 흥미를 살렸다면 이제는 역사 동화와 함께 시각 자료가 풍부한 지식책을 적절히 권해 주세요. 같은 시대 혹은 같은 사건들을 서로 비교해 가며 읽도록 하면 상위인지능력을 발달시킬 수 있습니다.

〈초등학생을 위한 맨 처음 한국사〉(윤종배·이성호 글, 이은홍 그림, 휴먼어린이)는 전체 흐름을 한번에 볼 수 있도록 한 만화입니다. 역사가 여전히 어렵다고 하는 아이들에게 안성맞춤이지요. 아이들의 인기를 한 몸에 받고 있는 콩트식 역사 만화로는 〈WHY? 한국사〉(이근 외 글, 극동만화연구소 외 그림, 예림당)가 있습니다. 주니어김영사의 〈아하! 우리 역사〉(지호진 글, 이혁 그림)는 문화재, 과학, 경제 및 역사적 사건과 인물 등 각각의 주제별로 역사의 일면을 소개하는 만화입니다. 그 밖에 〈용선생 만화 한국사〉(이홍석 등 글, 주성윤 등 그림, 사회평론)도 있습니다.

스스로 고치기 힘든 독서 습관,
함께 읽기가 답이다

5학년쯤 되면 다른 사람의 도움 없이 스스로 읽을 책을 선택하고, 또 끝까지 읽을 수 있습니다. 나름대로 독서 습관이 자리 잡혀 있으며, 자신의 잘못된 독서 습관도 알고 있습니다. 너무 빨리 읽어서 세부 내용을 잘 기억하지 못한다거나, 대강 읽는 버릇이 있어서 공부할 때도 실수를 한다거나, 좋아하지 않는 분야는 아예 거들떠보지 않는다는 등 스스로 부족한 점을 알고 있지요. 그러나 고치기 쉽지 않습니다.

참으로 아이러니한 것은 좋은 습관을 들이는 데는 오래 걸리지만, 나쁜 습관은 금방 생긴다는 점입니다. 게다가 나쁜 습관을 고치는 데는 시간이 더 오래 걸립니다. 독서 습관도 마찬가지입니다.

잘못된 독서 습관을 바로 잡는 데 가장 효과적인 방법은 독서 모임입니다. 고학년 아이들은 다른 사람의 시선을 의식하기 때문에 함께 읽는 방법이 대단히 효과적입니다. 친구들이 서로 협력자이자 경쟁자가 되어 읽기 동기를 유발하고 질 높은 독서 문화를 형성합니다. 책을 읽기 싫은 날도 있겠지요. 하지만 읽지 않으면 뒤처지는 느낌이 들기 때문에 열심히 읽게 됩니다. 또 함께 읽으면 자신의 관심 분야가 아닌 책이나, 평소 읽지 않던 책까지 읽게 됩니다. 같은 책을 여럿이 읽다 보니 내용을 서로 확인하면서 인상 깊거나 의미 있는 구절을 나눌 수 있습니다. 자신의 생각과 친구의 생각을 견주며 사고를 확장할 수도 있지요. 자연히 듣고 말하는 능력이 향상됩니다.

보통 처음에는 부모가 중심이 되어 아이들의 독서 모임을 이끌어 가기 마련인데요. 제가 본 한 모임은 4~5학년으로 이루어진 6명의 아이들이 능동적으로 이끌어 가고 있었습니다. 부모는 장소와 간식만 제공할 뿐이었지요. 처음에는 아이들끼리 책 선택은 어떻게 할 것이며, 과연 얼마나 지속할 수 있을지 의문이 들었지만, 부모들은 모여서 이야기를 하든 책을 읽든 자기들끼리 의논할 시간을 주었다고 합니다. 책 선정부터 독후 활동까지 일련의 과정에 대한 권한을 모두 아이들에게 맡겼지요.

처음에는 "책이 맘에 안 든다" "누구누구 의견이 너무 강해서 하기 싫다" 등의 불만도 있었습니다. 하지만 시간이 지나면서 나름의 리더가 생기고, 리더를 중심으로 아이들의 역할이 나뉘며 하나의 조직이 만들어졌습니다. 몇 달이 지나자 책 목록을 만들고, 책을 구해 읽은 뒤 토의하는 문제까지 아이들끼리 자연스럽게 의견을 조율하였습니다.

"처음엔 엄마가 도와줄 거라고 생각했어요. 그런데 거들떠보시지도

않더라고요. 그러니까 제가 찾아 읽게 되고, 좋은 생각이 떠오르면 메모해 두었다가 모임에서 얘기해요."

이젠 어떤 책이 좋을지 선생님에게 조언을 구하기도 합니다. 역시 아이는 부모가 믿는 만큼 성장한다는 것을 또다시 확인할 수 있었습니다. 신뢰감은 동기를 부여합니다. 실제로 교사나 부모와 같은 성인 조력자보다 본인의 수준을 조금 웃도는 또래와의 학습이 아이들에게 더 효과적이라는 연구도 있지요.

나와 다른 생각을 배우는 토의 · 토론 방법

논리적 사고와 비판적 사고가 발달하며 옳고 그름을 따지기 좋아하는 이 시기 아이들에게 토의와 토론 활동은 사고의 발달을 촉진합니다. 5학년 국어 교과서에도 토의와 토론이 각각 한 단원을 차지하고 있는데요. 교과 과정에 토의 · 토론의 비중이 높다 보니 교내 캠프나 방학 프로그램으로 토론 수업이 개설되기도 하고, 도서관이나 사교육 시장에서도 고학년을 위한 토론 수업이 활발하게 이루어지고 있습니다. 대부분의 학교에서도 교내 토론 대회를 개최하지요. 그만큼 토의 · 토론은 대중적이며 보편적인 프로그램이지만, 부모가 잘 이해하지 못하면 도움을 줄 수 없습니다. 따라서 자녀의 토론 교육을 위해 부모가 알아 두어야 할 것들을 먼저 짚어 보겠습니다.

토의, 토론, 디베이트는 무엇이 다를까?

토의 및 토론, 디베이트는 각각 다른 의미를 가지고 있습니다.

토의討議는 여러 사람이 모여 공동의 주제를 가지고 서로의 의견을 나누는 활동입니다. 토의를 하기 위해 모인 구성원들은 제시된 문제에 대해 함께 검토하고 협의하는 과정을 갖습니다. 가령 '인터넷 악성 댓글을 없애려면 어떻게 해야 할까?' '학교에서 친구들과 어떤 놀이를 하면 좋은가?' '사회 시간에 지역 문화재를 조사하려고 하는데, 어떻게 계획을 세울 것인가?'와 같은 주제로 의견을 나눈 뒤 좋은 아이디어들을 모으지요. 공동의 문제를 해결할 때 유용한 활동입니다.

반면에 토론discussion은 어떤 문제에 대하여 여러 사람이 서로 다른 의견을 논의하는 일입니다. 다시 말해 공통 주제에 대하여 자신의 주장을 제시하는 일종의 '말하기 활동'이지요. 가령 '밸런타인데이나 화이트데이 같은 기념일에 꼭 선물을 주어야 하는가?'와 같은 주제로 토론을 한다면 선물을 주어야 한다는 의견과 그렇지 않다는 의견으로 갈릴 수 있지요. 혹은 특별한 사이에서만 선물을 주고받을 수 있다는 등의 새로운 주장이 만들어질 수 있습니다. 토론할 때는 상대방의 생각보다 자신의 생각이 옳다는 것을 입증해야 합니다. 즉 자신의 주장을 뒷받침할 근거를 들어 명확하고 자신감 있게 말하는 능력이 요구되지요. 설득력 있는 내용과 어조가 필요한 활동입니다.

디베이트debate는 토론과 유사한 활동으로, 사전적 의미는 같습니다. 학교에서는 종종 이 둘의 용어를 혼용하기도 하는데요. 다만 디베이트는 찬성과 반대처럼 두 가지로 나뉘는 문제에 대해 자신의 주장을 논리적으로 펼치는 활동입니다. 디베이트는 찬성팀과 반대팀 혹은 긍정 측과 부정 측으로 나누어 상대편 주장의 오류를 지적하고, 자신의 주장에 근거를 제시하여 상대팀은 물론 심사위원과 청중까지 설득시키는 활동입니다. 가령 '학원에 많이 다니면 공부에 도움이 된다'라는 논제로는 '학원이 공부에 도움이 된다.'는 생각과 '학원이 공부에 도움이 되지 않는다.'라는 생각이 충돌하게 됩니다. 이때 각각의 주장에 따라 근거를 들어 상대를 설득해야 합니다. 주장을 뒷받침해 줄 근거가 불충분하면 상대를 설득할 수 없겠지요.

이런 활동은 모두 개인의 스키마를 기반으로 근거를 제시하여 주장을 펼치는 일입니다. 이미 알고 있는 지식이나 이전에 경험했던 일들에 예측과 추론을 덧붙여 결론을 도출해 내야 하기 때문에 종합적 사고능력이 요구됩니다. 따라서 토의·토론 경험이 많이 쌓일수록 사고력이 발달하지요.

토의·토론 활동을 통해 아이들은 의사소통의 자세와 방법을 배울 수 있을 뿐만 아니라 다른 친구를 통해 자신이 미처 생각하지 못했던 바를 깨닫거나 독단에 빠졌던 오류를 수정하고 교정할 수 있습니다. 또 새로운 생각을 받아들여야 할 필요성도 배우지요. 이러한 과정을 통해 사람마다 생각하는 방식이 다르다는 것을 이해하게 됩니다. 다른 사람의 이야기를 자신의 생각과 비교하고 비판하며 듣는 사이에 상위인지능력도 향상됩니다.

특히 디베이트는 상대를 공격하여 무조건 이기기만 하면 되는 게 아니라 설득과 공감으로 상대를 내 편으로 만들어야 합니다. 따라서 상대를 공격하여 이기려는 마음보다는 내 생각에 동조해 줄 근거를 제시하도록 지도해야 합니다. 상대를 이기려는 마음이 앞서면 논리 없이 공격하는 질문만 하게 됩니다. 이런 방식의 질문은 상대의 입만 막아 놓으면 된다는 식으로 받아들여질 수 있으므로 유의해야 합니다.

질문하기 힘들어하는 아이에게 권하는 토론법

최근에는 디베이트가 승부욕이나 경쟁심만 부추긴다는 우려 때문에 '비경쟁 토론'을 권장하는 사람들이 많습니다. 비경쟁 토론은 어떠한 주제를 두고 떠오르는 생각들을 마구 쏟아 낸 뒤 질문들을 구조화하여 토론할 주제를 만들고 이야기를 나누는 방식입니다. 어떠한 질문도 비난해서는 안 되고, 다소 엉뚱한 질문이라도 모두 수용해야 하는 것이 원칙입니다. 부담이 없기 때문에 질문 만드는 것을 힘들어하는 아이들도 자유롭게 토론에 참여하는 효과가 있습니다.

디베이트를 할 때 경험이 적은 아이들은 상대의 주장이나 근거를 듣고 질문하는 활동을 가장 어려워합니다. 질문을 만드는 것이 쉽지 않기 때문입니다. 질문을 잘 만들면 상대를 당혹하게 하거나 자신의 주장에 유리한 답을 얻어 낼 수 있습니다. 좋은 질문을 만들었다는 것은 논제와 토론의 흐름을 아주 잘 이해하고 있다는 증거지요. 하지만 아이들은 질문하는 것을 두려워하고 어려워합니다. 따라서 비경쟁 토론으로 다양한 질문 만들기 경험을 풍부하게 쌓는 것이 좋습니다.

아이들이 가장 쉽게 할 수있는 독서 토론

토의·토론 활동이 아이들에게 미치는 긍정적인 영향은 한 가지 주제를 깊이 생각할 기회를 준다는 점입니다. 깊이 생각하기 위해서는 주제에 대해 알고 있는 지식을 꺼내어 정리하고, 이를 주장에 사용하기 위해 다른 생각과 융합하는 훈련이 수반됩니다. 또한 정돈된 언어와 설득력 있는 말투로 생각을 표현하는 연습이 되지요.

그러나 지식이 얕거나 경험이 부족하면 알맹이 없는 수업에 그치게 됩니다. 실제로 현장에서 아이들과 토의나 토론을 하다 보면 주제에 대한 해석이 잘 이루어지지 않은 상태에서 결론에 도달하려는 경우나, 확실하지 않은 근거들을 나열하는 경우가 많습니다. 배경지식이 부족하거나 깊이 생각하지 않아서입니다. 그래서 아이들과의 토론은 생활 속에서 찾은 주제보다 책을 읽고 할 수 있는 독서 토론이 적합합니다. 화제가 풍성해지기 때문이지요.

5학년은 사물을 객관화하여 이해할 수 있으며, 추상적 사고능력이 발달합니다. 따라서 사회 현상을 주제로 한 책 읽기와 토의·토론 활동이 제격입니다. 이야기 주제로는 환경 보호, 에너지 절약, 청정에너지 활용에 대한 대책, 아동의 인권 보호처럼 사회적 통념이나 보편적 가치를 다룬 내용이 좋습니다. 또 역사 왜곡, 양성 평등, 학교 폭력, 외모 지상주의, 물질 만능주의, 스마트폰의 오남용, 사형 제도처럼 다소 무거운 주제의 토론도 좋습니다. 독서 토론이 끝난 뒤 글쓰기를 하면 사고력의 기반인 읽기와 쓰기, 듣기와 말하기 능력을 동시에 키울 수 있습니다.

만약 소극적인 성향의 자녀를 둔 부모라면 아이가 토의·토론 활동을 잘하지 못할까 봐 걱정이 될 수 있습니다. 그러나 이런 아이들도 사전에 구성원 간의 원활한 관계 맺기가 이루어진다면 성공적으로 토의·토론에 참여시킬 수 있습니다. 또래와의 협동 학습을 좋아하는 고학년들의 특성을 잘 활용하면 되지요.

읽기 이해도가 낮거나 독서 습관이 들지 않은 아이라면 시간이 조금 걸릴 수 있습니다. 하지만 토의·토론 활동을 자주 경험하면 자신의 의견을 말하는 일에 익숙해지고, 다른 사람의 의견을 듣는 것만으로도 참여 의욕이 생깁니다. 이러한 의욕은 독서 동기로 이어지지요. 독서 토론에 흥미가 생기면 성공적인 토론을 위해서라도 책을 잘 읽게 된답니다.

다음은 토의·토론하기 좋은 책과 주제입니다.

『우리 학교가 사라진대요!』(예영 글, 강은옥 그림, 마음이음)-인구정책, 『가족이 있습니다』(김유 글, 조원희 그림, 뜨인돌)-가족, 『들어갈 수 없습니다!』(전정숙 글, 고정순 그림, 어린이아현)-용기, 『일곱 빛깔 독도 이야기』(황선미 글, 우지현 그림, 이마주)-독도, 『오! 이토록 환상적인 우리 몸』(소냐 아이스만 글, 아멜리 페르손 그림, 박종대 옮김, 우리학교)-차이와 차별, 『사이클 선수가 될 거야!』(호안 네그레스 콜로르 글, 남진희 옮김, 우리교육)-인권, 『맘대로 과학자의 적정기술』(최현미 글, 원유미 그림, 파랑새어린이)-과학자가 할 일

8장

6학년, 성장의 발판이 되는 읽기능력을 길러라

이 시기 아이들은 부모를 조금씩 멀리하고 반항하는 모습을 보입니다. 하지만 마음속으로는 미래에 대한 불안과 자신에 대한 의문으로 가득하여 부모의 손길을 필요로 합니다. 부모의 현명한 개입이 필요한데요. 아이에게 가르치려 하기보다 아이의 마음을 다독이는 한편 올바른 방향으로 이끌어 줄 책을 권해 줘야 합니다. 또한 적극적 읽기 전략을 몸에 익혀 논리적 사고력을 기를 수 있도록 도와야 합니다.

두 번째 심리적 이유기가 시작된다

초등학생으로 마지막 학년을 보내는 6학년은 곧 중학생이 된다는 기대와 함께 학습 부담을 느끼는 시기입니다. 예비 중학생으로 통하는 이 시기의 아이들은 어린이도 아니고 청소년도 아닌 혼란기를 보내지요.

신체적으로 성숙해 보이지만 아직은 성장하고 있는 어린이라는 점을 간과해서는 안 됩니다. 부모들은 이제야 말귀를 알아듣는 나이가 되었으니 공부하라고 다그칩니다. 하지만 아이들의 머릿속은 앞날에 대한 고민, 친구와의 관계 맺기, 성적에 대한 부담으로 뒤죽박죽입니다. 부모님의 훈계가 귀에 들어올 리가 없지요.

한편 이 시기의 아이들은 불합리하거나 불공정해 보이는 것을 발견하면 고치려 합니다. 시간 관리를 못해서 숙제가 밀리거나, 공부하다가 스마트폰 게임을 하는 자신의 모습에 끊임없이 반성하고 후회하며 고치려고 하지요. 그런 아이에게 "공부를 해야 네가 하고 싶은 일들을 할 수 있다"는 등의 훈계는 그저 잔소리가 됩니다. 아이는 "공부하려고 마음먹고 있는데, 부모님이 공부하라고 하니 하려던 마음이 싹 사라졌다"고 푸념을 늘어놓게 됩니다.

아이의 사춘기를 받아들이는 방법

심리학에서는 인간이 일생 동안 두 번의 이유기離乳期를 갖는다고 합니다. 첫 번째 이유기는 치아가 나기 시작할 무렵입니다. 모유를 먹던 아이가 치아가 나고 스스로 먹기 시작하면서 비로소 젖을 떼고 어른이 먹는 음식을 먹게 되는 때를 말하지요. 이때 아이는 지금껏 밀착해 있던 엄마와의 공간적 거리가 멀어지면서 적지 않은 심리적 고통을 겪습니다. 물론 대부분의 아이들은 스스로 잘 견뎌 냅니다.

두 번째 이유기는 청소년기입니다. 신체적·정신적으로 성숙하여 부모의 보호나 간섭으로부터 독립하려는 때로, 심리학에서는 '심리적 이유기'로 부릅니다. 이때의 심리적 고통이 엄마의 젖을 떼는 고통과 같다는 의미지요.

사람마다 시기적으로 다소 차이는 있지만, 대부분 이 두 번째 이유기에 신체적 발달이 두드러지며 사춘기가 진행됩니다. 급격한 신체 변화가 당황스럽고 불안한 반면 이성이나 외모에 대한 관심이 급격히 높아집니다. 사춘기 아이들이 머리 모양이나 옷과 신발의 변화에 유독 예민한 것은 뇌에서 시각을 담당하는 후두엽이 발달하는 시기와 맞물리기 때문입니다.

또한 '나는 왜 이 땅에 태어났을까?' '사는 이유는 무엇일까?' '나의 꿈은 무엇인가?'와 같은 철학적 고민이 시작되고, 끊임없이 스스로 묻고 해결해 나감으로써 자아 정체성을 확립해 갑니다. 부모의 보호, 감독, 간섭으로부터 독립하려는 경향이 강해져 가정에 의존하는 일이 줄어듭니다. 대신에 친구 의존도가 높아지면서 점차 부모보다 친구와의 약속이 더 중요해지며, 많은 시간을 친구와 보내고자 노력합니다.

> 사춘기 열병을 앓는 자녀와 갈등이 심하다는 지우 부모님을 만났습니다. 최근에 부쩍 말수가 줄고 짜증이 늘어난 아이를 보자니 답답하다고 했습니다. 아이가 원하는 건 다 해주고 있는데 대체 무엇이 불만인지 모르겠다고 했습니다.
> 반면 지우의 생각은 달랐습니다. 부모님은 이제까지 자신을 존중해 준 적이 없다고 했습니다. 성적이 오를 때만 좋아할 뿐, 정작 자신이 무엇을 좋아하는지조차 모른다고 했지요. 부모와 아이의 관점에 차이가 크게 벌어져 있었습니다.

사례에서 주목해야 할 점은 "부모에게서 존중받았던 적이 없다"는 아이의 말입니다. 지우 부모님은 자녀를 사랑하고 아이가 원하는 걸 지원해 주는 분들로, 보편적인 부모상입니다. 상담을 하면서 지우 부모님이 자녀를 존중하지 않았을 거라는 생각은 들지 않았습니다. 그러나 상담만으로 가정에서 벌어지는 일련의 일들을 모두 알 수 없는 법이지요. 문제는 아이가 어떻게 느끼며 살아왔는가입니다. 부모는 수시로 자녀의 마음을 잘 읽고 있는지 점검해 봐야 합니다. 또 자녀의 성장 속도에 맞게 부모 역할을 해왔는지도 되돌아봐야 하지요.

심리적 이유기를 겪는 아이들을 바라보며 부모는 '올 것이 왔구나.' 하는 마음이 들 수 있습니다. 반항이 시작되고, 친구만 찾는 아이를 보면서 어디까지 믿어 줘야 할지 의문이 들기도 하지요. 그러나 아이를 엄연한 독립적 인격체로서 인정하고, 아이의 말에 귀 기울여 주는 수평적 대화 방식을 택한다면 자녀와 원활한 관계를 지속할 수 있습니다. 아이들은 성인과 동등한 대우를 받기 원하고 자신의 의견을 인정받고 싶어 합니다. 자신이 부모로부터 존중받고 있으며 신뢰받고 있다는 확신이 서면 부모의 기대에 부응하기 위해 엄청난 힘을 발휘하며 성장하지요.

아이는 그동안 지켜오던 규칙을 거부하고 자신만의 규칙을 만들기도 하는데요. 이 과정에서 반항적인 태도를 보이곤 합니다. 소통이 서툴고 감정 조절이 세련되지 못해서 벌어지는 일입니다. 평소에는 논리적이고 감정 표현에 능숙한 것처럼 행동하지만, 아직 인지능력과 사고력 발달이 미숙하여 때때로 비논리적이며 충동적이지요. 흡사 마음에 들지 않으면 떼를 쓰는 유아기 아이와 같습니다.

한편 이 시기 아이들은 추상적인 사고가 가능해지고 세상의 객관적인 법칙과 인과 관계에 관심이 많습니다. 사회 현상을 좀 더 객관적으로 볼 줄 알게 되면서, 부모의 모습에서 모순이 발견되면 종종 불신을 품습니다. 이 때문에 "엄마는 그렇게 안 하면서, 아빠는 약속을 지키지 않으면서."와 같은 말들을 하는 것이지요. 이런 말을 들으면 부모는 당황스럽습니다. 더군다나 아이의 반항적인 태도가 마음에 들 리 없습니다. 그렇다고 사사건건 잘잘못을 따지거나 힘으로 누르려고 해서는 안 되겠지요. 오히려 부모가 자신의 잘못을 인정하는 꼴이 되어 서로 감정의 골만 깊어집니다.

부모는 아이의 성장에 따라 자신의 역할을 끊임없이 바꿔야 합니다. 어린 자녀에게는 충실한 양육자로서, 초등학생 자녀에게는 새로운 체계에 잘 적응하도록 돕는 격려자로서, 사춘기 자녀에게는 조언자로서 옆에 있어 줘야 합니다. 만약 고학년 자녀에게 양육자로서 머물러 있다면 아이의 성장과 변화에 발맞추지 못하고 있는 것입니다. 부모도 아이와 함께 성장해야 합니다.

사고가 미성숙한 시기,
다양한 사고 관점을 간접 경험시켜라

아이는 이제 학교에서 누구의 눈치도 받지 않는 최고 학년입니다. 후배들에게 모범을 보이기 위해 노력하고, 가정에서도 부모 형제를 배려하는 등 제법 어른스러운 행동을 합니다. 아이 역시 스스로 어리다고 생각하지 않습니다.

합리적 사고가 발달하면서 아이들은 이제 여러 지식들 간의 공통점과 차이점을 분류하거나 분석할 수 있습니다. 이러한 사고의 발달은 학습에 요구되는 능력으로, 특히 수학이나 사회 과목을 공부하는 데 필요합니다. 사회는 지역이나 국가 등 우리가 속한 사회와 공동체가 어떤 곳인지, 어떠한 현상과 문제가 발생하는지, 이를 어떻게 해결해야 하는지를 배우는 과목입니다. 정치, 법, 사회, 문화, 역사, 지리, 환경 등 영역도 광범위하지요. 많은 부분에서 배경지식과 선경험이 필요합니다.

아이들은 뒤처지는 과목을 공부하기 위해 스스로를 독려하고 부족한 점을 고치려고 노력합니다. 다만 공부를 잘하고 싶은 마음과 달리 아직은 미성숙하여 동기와 의지가 약합니다.

저학년일 때는 조건과 무관하게 선생님을 신뢰하지만, 이제는 지식이 부족하거나 교수법이 진부하다고 느껴지면 선생님을 불신하고 무시합니다. 논리적으로 따지기를 좋아하는 연령이 되었기 때문인데요. 비합리적인 일이나 비논리적인 사항에 가차 없이 비판하고 비난하려는 이 시기 아이들의 특성이 반영된 행동입니다. 또 부모나 교사의 말에 자기만의 논리로 해석하고 반항하다가도 '내가 언제 그랬냐'는 식으로 하룻밤 만에 생각을 바꾸기도 합니다. 아직 사고가 미성숙하고 뚜렷한 가치관이 확립되어 있지 않기 때문이지요. 이는 다양한 관점을 받아들일 수 있다는 의미이기도 합니다.

우리 반, 우리 학교, 우리 지역, 나아가 우리나라와 같이 자신이 속한 사회의 범위를 조금씩 넓혀 감으로써 아이는 자신을 사회 구성원의 하나로 인식합니다. 그래서 사회 전반에서 벌어지는 일들에 관심을 기울이는데, 다양한 언론 매체에 매력을 느끼며 사회적 사건과 현상에 흥미를 보입니다.

그렇다고 6학년이라고 하여 어휘력과 이해력이 갑자기 급상승하는 것은 아니므로, 특정 분야의 책을 무리하게 권하는 것은 바람직하지 않습니다. 이제까지 해온 대로 꾸준히 읽도록 하는 것이 중요하지요.

관심 분야나 수준에 맞는 책을 읽다 보면 다양한 가치관을 접할 수 있을 뿐만 아니라 다양한 간접 경험의 기회를 얻게 됩니다. 이 시기에 얻을 수 있는 큰 소득 중의 하나지요. 간접 경험이긴 하지만 어른의 세계를 경험하며 닮고 싶은 어른의 모습을 발견하기도 합니다. 또 다른 나라에 살고 있는 친구도 만날 수 있지요. 이를 통해 타인의 마음을 이해할 수 있는 능력을 갖추게 됩니다.

적극적 읽기를 통해 논리적 사고력을 길러라

아이는 자라는 동안 상상력과 창의력을 키우고, 다양한 분야의 지식과 정보를 획득합니다. 이는 논리력의 기틀이 되지요. 논리적 사고는 옳고 그름을 판단하는 힘입니다. 어떠한 현상이나 대상을 판단하여 취할 것인지 버릴 것인지를 결정할 때 필요한 능력입니다. 사고를 구술하거나 논술문을 작성할 때도 논리력이 꼭 필요합니다. 그리고 논리적 사고를 기를 수 있는 가장 효율적인 방법은 책 읽기입니다. 문학이든 비문학이든 상관없습니다.

만약 지금까지 꾸준히 읽지 않았다면 늦은 걸까요? 그렇지 않습니다. 1장에서도 소개한 바 있지만, 책 읽기 경험이 적은 6학년 남학생이 수준에 맞는 도서를 제공받고, 적절한 코칭을 받으면서 초고속으로 성장한 사례가 있었지요.

그렇다면 가정에서 해줄 수 있는 방법은 무엇이 있을까요? 논리력은 책을 읽을 때 지식과 정보를 적극적으로 받아들이는 전략을 활용하여 기를 수 있습니다. 논리력은 속성으로 배울 수 있는 능력이 아닙니다. 하지만 적극적인 읽기를 통해 논리적 사고력을 키울 수 있습니다.

적극적인 읽기는 학습 독서 전략과도 통합니다. 먼저 글을 읽을 때는 모르는 낱말이 있는지, 이해하기 어려운 내용이 있는지 꼼꼼하게 살피며 읽는 자세가 필요합니다. 그래야 전체 구조가 보이고, 핵심어와 주제가 보이기 때문입니다. 수동적으로 읽으면 글의 맥락이나 주제를 알 수 없고, 글자만 읽게 되어 전체 내용을 파악하기 어렵습니다.

필기도구를 활용해 읽는 방법도 좋습니다. 책을 읽다가 중요한 말이나 어려운 어휘가 나오면 밑줄을 긋는다거나, 흥미로운 내용이나 마음에 와닿는 글귀가 나오면 공책에 옮겨 적는 것도 아주 적극적인 읽기 방법이지요. 책을 더 꼼꼼하게 읽을 수 있고, 다 읽은 뒤에도 내용을 오래 기억할 수 있는 방법입니다. 밑줄 그은 어휘들은 사전을 찾아 확실하게 그 의미를 파악하도록 합니다. 밑줄 긋기 전략이 몸에 익으면, 핵심 내용을 찾아 표시하고 공책에 정리하는 일이 자연스러워집니다.

질문을 하며 읽는 방법은 더욱 적극적인 읽기 전략입니다. 책을 읽다가 이해되지 않는 부분이 나오거나, 더 자세히 알고 싶은 부분이 있으면 표시합니다. 기호나 질문으로 표시해 둔 뒤 확인해 보면 됩니다. 읽는 도중에 해결할 수도 있고, 책을 다 읽은 뒤에 답을 찾을 수도 있습니다. 가령 『사회 선생님이 들려주는 공정무역 이야기』(전국사회교사모임 글, 살림출판사)를 읽으면서 '공정 무역의 뜻은 무엇일까?' '공정 무역 운동은 왜 필요할까?' '공정 무역 초콜릿을 사면 아프리카 카카오 농장의 농민들은 정말 정당한 노동의 대가를 받을 수 있을까?'와 같은 질문을 만들 수 있습니다. 스스로 만든 질문에 답을 찾으며 읽다 보면 집중력이 높아집니다. 답이 쉽게 찾아지지 않을 때는 여러 차례 반복해서 읽게 되지요. 그렇게 해서 얻은 깨달음의 희열은 경험해 본 아이만이 알 수 있습니다.

많은 아이들이 수동적으로 책을 읽습니다. 낯선 주제나 모르는 낱말이 있어도 궁금해하지 않습니다. '기부와 환원'을 예로 들어 볼까요? 이 말의 뜻을 먼저 묻는 아이는 드뭅니다. 대개 '기부'는 알지만 '환원'은 모르지요. 글을 다 읽고 난 아이에게 용어의 의미를 물으면 "몰라요."라고 합니다. 이런 경우 만약 묻지 않는다면 그냥 넘어가게 됩니다. 부모나 교사는 아이가 낱말의 의미를 알고 있을 거라는 생각에 묻지 않고, 아이는 모르는 말이 무엇인지 몰라 지나칩니다. 따라서 질문하며 읽고, 읽고 난 뒤에는 알게 된 내용이나 어려웠던 내용에 대해 이야기 나누는 시간이 필요합니다. 이때 부모는 글의 내용을 구구절절 묻지 않아야 합니다. 내용을 잘 기억했는지 확인하려 들기보다 질문을 중심으로 아이와 이야기 나누기를 권합니다.

적극적 읽기 전략은 책 안에 담긴 내용을 끊임없이 의심하며 읽는 방법입니다. 알고 있는 내용인지 모르는 내용인지 확인하고, 모르는 내용이라면 어디에서 찾을 수 있는지, 이 책에 쓰인 내용이 정확한지 등을 끊임없이 생각하며 읽어야 논리력이 향상됩니다.

아이의 자발성을 기대하지는 마세요. 부모나 교사의 지도가 필요합니다. 아이에게 쉽게 가르치려면 부모가 먼저 해보는 것이 좋습니다. 어린이 책이든 성인 책이든 만만한 책 한 권을 골라 읽기 전략을 써서 읽어 본 뒤 아이 수준에 맞는 방법들을 활용해 보세요. 처음부터 모든 전략을 다 쓰지 말고 하나씩 추가하며 차근차근 접근하세요.

여기에 소개한 읽기 전략들은 모든 책에 사용할 수 있으나 아이의 책 읽기에 모두 적용해서는 안 됩니다. 시간이 오래 걸릴 뿐 아니라 에너지를 총동원해야 하기 때문이지요. 어떤 책은 휘리릭 읽고 마는 용도로, 어떤 책은 심사숙고하여 읽도록 해야 합니다. 또 때와 장소, 목적에 따라 읽기 방법을 달리할 것을 당부합니다.

흔들리는 아이의 마음을 책으로 보듬어라

이 시기 아이들은 급격한 신체적·정신적 변화로 대단히 불안정합니다. 이럴 때 자신과 비슷한 상황에 처한 소설 속 인물을 만나면 위안을 받고 안심합니다. 현실 친구에게서는 받을 수 없는 또 다른 위로입니다. 주인공의 성장을 모티브로 하는 성장 소설(성장 동화)은 사춘기 아이들의 공감을 자아냅니다. 성장통을 겪는 주인공은 조력자의 도움을 받기도 하며 성장통을 슬기롭게 극복합니다. 이 모습을 통해 사춘기 아이들은 자신의 정체성을 이해하고 저마다의 크고 작은 문제를 해결하는 방법을 배웁니다. 이런 측면에서 책은 독자의 마음을 보듬어 주고 성장을 돕습니다.

주인공이 성장통을 잘 견디고 일어서는 장면을 읽으면서 아이들은 마치 자신의 아픔을 이겨 낸 듯한 느낌을 받습니다. 읽기 행위가 곧 치유로 이어지는 것이지요. 때로는 부모가 나서서 아이의 고민을 덜어 주려고 애쓰기보다 성장 소설을 권함으로써 스스로 치유할 기회를 주는 것이 좋습니다. 성장 소설이 곧 힐링 도서의 역할을 하는 셈이지요.

성장 소설에는 개인적인 고민에 초점을 둔 이야기도 있고, 가정이나 학교 등 환경적 요인에 의한 성장통을 다룬 이야기도 있습니다. 아이들에게 추천하는 이야기는 이 시기 아이들의 주된 고민인 '친구와의 우정', '진로 문제', '열등감', '이성에 대한 호기심', '부모 및 교사와의 갈등'을 다룬 책입니다. 더 나아가 국가관이나 세계관에 영향을 미치는 작품도 매우 좋습니다.

훌륭한 작품은 인물의 성장통이 잘 드러나 있습니다. 주인공이 아픔을 이겨 내고 한층 성장하는 모습을 보면서 아이들은 자신도 어렵고 힘들지만 책 속의 인물처럼 참고 이겨 내겠다는 의지를 갖게 됩니다. 또 주인공이 조력자의 도움을 받아 어려움을 이겨 내는 과정을 보면서 자신을 도와줄 사람도 분명히 있을 것이라는 확신을 갖습니다. 지금 겪고 있는 어려움이 혼자만의 숙제가 아니라는 것을 깨닫지요.

이옥선 작가의 『성장통』(구지현 그림, 장수하늘소)은 마음의 길을 잃고 헤매는 주인공 연주의 이야기입니다. 부모님의 말은 모조리 잔소리로 들리고, 친구가 하는 말만 귀에 쏙쏙 들어오는 아이들에게 성장통은 누구나 겪는 아주 자연스러운 일이라고 말해 줍니다. 뭐든 마음대로 되지 않아 속상하기만 한 아이들이 공감할 수 있는 이야기입니다.

비에라 히라난다니 작가의 『밤의 일기』(장미란 옮김, 다산기획)는 '엄마에게'로 시작하여 '사랑을 담아, 니샤'로 끝이 나는 편지 형식의 책입니다. 12세에 일기장을 선물 받은 니샤는 돌아가신 엄마에게 자신의 생각을 담아 편지를 씁니다. 니샤가 사는 인도가 종교 갈등으로 두 개의 나라로 나뉘자, 힌두교도인 아빠와 이슬람교도인 엄마 사이에서 태어난 니샤는 어느 쪽에 설 것인지 선택을 강요받게 되는데요. 졸지에 피난민이 된 니샤의 가족들은 온갖 어려움을 겪지요. 불안한 현실 속에서도 희망찬 미래를 꿈꾸는 열두 살 아이의 감동적인 이야기입니다.

J. M. 바스콘셀로스 작가의 『나의 라임오렌지 나무』(최수연 그림, 박동원 옮김, 동녘)는 악동으로 불리는 꼬마 제제와 라임오렌지 나무 밍기뉴의 이야기입니다. 오랫동안 전 세계 독자의 사랑을 받고 있는 고전이기도 한데요. 제제는 자신을 유일하게 이해해 주던 뽀르뚜가 아저씨의 죽음을 통해 지독한 통과 의례를 경험합니다. 분신과도 같았던 라임오렌지 나무가 처음 꽃을 피우던 날, 제제는 자신의 유년 시절에 이별을 고하지요. 세상과 부딪치며 성장하는 제제의 모습을 보며 독자도 함께 자랍니다.

권정생 작가의 『몽실 언니』(이철수 그림, 창비)는 해방과 한국 전쟁이라는 혼란스럽고 처참한 상황 속에서 꿋꿋하게 역경을 이겨 낸 몽실이의 이야기입니다. 특수한 시대적 배경 속에서 개인의 성장을 다룬 소설이지만, 한국 전쟁과 그 이후의 상황을 절절하게 그려냈다는 점에서 아주 훌륭한 작품입니다. 이 책이 요즘에는 공감하기 어려운 고리타분한 이야기로 치부되는 듯해 안타깝습니다. 고학년 혹은 중학교를 졸업하기 전에 꼭 읽기를 권합니다.

야마나카 히사시 작가의 『내가 나인 것』(고바야시 요시 그림, 햇살과나무꾼 옮김, 사계절)은 공부도 못하고 말썽만 피워 늘 야단만 맞다가 어느 날 가출을 감행해 가족들의 관심을 받고자 한 철없는 주인공의 이야기입니다. 형제자매는 귀찮기만 하고 엄마, 아빠가 무작정 싫어지는 이 시기 아이들에게 가족은 결국 나를 지켜 주는 버팀목이라는 진리를 일깨워 줍니다.

『5번 레인』(은소홀 글, 노인경 그림, 문학동네)은 열세 살 수영부 아이들의 고락을 담은 이야기입니다. 13세 강나루는 전국소년체전에서 메달을 척척 따내는 명실상부한 수영부 에이스입니다. 그러나 수영을 왜 하느냐는 질문을 던져 본 적은 없지요. 강력한 라이벌이 나오기 전까지는 말입니다. 열세 살 아이들의 우정과 사랑, 진로 고민과 성장을 이야기하고 있습니다.

『나의 린드그렌 선생님』(유은실 글, 권사우 그림, 창비)은 대도시 변두리 지역에서 엄마와 단둘이 사는 소녀 '비읍이'의 성장 이야기입니다. 비읍이는 '말괄량이 삐삐'라는 노래를 듣고, 『삐삐 롱스타킹』이라는 책을 알게 된 후 린드그렌의 책을 한 권씩 읽게 되지요. 작가의 매력에 흠뻑 빠진 비읍이는 '그러게 언니'로부터 린드그렌에 대한 더 많은 이야기를 전해 듣습니다. 책을 읽다 보면 주인공을 응원하게 됩니다.

『아무것도 안 하는 녀석들』(김려령 글, 최민호 그림, 문학과지성사)의 주인공 현성이와 장우는 철거 직전 비닐하우스를 골라 둘만의 아지트를 만든 뒤 말 그대로 '아무것도 하지 않는' 영상을 찍어 유튜브에 올립니다. 반응이 전혀 없을 줄 알았는데 의외로 영상을 본 사람들이 즐거워합니다. 자신의 의지와 상관없이 일어난 불행 속에서도 행복을 만들어낼 줄 아는 십대의 이야기입니다. 공부가 하기 싫고 예쁜 옷이 없다고 투덜거리는 아이에게 권해 주세요. 행복은 마음먹기에 달려 있다는 것을 알게 될지도 모릅니다.

내면의 이야기를 글로 쓸 준비가 된 아이들

아이들은 글 쓰는 일을 대단히 부담스러워합니다. 일찍부터 틀에 박힌 글쓰기를 강요받았기 때문이지요. 이러한 교육 현실에서 아이들은 자유롭게 생각을 표현할 기회를 얻지 못한 채 '뭘 써야 하지?' 하는 막막함과 '이렇게 써도 되는 걸까?' '못 썼다고 지적을 받으면 어쩌지?' 하는 부담감을 느낍니다. 그러다 보니 점점 글쓰기를 멀리하지요.

하지만 사춘기는 글쓰기를 잘할 수 있는 최적의 시기입니다. 사람은 누구나 표현 욕구를 가지고 있습니다. 삶의 경험과 지식이 축적되어 표현력이 증가된 데다 앞날에 대한 기대와 불안감을 느끼는 이 시기 아이들은 마음속에 쌓아 둔 생각과 감정을 글로 표현하고 싶어 합니다. 지금껏 부모나 교사 등 남에게 보이기 위한 글을 썼다면, 사춘기 아이들은 이제 내면의 이야기를 글로 쓸 준비가 된 것입니다.

생각과 동시에 표현되고 곧 사라지는 말하기와는 달리 글쓰기는 끊임없이 자신의 생각을 곱씹으며 적절한 어휘를 찾아 기록하는 일입니다. 그런 만큼 글쓰기는 자신의 내면을 찬찬히 들여다보고 사색하기에 좋은 수단이지요. 글을 쓰는 동안 다소 불명확했던 감정들이 정리되고, 감정의 원인도 찾아집니다. 마음속의 이야기를 꺼내 정리하는 일은 자기 치유의 효과가 있습니다.

> 요즘 툭하면 짜증이 난다. 참 이상하다. 동생이 조금만 건드려도 짜증이 나고 엄마가 심부름을 시킬 때도 짜증이 난다. 짜증이 나서 엄마한테 화를 내면 내가 더 짜증이 난다. 요즘 왜 이러는지 모르겠다. '안 그래야지, 안 그래야지.' 하면서도 계속 그렇게 되니 짜증이 나서 반항도 하게 되고, 마음이 참 이상하다. 예전의 내가 아닌 것 같아서 속상하다.
>
> ─『초등 적기글쓰기』(글담출판) 중에서

아이가 쓴 마음 일기입니다. 일기에 마음을 꺼내 놓기만 해도 짜증이 수그러듭니다. 또 "예전의 내가 아닌 것 같아 속상하다."라는 문장을 쓰면서 아이는 스스로의 행동을 되돌아보지요. 이러한 성찰의 기회는 행농 교정의 바탕이 됩니다.

내면의 글쓰기는 자신과 나누는 진솔한 대화입니다. 그러나 글쓰기를 힘들어하는 아이에게 무턱대고 권하기는 쉽지 않습니다. 그럴 때는 글쓰기로 마음을 치유하고 성장을 도모한 책으로 동기를 부여해 보세요.

뉴베리상을 세 번 수상한 비벌리 클리어리 작가의 작품『헨쇼 선생님께』(보림)는 주인공 리 보츠가 동화 작가 헨쇼 선생님에게 편지를 쓰고 답장을 받는 내용으로 시작합니다.

리 보츠는 엄마와 단 둘이 주유소 옆의 작은 집에 살고 있습니다. 트럭 운전사인 아빠와 이혼한 엄마는 출장 요리 일로 근근이 생활을 꾸려 갔습니다. 마음 둘 곳이 없는 리 보츠는 학교 글쓰기 프로그램을 통해 현직 작가에게 편지를 쓰고 답장을 받게 됩니다. 이 일이 일상에서 가장 의미 있고 즐거운 일이 될 거라곤 생각하지 못했습니다. 리 보츠는 마음을 나눌 상대를 찾았고 '어린이 작품집'에 응모합니다. 당선이 되면 이름난 작가와 점심을 먹을 수 있다는 이유 때문이지요. 그리고 리 보츠는 그 행운을 얻게 됩니다.

성장 소설로 꾸준한 인기를 얻고 있는 책이지만, 이 작품은 글쓰기에 관한 내용입니다. 글은 어떻게 써야 하는지, 무엇을 써야 하는지와 같은 내용을 다루고 있지요. 글을 잘 쓰는 비결을 가르쳐 주는 책이기도 하고, 글쓰기가 막막한 아이들에게 어떻게 글쓰기를 시작해야 하는지 알려 주는 책이기도 합니다.

다음은 리 보츠가 헨쇼 선생님께 쓴 편지의 일부입니다.

선생님은 작가가 되려면 글을 많이 써야 한다고 했죠? 제게 보낸 답장에 다 그렇게 대답하셨잖아요. 밑줄을 두 개나 그어서요.

글쎄, 진짜 많이 쓰긴 했네요. 지금 생각해 보니까 그게 그리 나쁘지는 않았어요. 선생님의 많은 물음에 모두 대답하고 나니 왠지 글 쓰는 일이 그리워져요. 사실 저는 좀 쓸쓸해요.

- 『헨쇼 선생님께』 중에서

리 보츠는 글쓰기 프로그램에 참여했을 뿐이지만, 자신의 마음을 보듬어 줄 조력자를 만났습니다. 그리고 부모님의 이혼과 낯선 학교에서 겪는 어려움을 대면할 용기를 얻었습니다. 그 과정에서 상처받은 마음도 치유받지요. 이 책을 읽다 보면, 주인공 리 보츠처럼 마음을 담은 글을 쓰고 싶다는 생각이 듭니다.

변선진 작가의 그림책 『절대 보지 마세요! 절대 듣지 마세요!』(바람의아이들)는 19세 소녀가 어른들에게 보여 주고 싶고 들려주고 싶은 마음을 담았습니다. 인정받고 싶고, 사랑받고 싶은 아이들의 심리를 그림으로 표현했지요. "절대 보지 마세요! 절대 듣지 마세요!"라는 제목의 의미는 사실 엄마, 아빠에게 전하는 "제발 봐주세요! 제발 들어 주세요!" 하는 외침입니다. 함께 읽으면서 자녀의 마음을 들여다 보는 건 어떨까요?

마거렛 피터슨 해딕스 작가의 『이 일기는 읽지 마세요, 선생님』(정미영 옮김, 우리교육)은 폭력을 휘두르는 무책임한 아버지와 무기력한 어머니 그리고 자기를 의지하는 동생 메트와 함께 희망 없이 살아가는 10대 소녀 티시의 일상을 그린 이야기입니다. 티시는 학교 숙제로 시작한 일기를 통해 위안을 받고 힘을 얻습니다. 주인공에게 일기는 현실의 슬프고 짜증 나는 일들을 쏟아내는 대상이자 선생님과의 비밀스러운 소통 창구였으며 고난을 극복하는 힘이었지요.

한동안, 일기장에 아무것도 쓰지 말까, 아예 내지 말까, 어떻게 할까, 이런저런 생각을 했다. 하지만 누군가에게 터놓고 이야기할 수 없을 때부터 글로 써내려 가다 보면 한결 마음이 편해졌다. 그게 엄마가 집을 나간 문제에 관해 메트와 이야기를 나눌 수는 있지만, 내가 근심스런 기색을 보일라치면 이내 메트가 눈시울을 붉혔기 때문에 나는 늘 활기가 넘치는 척해야 했다. 그래서 일기를 꾸준히 쓰는 게 아닌가 싶다.

–『이 일기는 읽지 마세요, 선생님』중에서

이 두 권의 책은 어른들과 소통하고 싶은 아이의 심리를 반영하고 있습니다. 아무도 알아주지 않는 자기 마음을 알리고 있지요. 우리 아이들도 이 주인공들과 같습니다. 부모와 이야기하기 싫어 마음을 닫은 것이 아니라, 이야기하고 싶어 안달이 났는데 대화를 해주지 않아 못하고 있는 것입니다. 그런 아이들에게 글쓰기는 자신의 생각을 표현하는 기회이자, 문제를 객관적으로 들여다보게 하여 해결책을 찾는 수단이 됩니다. 아이와 함께 책을 읽고 몇 줄이라도 적어 보세요. 기억에 남는 내용이나 문장을 적어도 좋습니다.

이러한 글쓰기의 핵심은 마음속 생각이나 감정을 글로 표현하는 것입니다. 형식에 구애받지 않고 자유롭게 쓸 수 있어야 하지요. 익숙해지면 어느 날은 아주 감상적인 내용이, 또 어느 날은 아주 진지하면서 철학적인 내용이, 그리고 미래에 대한 진지한 고민이 녹아나게 됩니다. 그 기록은 성장과 변화의 흔적이 되어 훗날 아이의 소중한 추억이 되지요. '나의 친구', '비밀 노트'처럼 기록장에 이름을 붙이면 더욱 애착을 느끼게 됩니다.

부모의 가르침을 잔소리로 받아들인다면
고전을 읽혀라

아이는 자라면서 수많은 선택의 기로에 섭니다. 숱한 시련과 좌절도 맛보게 되지요. 이 모든 순간들을 부모가 함께할 수는 없습니다. 부모 또한 항상 올바른 선택을 하며 산다고 장담하기 어렵지요. 결국은 아이 스스로 선택하고 결정한 일에 책임을 다하며 살아가야 합니다.

옳은 선택과 책임을 위해 가장 중요한 것은 무엇일까요? 바로 올바른 가치관입니다. 현명하게 대처하며 문제를 해결할 수 있는 지혜도 필요하지요. 이러한 것들은 하루아침에 만들어지지 않습니다. 그렇기 때문에 부모는 자녀의 학습이나 경험에 많은 투자를 하고 있는 것 아닌가요?

송재환 선생님은 아이에게 긍정적이고 건강한 가치관을 심어 주는 방법으로 고전 읽기만큼 좋은 게 없다고 강조했는데요. 서로 다른 가치관을 가진 사람들의 갈등을 주로 다루고 있는 고전 문학을 읽으면서 아이들은 어떤 가치를 선택해야 할지 고민하게 된다는 것입니다. 그리고 그러한 과정을 반복하는 사이, 아이 나름대로 가치관과 판단력을 확립할 수 있다고 했지요.

많은 사람이 고전 읽기를 권하는 이유는 고전이 주어진 문제들을 보다 더 현명하게 해결할 수 있는 방법을 넌지시 알려 주고 있기 때문입니다. 그래서 동서고금 남녀노소에게 꾸준히 읽히고 있지요. 고전은 앞서 삶을 살아간 사람들의 고뇌와 깨달음을 담고 있습니다. 그 덕분에 우리는 시행착오를 겪지 않고도 문제의 해결책과 실마리를 얻을 수 있습니다. 인터넷에 떠도는 잡다한 지식이나 임기응변식 방법이 아니라, 근본적인 해결의 실마리를 얻을 수 있습니다.

고전 읽기를 통해 아이들이 올바른 가치관을 확립하도록 도울 수 있는 사람은 부모입니다. 아마 어느 가정에서나 '예의 바르게 행동해라, 친구를 배려해야 한다, 부지런해야 기회가 많이 주어진다'와 같은 일련의 인성 교육을 하고 있을 것입니다. 하지만 고학년쯤 되면 이러한 말을 모두 잔소리로 받아들입니다. 그럴 때는 넌지시 고전을 권해 주세요. 부모님이 하고 싶은 말이 모두 책 속에 있습니다. 독서나 글쓰기에 겉멋이 드는 고학년들은 남들보다 색다른 책을 읽거나, 어른들이 보는 책을 읽으면 어깨를 으쓱대며 허세를 부리곤 합니다. 이 허세를 잘 이용하면 됩니다.

『다시, 초등 고전 읽기 혁명』에 소개된 내용을 일부 인용해 아이들에게 권하고 싶은 고전을 꼽자면 『백범일지』, 『위대한 영혼 간디』, 『논어』

가 있습니다. 그 밖에 세계 명작인 『비밀의 화원』, 『레미제라블』 같은 이야기도 좋습니다. 이 두 편의 이야기는 영화로도 제작되었습니다. 영화 감상을 겸하면 더욱 진한 감동을 받을 수 있습니다.

고전은 깊이 생각하며 읽어야 합니다. 그래야 성현들의 깨달음을 조금이라도 마음에 새길 수 있지요. '고전 읽기 100권 도전'이나 '세계 명작 시리즈 완독'과 같은 독서량에 집착하지 마세요. 6학년에게 고전은 슬로 리딩을 하기에 아주 적합한 책입니다.

진로독서로 진학이 아닌 꿈을 탐구하라

부모는 아이에게 "하고 싶은 일이 있으면 뭐든지 해라." "꿈이 있으면 도전해라. 뒷받침이 되어 주겠다"고 말합니다. 하지만 아이들의 말은 다릅니다. "부모님께 하고 싶은 걸 말하면, 그건 너무 힘드니까 하지 말래요."라고 합니다.

규민이는 그림 실력이 뛰어나 대회 수상 실적이 많습니다. 그러나 그림을 그릴 때마다 엄마의 사설을 피해 갈 수 없습니다. 그림 그릴 시간에 책을 읽거나 숙제하라는 말을 수도 없이 듣지요. 왜일까요? 규민이 어머니는 미술을 전공했습니다. 대학원 졸업 이후 잠시 작품 활동을 했지만, 결혼과 동시에 화가의 길을 접었다고 합니다. 어머니는 아이가 그림을 그릴 때마다 미대에 가겠다고 할까 봐 걱정이라고 하면서, 화가든 디자이너든 그 어떤 일도 쉽지 않으니 아이가 다른 길로 갔으면 좋겠다고 합니다.

전기공학자인 아버지와 피아노를 전공한 어머니를 둔 유정이는 어머니의 권유로 꾸준히 피아노 강습을 받고 있으며 실력도 뛰어납니다. 하지만 제일 좋아하는 과목은 과학입니다. 과학을 좋아하는 아이에게 어머니는 "과학자는 안 돼. 네 아빠를 보니 너무 힘든 길이야. 연구실에서 밤새는 날이 하루 이틀이 아니잖니."라며 겨우 6학년인 아이에게 과학자의 길은 험난하다고 합니다. 아이가 과학책과 과학 잡지를 볼 때 가장 즐겁다는데도 말입니다.

이런 경우는 매우 흔합니다. 부모가 걸어 본 길이기에 얼마나 힘든지 알기 때문이지요. 하지만 세상에 쉬운 일이 과연 있을까요? 더구나 초등학생의 장래 희망을 어찌 한두 가지 직업으로 단정 지을 수 있을까요? 아이는 좋아하고 잘하는 일들을 하면서 크고 작은 성취감을 느껴야 합니다.

또한 온갖 시행착오를 딛고 일어서야 얻을 수 있는 짜릿함도 맛보아야 하지요. 『십 대를 위한 실패 수업』(루크 레이놀즈 지음, 정화진 옮김, 청어람e)은 스티븐 스필버그, 제인 구달, 프리다 칼로 등 18명 인물들의 이야기로, 실수와 실패를 딛고 성공한 경험을 담았습니다. 이를 통해 "실패는 두려움의 대상이 아니라 도전을 시작하는 주문"이라고 말해 줍니다.

꿈의 의미를 알 때 진정한 꿈을 갖게 된다

"우리 아이는 하고 싶은 일이 없대요." "꿈이 없대요." 하며 답답함을 하소연하는 부모들이 있습니다. 하지만 아이들은 "어떻게 꿈을 찾아가야 할지 모르겠다"고 합니다. 보통은 아이가 좋아하는 과목을 중심으로 미래의 직업을 결정하거나 교사의 조언에 따라 장래 희망을 결정하는 경우가 많은데요. 사실 아이들은 이 세상이 얼마나 넓은지, 할 수 있는 일이 얼마나 많은지 잘 모릅니다. 또 꿈이 있다 하더라도 어떤 과정을 거쳐 이룰 수 있는지 잘 모르지요. 그러다 보니 의사, 과학자, 변호사, 교사 등 교과서에 등장하는 직업들 가운데 가장 친숙한 것 하나를 꿈으로 정하는 경우가 많습니다.

부모는 아이가 어릴 때부터 재능을 발견해 주기 위해 노력하지만, 예체능처럼 도드라지는 재능이 아니고서는 무엇을 잘하는지 발견하기 쉽지 않습니다. 성실함, 근면성, 활달한 성격이나 꼼꼼함 또한 탁월한 재능입니다. 가령 성실하고 인내심이 강한 아이는 목표를 달성하기까지 흔들림 없이 나아갈 수 있는 덕목을 지녔습니다. 활달하고 사회성이 높은 아이는 대인 관계가 원활해 협력을 요구하는 일을 누구보다도 잘하지요. 삶의 태도와 성격도 계발하고 키워 가야 할 재능입니다.

꿈을 꾼다는 것은 '무엇을 하고 싶은지, 어떤 사람이 되고 싶은지, 또 어떤 일을 할 때 행복한지'에 관하여 고민해 본다는 의미입니다. '꿈=직업 선택'이 아니라는 말이지요. 부모는 아이가 꿈에 대해 충분히 고민할 수 있는 환경을 만들어 주고 끊임없이 용기를 줘야 합니다.

『존 아저씨의 꿈의 목록』(이종옥 그림, 임경현 옮김, 글담어린이)은 존 고다드 작가가 127개의 꿈 목록을 작성하고 111개의 꿈을 이루는 내용을 소개하고 있습니다. 이 책에서 작가는 꿈의 목록을 작성하고 이루는 과정을 안내하는데, 무엇보다 꿈이 왜 중요한지, 꿈을 이루려면 어떤 준비가 필요한지 가르쳐 주고 있습니다. 천편일률적인 꿈에서 벗어나 다양한 꿈을 꾸고, 꿈을 실현하게 도와주는 책이지요.

이미애 작가의『꿈을 찾아 한 걸음씩』(원유미 그림, 푸른책들)은 우리 사회에 만연해 있는 남들이 부러워하는 직업에 대한 환상을 깨고, 진정한 꿈의 의미를 생각해 보게 하는 책입니다. 어른들의 권유와 바람으로 과학자라는 거짓 꿈을 가졌던 주인공이 자신의 진짜 꿈인 요리사가 되기 위해 노력하는 과정을 그리고 있습니다.

정옥 작가는『이모의 꿈꾸는 집』(정지윤 그림, 문학과지성사)에서 꿈은 아이들 스스로 찾아야 한다는 것을 알려 주고 있습니다. 또 꿈을 이루는 것만 중요한 게 아니라 꿈을 향하는 과정이 즐겁다면 그것만으로도 충분하다는 것을 일깨워 줍니다.

꿈이 명확해지는 진로 독서법

고학년이 되면 아이들은 자신의 미래를 불안해하며, 자신의 적성을 알고 싶어 합니다. 그래서 여러 가지 능력이나 적성에 관한 검사를 해보고 싶어 하는데요. 이러한 검사는 결과를 맹신하지만 않는다면 진로를 탐색하는 데 도움이 됩니다.

아직 초등학생인 아이들이 "장차 커서 어떤 일을 하고 싶어?" "어느 분야의 일을 해야 잘할 것 같니?" "이담에 커서 뭐가 될래?"와 같은 질문에 답하기란 쉽지 않습니다. 그런데 학교에서는 매년 장래 희망을 적어 내라고 하고, 만나는 사람마다 꿈이 무엇인지 물어보니 아이들은 그때마다 당혹스럽다고 말합니다.

부모의 마음도 조급합니다. 아이의 재능을 빨리 발견하여 이를 계발시켜 주는 것이 부모의 역할이라 여기기 때문입니다. 하지만 부모는 아이의 꿈을 결정해 주는 사람이 아닙니다. 아이 스스로 꿈을 선택할 수 있도록 돕는 조력자일 뿐이지요. 이 세상에 얼마나 많은 꿈이 있으며, 이 가운데 아이가 잘할 수 있는 것이 무엇인지 알려 주어야 합니다. 일일이 체험을 통해 가르쳐 줄 수 없으니 책 읽기로 도움을 주면 됩니다. 책을 읽히기 전에 먼저 아이에게 다음의 질문을 해보세요. 이러한 질문은 아이에게 어떤 책을 권하면 좋을지 방향을 제시해 주기도 한답니다.

- 왜 꿈을 가져야 할까?
- 미래에 어떤 사람이 되고 싶은가?
- 어떤 일을 하고 싶은가?
- 어떤 일을 잘한다고 생각하는가?

– 존경하는 인물이 있는가? 그 사람의 어떤 점이 좋은가?

재능이 없는 아이는 없다

야시마 타로 작가의 『까마귀 소년』(윤구병 옮김, 비룡소)은 스테디셀러이자 권장 도서로서 저학년 때 많이들 읽습니다만 고학년에게 꼭 권하고 싶은 그림책입니다. 늘 꼴찌라서 따돌림을 당하는 소년이 자신의 재능을 알아주는 이소베 선생님과 만나 세상 밖으로 나오게 되는 내용입니다. 이 세상에 재능 없는 아이는 없으며, 아이의 재능을 인정해 주는 한 사람의 조력자만 있어도 아이가 제빛을 발휘할 수 있음을 일깨워 줍니다.

마리 오드 뮈라이유 작가의 『열네 살의 인턴십』(김주열 옮김, 바람의아이들)은 14세인 루이가 미용실에서 인턴십을 하면서 자신도 미처 몰랐던 재능과 열정을 발견하고, 미용사의 꿈을 이루기 위해 전력 질주하는 이야기입니다. 루이의 삶을 통해 아이들은 자신에게도 엄청난 에너지가 있으며 수많은 가능성이 있다는 사실을 깨닫고, 자신에게 어떤 재능과 열정이 있는지 알아 보고 싶은 욕망이 생길 것입니다.

꿈을 이룬 사람들의 이야기

꿈을 이룬 사람들의 이야기를 읽다 보면 그 사람처럼 되고 싶다는 마음이 생깁니다. 목표 의식과 열정을 배울 수 있어 특히 고학년이나 청소년들에게 의미가 있습니다.

『꼴찌, 세계 최고의 신경외과 의사가 되다』(그레그 루이스·데보라 쇼 루이스 지음, 이주미·이주영 옮김, 알라딘북스)는 세계 최초로 샴쌍둥이 분리 수술에 성공한 신경외과 의사 벤 카슨의 이야기입니다. 빈민가에서 태어나 흑인이라는 차별을 받으면서도 꿈을 이루기 위해 노력한 내용이 감동적입니다.『찰리 채플린』(우순교 글, 유창창 그림, 한겨레아이들)은 지독한 가난 속에서도 희망을 잃지 않고 배우로 성공한 채플린 이야기입니다. 자기만의 코미디 세계를 완성한 영화계의 거장이지요. 세계 최고의 로봇 공학자를 소개한『I AM 데니스 홍』(스토리박스 글, 최우빈 그림, 주니어RHK)은 도전 끝에 얻은 성공의 기쁨을 전해 줍니다.

아는 만큼 꿈이 다양해진다

파트리시아 올 작가의『직업 옆에 직업 옆에 직업』(프론토 외 그림, 권지현 옮김, 미세기)은 제품 개발 엔지니어, 도시 계획가, 아트 디렉터, 사회 복지사, 환경 컨설턴트, 방송 연출가를 비롯해 세상을 움직이는 230가지의 직업을 소개하고 있습니다. 자신의 일에 열중하고 있는 직업인의 모습을 재미있는 일러스트와 현장감을 더하는 사진으로 보여 줍니다. 아이들은 기업과 병원, 공항, 항구, 학교와 출판사, 방송국에서 일하는 사람들의 모습을 통해 정보를 얻고 꿈을 키울 수 있습니다.

『내 미래의 직업은?』(유정숙 외 글, 상상아카데미)은 현시대를 살아가는 10대보다 조금 먼저 진로를 고민하고 그 길을 나아가고 있는 여섯 명의 젊은 과학자들이 전하는 생생한 진로 이야기입니다. 〈처음 만나는 직업

책〉(김향금 외 글, 홍성지 외 그림, 미세기)은 초등학생이 꿈꾸는 직업인들의 삶을 들여다봅니다. 그 직업을 가지면 어떻게 살아갈지 알 수 있지요.

『4차 산업 혁명과 미래 직업 이야기』(서지원 글, 홍자혜 그림, 크레용하우스)는 책 제목 그대로, 4차 산업 혁명으로 달라질 미래 직업을 소개합니다.

『열두 사람의 아주 특별한 동화』(송재찬 외 글, 한태희·신동옥 그림, 주니어파랑새)는 남을 위해 자신을 희생하는 아름다운 사람들의 이야기입니다. 흔히 직업에는 귀천이 없다고 하지만, 사람들이 피하는 직업이 있고, 자신의 생명을 걸 만큼 위험한 직업도 있지요. 간호사, 환경미화원, 소방관 등 열두 사람의 소중한 일상을 그리고 있습니다.

책 읽기를 통해 꿈을 좀 더 구체화할 수 있도록 도와주세요. 꿈이 명확해질수록 실현 가능성이 높아집니다. 명확한 꿈을 가지려면 관심과 흥미를 보이는 일을 직접 체험해 보거나 관련 도서를 읽으며 지식과 정보를 쌓아야 합니다.

독서를 통한 진로 탐색과 간접 경험은 꿈이 없다면 꿈을 가질 수 있게, 꿈이 있다면 구체화할 수 있게 해주어 진로와 적성을 찾는 바탕이 됩니다.

초등 적기독서

초판 1쇄 인쇄 2021년 1월 4일
초판 1쇄 발행 2021년 1월 15일

지은이 장서영 **펴낸이** 김종길 **펴낸 곳** 글담출판사

기획편집 이은지·이경숙·김보라·김윤아 **마케팅** 박용철·김상윤
디자인 엄재선·손지원 **홍보** 정미진·김민지 **관리** 박인영

출판등록 1998년 12월 30일 제2013-000314호
주소 (04029) 서울시 마포구 월드컵로 8길 41(서교동)
전화 (02) 998-7030 **팩스** (02) 998-7924
페이스북 www.facebook.com/geuldam4u **인스타그램** geuldam
블로그 http://blog.naver.com/geuldam4u

ISBN 979-11-91309-00-3 (03370)
* 책값은 뒤표지에 있습니다.
* 잘못된 책은 구입하신 곳에서 바꾸어 드립니다.

* 이 도서의 국립중앙도서관 출판시도서목록(CIP)은 e-CIP 홈페이지(http://www.nl.go.kr/ecip)
  와 국가자료공동목록시스템(http://www.nl.go.kr/kolisnet)에서 이용하실 수 있습니다.
  (CIP 제어번호 : 2020052772)

만든 사람들 ————
책임편집 이경숙 **디자인** 손지원 **교정·교열** 탁산화

글담출판에서는 참신한 발상, 따뜻한 시선을 가진 원고를 기다리고 있습니다.
원고는 글담출판 블로그와 이메일을 이용해 보내주세요. 여러분의 소중한 경험과 지식을 나누세요.
블로그 http://blog.naver.com/geuldam4u 이메일 geuldam4u@naver.com